UNDERSTANDING
CONTEMPORARY
CHINA
LECTURES AT
KOMABA CAMPUS
UNIVERSITY OF TOKYO
CONTEMPORARY CHINA RESEARCH BASE
AT INSTITUTE OF SOCIAL SCIENCE
UNIVERSITY OF TOKYO ED.

現代中国
ゼミナール
東大駒場
連続講義

東大社研現代中国研究拠点 編

東京大学出版会

Understanding Contemporary China: Lectures at Komaba Campus,
University of Tokyo

Contemporary China Research Base at Institute of Social
Science, University of Tokyo ed.

University of Tokyo Press, 2020
ISBN 978-4-13-023076-6

まえがき

　本書は 2018 年度秋学期に東京大学の駒場キャンパスで開講された「現代中国ゼミナール──「習近平時代」の中国を議論する」の講義録です。学部の 1・2 年生に対して、学内の各学部・研究機関が重要だと考えるテーマを解説する「全学自由研究ゼミナール」の一環として開講されました。

　東京大学は全学に現代中国の諸問題を研究する多様な研究者を擁しています。2013 年秋には、現代中国研究拠点が中心となって、「グレーター東大塾　中所得国時代の中国」と題して、社会人向けに包括的な講義を展開しました。その成果は書籍『東大塾 社会人のための現代中国講義』（東京大学出版会, 2014 年刊）として出版されています。

　2013 年秋から 5 年の時を経て、講義の中身も更新すべきタイミングを迎えたことから、上記のゼミナールを企画しました。

　政治面では当初、未知数であった習近平政権が、これまで慣例となってきた国家主席 2 期 10 年の任期撤廃し、盤石の体制となりつつあると理解されてきました。経済面では 2010 年代初頭から経済成長率の低下、そして急激な少子高齢化が問題視されてきました。同時に中国経済の規模は拡大を続け、中国から外国への投資や、新興企業によるイノベーションも注目を集めてきました。社会面では、胡錦濤政権の後期には、インターネット上で一定の言論の自由がみられ、中国国内での闊達な議論をもたらしていました。しかし現在ではこうした議論も縮小しています。国際関係、外交関係、そして安全保障の面では、2013 年から中国政府が提唱する「一帯一路」構想が、ユーラシア大陸を超える範囲を大胆に対象として動き出しています。

　本書のもととなっている講義のサブタイトルとした「習近平時代」は、中国政府の公式見解である「習近平による新時代の中国の特色ある社会主義思想」を思わせる言葉です。こうした公式見解を踏まえながらも、講義

では括弧つきの時代とすることで、公式見解からの距離をとりました。ご登壇いただいた先生方には、それぞれの専門領域から、現代というよりも現在の変化を理解する上での重要な視点を解説して頂きました。憲法改正に代表されるような重要な変化が過去5年の間にはっきりと観察された一方で、中国における都市化や世界経済との連結性の高まりといった変化は長期的な趨勢に他なりません。「新時代」を唱えることはある断絶した変化を強調する意味がありますが、多くの社会がそうであるように、連続性にも目を向けねばなりません。

　こうした状況で講義を準備し、開講するなかでリアルタイムに発生したのが2018年3月以降の米中貿易摩擦でした。日々起こりつつあるニュースも受講生の高い関心を喚起していました。そして刊行を迎える2020年現在、私たちは中国湖北省武漢市を震源地とする新型コロナウイルスの世界的な流行(パンデミック)という時代を生きています。新たな問題を考える上でも、本書の各章が、歴史的な視野と現代的問題意識の双方から多くの示唆を提供するはずです。

　　2020年3月20日　　　　　　　　　　　　　　　　　　　　伊藤亜聖

現代中国ゼミナール
東大駒場連続講義
目次

目次

iv

Ⅱ　経済

現代中国ゼミナール

東大駒場連続講義

装幀：水戸部功＋北村陽香

I　政治・外交・安全保障

中国の見る世界秩序と地域秩序

川島　真

川島　真（かわしま　しん）
東京大学大学院総合文化研究科国際社会科学専攻教授
（国際関係史）。専門はアジア政治外交史、博士（文学）。
東京大学大学院人文社会系研究科アジア文化研究専攻
（東洋史）博士課程修了。北海道大学法学部助教授、東
京大学大学院総合文化研究科国際社会科学専攻准教授な
どを経て現職。
主著に、『中国のフロンティア』（岩波新書）、『21世紀
の「中華」』（中央公論新社）、『中国近代外交の形成』
（名古屋大学出版会、サントリー学芸賞受賞）などがあ
る。

はじめに

　今日の講義では、(1) いま現在の世界の秩序、国際秩序というものがどういう状況にあって、その中で中国がどう位置づけられるのか。(2) 他方で中国自身がそれをどう捉え、どのようになろうとしているのか。そして(3) 日本はどうするべきなのか、ということについてお話ししたいと思います。

　本題に入る前に、前提条件として加えておくべき話があります。高校の教科書にウェストファリア体制というものが出てきたのではないでしょうか。1648 年、三十年戦争の後にヨーロッパでできた主権国家の体制のことです。もちろん、それよりも前から体制はできつつあったとか、いろいろな議論があるのですが、要は、「領域とそこに住んでいる人に主権が行きわたる主権国家ができ、その主権国家どうしの関係性の中で国際関係が」つくられるということです。

　それがあったうえで 18 世紀に、ヨーロッパにおいて産業革命が起きる。もちろん 17 世紀から様々な動きは始まっているのですが、18 世紀に産業革命あるいは工業化といわれる現象が起きる。技術革新が起きたわけです。もちろん、綿織物業などもあるのですが、大きいのは動力の蒸気機関への転換です。例えば海の世界であれば従来は風と海流の影響を受けながら手こぎでやっていた船が蒸気船に代わったわけです。そうすると、風にも波にも関係なく動ける船が現実のものになります。非常に大きなテクノロジーの転換だったのです。

　このテクノロジーの転換を担ったのが、基本的には西ヨーロッパだったわけです。この産業革命を経た後に、18 世紀末には市民革命が起きる。この市民革命が起きた結果、近代的な市民社会ができると同時に、近代国家の源流ができあがります。つまり、それは主権国家を土台にしつつ、そこに新たな市民の形成する社会が形成され、他方で国民が形成され、19 世紀に国民国家ができあがっていくわけです。

　近代の国家と社会をシビル（市民）の面から説明するか、ネイションから説明するかによって近代国家がまったく違う見え方をすることもありま

すので、双方の側面があることを述べておきましたが、これが近代国家の原形です。このように形成された近代国家、社会のモデルが次第に多様な展開を見せつつ現在に至っているのです。これらは高校世界史で習ったでしょうけれど、復習も兼ねて申し上げました。

　ところが、このストーリーにはちょっとおかしなところがあるのです。その後の歴史の展開から見れば、確かに西欧起源の「近代」が世界に広がったのですから、産業革命、市民革命などは「重要」なのです。けれども、17世紀から18世紀、19世紀の初頭くらいまでの世界の「富」を考えると、当時の西ヨーロッパというのは当時の世界のGDP（国内総生産）上位国を占めているわけではないのです。当時の世界のGDP上位国は圧倒的にアジア、なかんずく清王朝あるいはインドといった国、地域が占めていたのです。

　これは圧倒的な人口を中国やインドが占めていたこと、またそれだけの人口を養えるほどの生産物を生み出すだけの環境があったということを示しています。また、技術的な面でも中国やインドに優れたものが蓄積されていたとも言えるのです。例えば、先ほど取り上げた蒸気船が生み出される前の帆船の世界、あるいは風や海流によって進む船の世界では中国が外洋航海の可能な大型船を持っていましたし、それから陶磁器などの物をつくる技術、あるいは白い砂糖をつくる技術などで際立っていました。物づくりの面でも西洋を凌駕していた面があったわけです。そこに加えて人口です。アジアの富というのは圧倒的に大きかったのです。

　つまり、ウェストファリア体制や産業革命、市民革命などから西洋の発展を説明するのですが、それらの変化が生まれた頃には、まだ中国のほうが、あるいはアジアのほうが圧倒的に富、一部の技術、そしてパワーを持っていた面もあったのです。そうした同時代的な側面は忘れてはいけません。西欧であった様々な「発明」は、のちの時代から見ると、確かに重要で、時代の画期のように思えるのですが、そうした発明品が製品として本格的に実用化していくのは少し先、主に19世紀なのです。1800年代になってこれが実用化されて広まっていき、それが世界に大きなインパクトを与えるのです。

　アヘン戦争というのは、その西欧の技術革新の意味を如実に示したもの

だったと言えるでしょう。アヘン戦争というのは、要するに蒸気船と大砲技術においてイギリスが清を圧倒的したということです。そして、19世紀半ば頃になって、アジアに対して西洋の優位性が明確になり始めるのです。

　以後、様々な技術革新が西洋から生まれました。飛行機や核兵器、あるいは宇宙開発などがそうです。そして20世紀末になって一つの大きな新しいテクノロジーの転換がありました。それがお手元にあるスマートフォンでありパソコンです。これは、大量の情報を瞬時に処理し、資本の大量流動を生むようなものでした。そういう新しい革新が1970～80年代を皮切りに広がっていきました。これがグローバル化といわれる事象の背景にありました。

　これらの技術革新、20世紀末のテクノロジーの転換の主体は誰だったのでしょうか。基本的に西欧またはアメリカ、日本です。依然としてG7などの先進国が技術革新を担ったのです。そしてテクノロジーというのは経済のみならず、軍事、政治、社会生活などを規定する面があります。したがって、この数百年間、特に19世紀半ば以降、これは近現代という時代なのですが、その時代にはテクノロジーそのものを西洋国家が主導し、それらの国が国家制度や秩序形成面でも世界を主導してきた面があったのです。そこにおいて民主、自由といった価値観が広がってきました。

　日本は基本的に明治維新以来その波に乗った国だと言えるでしょう。もちろん、日本は戦争を行って西洋の秩序に挑戦して負けました。ドイツも既存の秩序に挑戦して負けました。覇権交代がうまくいったのは、イギリスからアメリカへという転換くらいです。イギリスとドイツ、日本との交代は叶わず、結局戦争になりました。そして第二次世界大戦後にはソ連もアメリカと対峙しましたが、結局覇権交代はできなかったわけです。

1　世界秩序と地域秩序

　現在、この技術革新と覇権交代がひとつのまとまりとして新たに問題になっています。無論、技術だけが世界史の転換の要因ではありませんし、技術革新の面だけから覇権の交代を説明ができるわけではないのでしょう

が、認識として技術革新が軍事、経済など多様な領域に関わり、覇権交代にも影響するという見方があります。これは、19世紀から続いてきた西欧諸国が主導する技術革新、また彼らが国際秩序を主導するという状況が21世紀になっても続くのか否かということに注目する議論でもあり、認識でもあります。

　皆さんが大学に入ったばかりだとすると、50歳になるのは21世紀半ばです。その頃には現在の技術革新をめぐる競争にほぼ決着がついているかもしれません。今回のイノベーションはIoTとかAIとかいった領域で行われ、それにより日常生活も全く違う次元に入る可能性もあります。問題は、その技術革新を西欧諸国、アメリカなどの先進国が再び担うのか、それとも中国やインドなど、アジアの国々が担うのかということです。

　目下のところ、様々な最先端技術において、アメリカがそれを主導しています。世界最大の経済・軍事大国であるアメリカには少なからぬ国が挑戦してきました。覇権交代については、アメリカにはアメリカなりの認識があります。例えば1980年代、日本がアメリカに挑戦していたとアメリカに思われていました。日本の半導体技術を警戒し、そして日本市場の閉鎖性などを問題視したりしました。

　1970年代、オイルショックやドルショックがあり、さらにベトナム戦争でアメリカが負けて、アメリカが従来主導していた西洋近代文明という価値観への疑問がアメリカ内外から溢れ出て、カウンターカルチャーなどが出てきたわけです。学問の世界では文化相対主義というものが出て、文化人類学とか地域研究が盛んになったのがあの頃です。

　そのようなアメリカの威信が揺らいだ時代の後、1980年代にレーガン大統領が現れて、もう一回強いアメリカを取り戻そうとして、双子の赤字問題も解決を試みていました。この頃、日本の総理大臣は中曽根康弘でした。中曽根とレーガンは一面で仲よくやりながら経済交渉をしたのです。当時の日本は、軍事・安全保障や秩序の面でアメリカに挑戦する気はなく、挑戦があったとしても、それはあくまでも経済問題における「挑戦」にすぎませんでした。半導体の技術革新の面で成果があっても、日本はそれを利用して独自に軍事技術に転化しようとはしなかったのです。また、日本はアメリカとの日米安保を維持することを大前提にしていました。つまり、

日米両国間に対立があったとしても、それは G7 の枠の中での主に経済面での衝突にすぎなかった、ということです。

　ところがいま現在の中国はどうかというと、日本とアメリカとの問題とは異なる次元でアメリカに挑戦していると、アメリカに認識されているようです。つまり、次世代の重要なテクノロジーである 5G などを重要な問題だと認識しするのですが、それは何故かというと、それが単に経済だけでなく、アメリカを中心とする、あるいは G7 を中心とする世界の秩序やルールに対して中国が挑戦を試みていることと深く関わっている、との認識が広がっているのです。もちろん、5G それじたいの問題というより、それがどう使われるのかということです。これに G7 側がどう対処するのか、中国を既存の秩序の側に取り込もうとするのか、それとも対抗しようとするのか、ということが課題になっているのです。

　もともと、アメリカの対中政策の基調は、エンゲージメント政策だとされてきました。それは、中国も既存の世界秩序に取り込めるという考え方に基づいていました。西洋が 150 年間、近代社会でつくってきた主権国家、国民国家、あるいは自由貿易体制、ブレトンウッズ体制などの体制は、中国を取り込みながら維持できてきていると認識していたということでしょう。中国を一面で既存の秩序へと導き、それから逸脱すると厳しく接して、「教育」する、というのが中国に対するアメリカの基本スタンスでした。そのようにしていくと将来的に中国は次第に「こちら側」の国になる、と考えられていたのでしょう。

　このような主張は多くの国際政治学者にも共有されていました。例えば、ジョン・アイケンベリーというプリンストンの先生はある意味で非常に楽観的で、既存の秩序に中国も巻き込むことができると考えていたようです。彼もまた、エンゲージメント政策を想定したということでしょう。

　皆さんも考えてみてほしいのですが、日本が明治維新を迎える 19 世紀の歴史について、よく「西洋の衝撃（＝ウェスタン・インパクト）」、とか言われます。もちろん、歴史学的にはこうした議論は批判され、個々の地域の固有の歴史があり、そこに西洋が関わっていったと理解されています。つまり、西洋中心に歴史を書くべきではない、ということです。それは間違っていないと思います。しかし、同時に西洋近代なるものが世界に広ま

ったという面があることも否定はできません。ではなぜ西洋近代の制度や価値は世界に広がっていったのでしょう。その一つの理由は、西洋近代の側に一定の柔軟性があったからだとも考えられます。

　つまり、西ヨーロッパのキリスト教社会で形成されたものが、外へと広がっていく過程でまずオスマントルコ、次にペルシャ世界というふうに様々な文明、文化と関わっていったわけです。その際に、相手に「浸透」していくという面がありながらも、同時に相手側の論理を取り込み、そうすることで制度やルールが普遍性を増していった側面があったのではないかということです。それが柔軟性ともなって世界に広がる基礎になっていったのではないかと考えられます。

　明治期の日本にも実はお雇い外国人がたくさんいました。お雇い外国人は、日本だけでなくいろいろな国にいるのです。そして、そのお雇い外国人は自分たちが赴任国でやっていることをレポートにしてヨーロッパに送るのです。例えば国際法であれば、当時のヨーロッパの国際法学会では毎年、エジプトの領事裁判権ではこんな問題があるとか、日本ではこんな問題があるということを知らせ合い、「ではこういうふうにやっていこう」とルール形成をしていました。そのような、現場の多様性を踏まえたフィードバックに基づくルール形成が、もちろん侵略性や植民地化という側面を有していたわけですが、それでもそうしたルール形成が次第になされていったわけです。学校では「帝国主義」の世界進出などとして習ったかもしれませんが、必ずしも列強からアジア、アフリカへの一方的侵略という面だけで理解されるものでもなく、つまり「普遍」は必ずしも西欧だけから一方的にもたらされたのではなく、アジアなどの考え方や秩序もむしろ西洋側に吸収されるという双方向性の中で形成されたのではないか、と考えられるのです。

　もちろん、西洋自身も多様で、彼らの内部にも柔軟性があったのです。多くの植民地や保護国を持ったイギリスにもそうした柔軟性が一定程度ありました。ただこれは、逆に西洋諸国やアメリカにとっては、自らの姿勢、考え方、制度やルールの正しさを認識される過程であったかもしれません。だからこそ、イギリスも、西欧社会からすれば、中国も長期的には既存の秩序に取り込んでいけるのだと考えられたのかもしれません。

　しかし、現在、近代以来の西洋諸国の、あるいは現代のアメリカの自信が揺らぐような事態が生じているわけです。これは実態としてそうだということではなく、あくまでも認識論です。技術革新の面、特に次世代の世界の必需品になる 5G に関して、完全に中国に先を越されたわけです。そして、中国自身がアメリカを中心とする国際秩序の下に自らを置こうとはしておらず、新たな秩序形成を目指しているように考えられたわけです。これは 2016 年の夏にはすでに明らかに示されていましたが、南シナ海問題に関する中国の行動で具体化され、さらに 2017 年秋の習近平演説でいっそう明確になりました。その後、2018 年に入って、アメリカではもう中国を既存の秩序に取り込めるという「幻想」は捨てたほうがいいのではないかという声が急速に高まったのです。すでに 2015 年 3 月に、デイビッド・シャンボーという有名な中国研究者が『ウォールストリートジャーナル』に文章を書いて、中国に強い懸念を示していましたが、中国には強硬に対応していくべきだとの議論がワシントンを席巻しています。

　一方、日本は違います。もともと、日本は今世紀に入る頃から、アメリカ以上に中国に厳しい姿勢をとってきました。しかし、日本は 2014 年から中国との関係改善を図っており、2018 年にはアメリカの方が日本よりも厳しくなった。日本政府の対中姿勢は依然、中国を既存の秩序に組み込もうとするエンゲージメント政策に近いもののようにも映ります。つまり、中国との経済関係、サプライチェーンが緊密ですし、また 2018 年に入ってからも第三国協力を模索するなど、中国にある程度寄り添っていって、中国と協力できる部分は協力していこうという姿勢なわけです。もちろん、領土問題のような問題は是々非々で行こうとしています。同盟国として、日本がアメリカと同じ問題意識を持っていないわけではありません。中国の 5G をめぐる問題、サイバー攻撃、知的財産権の問題など、多くのことが議論されています。しかし、日本自身が世界秩序を主導しているとか、覇権国というわけでもないので、アメリカとは観点が異なることもあるでしょう。そして何よりも、日本は中国の隣国であり、中国との関係性を一気に断つことは想定し難いのです。中国との経済を含む結びつきを断つデカップリングもまたアメリカで議論されますが、日本ではたとえ対中感情が悪化しても、経済関係までデカップリングするという議論にまでは至りま

せん。

　他方、日本では依然として中国の技術革新について懐疑的な目線もあります。5Gなどの先端技術、イノベーションに注目する向きと、ディズニーのキャラクターを真似しているといったような、特許侵害や知的財産問題について注目する向きとがあります。実のところ、ある意味で双方がともに正しいわけです。中国では、この5年くらいの間に急速に特許の件数が増え、学術論文の数も非常に増えています。それに、大学の予算なども増えていますから、中国の大学ランキングも上がりました。ただ、あらゆる面で技術革新が進んでいるというわけではありません。旧態依然のところも残されています。

　中国の技術革新について懐疑的な視線には次のようなものもあります。一つは、中国の技術革新はゼロから1を生み出すものではなくて、あくまでも1を100にしていくような改良型であるという議論です。これは、カリフォルニアのシリコンバレーがゼロから1なのに対して、深圳が1から100ということを含意しています。いま一つは、中国の技術革新はサイバー攻撃で取得した技術や、企業買収を通してどこかから移転させたものの寄せ合わせにすぎないという議論です。もちろんこうした面があることは否めません。しかし、もはや技術の窃取だけでは説明のつかないレベルに中国の技術開発力も到達しているようです。

　総体として中国での新たな技術が生み出されているのですが、それを推し進めている一の要素は、社会主義で一党独裁だという面があります。その方が、社会実装が進むのです。こうした事実を見極めないといけないでしょう。

　次に地域秩序へと話を移していきたいと思います。米中関係、あるいは世界秩序と地域秩序の問題とを日本で考えるに際して、アメリカと東アジア地域との距離が重要です。特にワシントンは、東アジアのはるか彼方にあるのです。無論、ハワイやグアムはアメリカの一部ですが、ワシントンはアメリカ東部にあるのです。このようにアメリカが基本的に大西洋を向いている国であることを忘れてはならないと思います。例えば北朝鮮問題について、2017年あたりからアメリカが北朝鮮に対して敏感になりましたが、あれには理由があるのです。北朝鮮が核兵器の実験を終わって、かつ

小型化してそれを搭載する長距離ミサイルを開発したのです。一般にミサイルには短距離、中距離、長距離があって、長距離は開発が難しいのです。長距離というのは、いったん大気圏を出て、そして落ちていくわけですが、その開発のためにはまず衛星打ち上げと同じ実験が必要になります。そして、北朝鮮はその衛星実験をやりました。その衛星実験に北朝鮮はほぼ成功したとアメリカは認識したのでしょう。そして、打ち上げだけでなく落下させる方もできることになると、ワシントンも北朝鮮の核兵器の射程距離に入ることになります。このようにワシントンなどが射程に入る長距離ミサイルが開発されようとすると、ようやくアメリカ（ワシントン）はこの問題を真剣に考え出したわけです。

　ここで立ち止まって考えてみてください。北朝鮮の短距離、中距離のミサイルはとっくにできていて、日本はその射程圏内にあります。同盟国のアメリカが、北朝鮮が長距離ミサイルを開発してワシントンや東海岸が射程距離に入ると真剣に検討を始めるのだとすれば、日本とアメリカとの間には大きな感覚のずれがあることになります。つまりアメリカの感じている脅威と、日本を含めた東アジア地域の脅威の感覚が違うことがあり得ることになるわけです。

　次に、グローバルな空間の秩序という話と、この東アジア地域はどうかという観点が時には異なる考慮が必要になるということも指摘する必要があります。例えば、今後、グローバルな空間で中国とアメリカが意外に友好的になり、アメリカが中国が既存の秩序に敵対的ではなくなったと認識することや、アメリカと中国とは世界で棲み分けるべきだと考えることがもしかしたらあるかもしれません。しかし、同じこと、つまり、東アジアで米中の利害が一致したりすることが東アジアであるか否か、それは別のことでしょう。というのも、中国がワシントンに向ける言動、あるいはグローバルな空間での立ち居振る舞いは、この東アジアでのそれとは異なる面があるからです。中国が世界ではアメリカと協調するけれど、東アジアでは覇権国として振る舞うということはないのでしょうか。そこが問題です。米中関係の方程式は単純ではありません。

　グローバルな空間において、日本は明らかにG7側の立場をとり既存の世界秩序の擁護者として振る舞うでしょう。次に、東アジアではどうでし

ょうか。東アジアにおいて G7 に入っているのは日本だけです。OECD に
なれば韓国も入っているものの、韓国がこの地域でも既存の秩序の擁護者
として振る舞うかどうか。中国の力が強大になる時、日本はどこまで G7
の一国としてこの東アジアで振る舞い得るのでしょうか。これは相当にチ
ャレンジングなことです。いずれにしても、グローバルな空間とこの地域
とを分けて考えることなど、ものを考えるべき場が複数あることはご理解
いただきたいと思います。

2 中国の対外政策

このような世界情勢、地域情勢の下で中国はどのように振る舞っている
のでしょうか。中国の世界認識、地域認識はどのようなもので、何をしよ
うとしてきたのでしょう。ここでは 2002 年から 12 年までの胡錦濤の時代
と、2012 年からの習近平の時代についてみてみたいと思います。

2002 年からのリーダーであった胡錦濤は、その前の江沢民、さらにその
前の鄧小平からの経済重視の対外政策を継承しています。経済発展するた
めには外国からの投資を呼び込む必要があり、また市場としての諸外国も
重要ですので、外国とは協調しなければならないという方針を持っていま
した。これを「韜光養晦」と言います。これは『三国志』などの古典にあ
る言葉です。特に曹操と劉備が出会うシーンが「韜光養晦」の出典の一つ
です。もともとは日本語の「能ある鷹は爪を隠す」というような意味です
が、結果的に経済を重視した協調外交を含意するようになりました。

この韜光養晦という言葉は鄧小平が使い出したものとされますが、正式
なスローガンとしては江沢民期に採用され、それが胡錦濤にも継承されま
した。ところが胡錦濤期の後半くらい、つまり 2006 年あたりからそれが
少し変化しはじめたのです。韜光養晦への反発が強まって、だんだんと協
調より自らのパワーを示すように変わっていきました。そして 2012 年に
トップになった習近平は、その胡錦濤期の後半の姿勢を継承しています。
ただ、習近平は「韜光養晦」という言葉を使っていないのです。つまり、
経済を重視して協調的にやろうという従来の姿勢は言葉の上でもみられな
くなったのです。南シナ海の島々に軍事基地の建設を進めたこともその強

硬姿勢を示すものとみられています。

　中国は南シナ海の島々の主権について、それを核心的利益などと位置づけて決して譲歩しない姿勢をとっています。こうした島々について、中国は有史以来我々の領土であると言います。そして、「中国は今までに一度も侵略をしたことがない」とも言っています。胡錦濤期にこうした島々を突如「占拠」し、習近平期にそこに軍事施設を建設したのですが、中国の人々にはそこを侵略したという意識はありません。これは尖閣諸島についても同様です。なぜかというと、「これらの島々は数千年前から中国の固有の領土だったのに、それを違う国が不当に占拠している。だから取り戻す。それは侵略ではない」という理屈なのです。周辺国からすれば、受け入れがたい論理でも、中国側ではそう認識しています。だから「取り戻す」という行為は正義の行為であって問題が生じない、つまりレコンキスタ、国土回復運動をやっているような論理構造になっています。

　この中国が想定する「本来の国土」を回復するための運動は、昨今始まったわけではありません。戦前から、あるいは中華人民共和国建国間もない毛沢東の時代にはすでに存在していた動きです。例えば、ベトナム戦争の時に南ベトナム統治下にあった西沙諸島を、南ベトナム劣勢と見るや中国が占領したりしたわけです。ただ、習近平の場合には占領して国旗を立てるだけではなくて、アメリカに「軍事化」しないと言いつつも、小さな島の周りを埋め立てて2000メートル級の滑走路を建設していったのです。

　このように核心的利益に関して従来以上に強硬姿勢を強め、周辺諸国との緊張を高めた習近平ですが、当然緊張を高めただけではなくて、周辺諸国を重視する外交も展開しました。江沢民の時代、周辺諸国との陸の国境問題を殆んど解決し、ASEAN諸国との間にASEAN＋中国という関係を築き、また新たに独立した中央アジア諸国と上海ファイブという関係を形成したのです（のちの上海協力機構）。また、中国国内の周縁部で「西部大開発」という政策を進めて、国境をまたぐ貿易なども奨励しました。雲南省や広西チュワン族自治区と東南アジア大陸部、新疆ウイグル自治区と中央アジア諸国との関係などが強化されたのです。このような江沢民期の周辺諸国との関係を胡錦濤は「周辺外交」という言葉で表現しました。この言葉の下に、中国とASEAN、SCO、SAARC、日中韓などといった枠組

みが強化されていったのです。

　習近平は、江沢民、胡錦濤期に形成された周辺諸国との関係性を基礎にして、「一帯一路（ワンベルト・ワンロード、BRI）」政策を提起したのです。これはユーラシアからアフリカに至る地域を中心とし、大規模な投資を行ってインフラ建設を進め、国際公共財を提供するプロジェクトです。これを通じて、中国は各国との関係性を強化するとともに、中国の考える秩序形成をしていこうというのです。もともと、中国はこの空間で多くのインフラ建設をしていましたから、それをつなげ、束ねてみせたということでもあります。

　皆さんが使っている携帯もインターネットも、電波が来て使えています。皆さんが携帯でネットを見られるのは、世界中にインターネットを伝えるケーブル網が広がっているからです。このケーブルが世界中に張り巡らされ、その巨大な何千キロもあるような電線の中を情報が通って、皆さんの端末に情報が来ます。そのケーブルが切られれば、皆さんはインターネットを使えません。インターネットが切られると資本も動かなくなってしまいます。

　そういうケーブルを誰が供給しているかというと、これまでは、単純化すればアメリカやその関係諸国でした。日本もその一つです。ケーブル以外の国際公共財も多くアメリカなどが提供してきました。例えば、位置情報のわかる GPS システムは湾岸戦争のときなどにアメリカが使った技術で、それが民間にも広まったのです。いくつかの衛星と地上の機器によって皆さんの位置がわかるのです。皆さんは、そういう軍事技術が民間転用されたものを文明の利器として使っているわけです。そして、皆さんが使っている衛星は主にアメリカや先進国の打ち上げた衛星なのです。

　ここで申し上げたケーブルや衛星、このようなものが公共財と言われています。アメリカなど先進国がそういう公共財を提供していて、我々もその公共財を使って暮らしているのです。無論これらこそがアメリカのパワーの源でもあります。ですので、アメリカがやろうと思えば、自らの提供しているインフラの中を通っている情報は基本的に手に入れられますから、端末の番号さえわかれば個人情報も調べられます。ただ、アメリカは民主国家なので、そういうことをするためには法に基づいた手続きが必要です

し、見られた方は、法に基づく権利によって異議申し立てもできます。また、こうした国際公共財はもちろんアメリカだけで維持されているのではありません。例えば海底ケーブルであれば、KDDIが日本周辺にあるケーブルの保守点検をしています。大きな地震のときにケーブルが切れたらネットが切れてしまいますから、何かあるたびに調べに行き、必要に応じて修繕しています。

　現在、中国はこうした公共財についてアメリカに頼らずに、自らのシステムをつくろうとしているのです。自ら衛星を打ち上げて、中国版GPSで位置情報のわかるシステムをつくりつつあり、ファーウェイをはじめとした中国系の電話端末はこのシステムを利用します。そして、海底ケーブルも中国独自のものをつくろうとしています。一帯一路では、道路、鉄道、港湾などといったハードなインフラから、衛星などといったところまでインフラを提供しています。それが中国以外の国にも広く使われることになると、ある地域では中国がアメリカ同様にパワーを持つことになります。中国の提供する端末で、中国のインフラを使っていさえすれば、中国が調べようと思えば、そのシステムを使っている人がどこにいるか中国にわかってしまう。そういうことができるようになります。逆に、アメリカはそうした中国のつくった公共財圏内の情報が見えなくなります。

　公共財の提供とともに、習近平政権はこの地域の秩序像を自らの言葉で語るようになりました。例えば、アジアにおいては「アジアの新しい安全保障」という言葉を習近平は提起しています。これも習近平が初めて使った言葉で、これからはアジアの安全保障はアジアの国が担い、アジアにおいては中国が中心的役割を果たす、という内容でした。これは、アジアの安全保障の空間でアメリカは不要だということを含意しているとも思われます。日米安保もまた中国からすれば否定すべき存在なのです。

　一帯一路という空間の全体図を見ると、ユーラシアからアフリカ、そしてさらに多くの地域に広がっていくように見えます。この地域で中国が自らの秩序をつくり上げることができるのかどうかわかりませんが、中国の影響力が強まっているのは確かでしょう。今後、中国がアメリカの既存の秩序の中に入るという可能性もゼロではありませんが、中国は中国で独自の秩序を築くなら、世界はアメリカを中心とする世界と、中国を中心とす

る世界に引き裂かれる可能性もあるでしょう。そこでまず生じるであろう現象は、2つの大きなパワーが世界を単純に2つに割るというより、地域別、分野別かもしれませんが、ある程度分け合うということです。そのとき日本はどうなるのでしょうか。国は引っ越せませんので、日本は東アジアにあり続けますから、隣国の中国のすることを他人事として見過ごすのも難しいでしょう。

3　新型国際関係

　一帯一路は中国では新型国際関係の実験場と位置づけられています。その新型国際関係というのは、胡錦濤期にも使われたことはありますが、習近平が自らの外交理念として位置づけ直したものです。

　2017年秋に第19回党大会がありましたが、そこで習近平は中国の将来像を示しました。それは、2049年、中華人民共和国ができてから100周年の2049年に中華民族の復興を成し遂げること、そして「中華民族が世界に冠たる民族になる」とのことでした。中国が今ある様々な問題を解決して、強国になること、さらにはアメリカに追いつくということも言いました。

　その中華民族の復興というのは、先ほどみた18世紀頃、つまり世界のGDPの3割を占めていた時代に回帰するということを指しているのではないかとも考えられます。いずれにしても、中国には様々な国内問題がありますので、アメリカを抜くというような話がそんなに簡単にできるはずはないのですが、2050年前後にアメリカに追いつくというような発言は、アメリカを刺激したものと思われます。

　ただ、注意しなければいけないのは、習近平が2049年、つまり2017年から30年以上かからないとアメリカに追いつかない、と言ったことなのです。相当に時間がかかると習近平も考えていたということです。経済力を見れば、中国のGDPでは日本のほぼ3倍と大きく飛躍しました。アメリカのGDPの6割相当です。日本のGDPは5兆ドル強ですから、中国は15兆ドル前後ということになります。ただ、中国の人口は日本のほぼ10倍ですから、1人当たりGDPは日本の1人当たりの3分の1くらいと

いうことになります。今は円がだいぶ下がっていて、ドルで言えば3万ドル強ですから、中国の1人当たりは1万ドルいくかいかないかというあたりになるという計算になります。このように、中国経済はすでに相当に大きいわけです。アメリカに追いつくとするならば、2049年まではかからないかもしれません。ではどうして2049年という年が想定されたのでしょうか。

　それは、軍事力と関係すると思われます。驚かれるかもしれませんが、中華人民共和国の軍隊というのは自分の国を守るのは非常に強いのですが、アメリカのように世界全体に展開するような力は、目下のところ、必ずしも有してはいませんでした。

　例えばアメリカでは空母を11隻持っています。空母というのはいま動いているもの、次に動くもの、メンテナンスしているものという3セットが必要とされますが、アメリカは基本的に常時4隻の空母を出していると言われます。4隻のうち2隻はアメリカ周辺で、残りの1隻は日本にいて、もう1隻は中東にいます。時々世界に緊張が走ると稼働空母が5隻を超えることもあります。先日、3隻が朝鮮半島近海に行きましたが、あれも異常な事態です。それに対して中国には空母が1隻（遼寧）しかないので、全体としてオペレーションができないのです。空母の運用はまだ訓練段階にあるということでしょう。サイバーや宇宙での軍事技術開発で著しい進歩を見せる中国ですが、軍事面では多くの課題を残しているのです。

　近代、大英帝国は世界中に植民地をつくってきました。「7つの海をまたにかける」ということがよく言われます。ところが植民地経営には多くの資金を必要とします。英語を教えて学校をつくり、たとえ帝国全体の産業構造に適合させるために「搾取」をするにしても、植民地に対して産業投資も行います。しかし、現代「帝国」をなしたアメリカは必ずしもそのイギリスの真似をしたわけではないのです。アメリカは、植民地を持たず、世界各地の同盟国と安保条約を結んで世界各地に軍事基地をつくりました。そして相手国に一定程度の経費負担を求めたのです。当然、軍隊を置いているので相手の国に対する影響力は強まります。日本もそうですし、韓国、ドイツもそうです。

　しかし、内政不干渉原則を維持している中国はそれをやりません。確か

に、中国はウクライナに核の傘を提供し、アフリカのジブチには中国の基地があります。これも条約に基づいてはいますが、安保条約ではありません。また、ジブチは、中国からお金を多く借りていますし、中国としてもジブチに金を出せとは言えません。軍事力そのものにしても、世界でのプレゼンスにしても、中国は軍事力はまだまだです。ですので、アメリカに追いつくのに 30 年以上かかると言っているのではないかと思われます。

　一帯一路を中心に広がる中国のパワーは、まず経済の力が先に拡がり、その後に政治や軍事の力がついてくるという形態をとります。東アジアでは、東シナ海や南シナ海の例を見ればわかるように、経済的進出と、軍事、政治はセットになっています。ところが例えば中国から離れたポルトガルやモロッコを例にとると、一帯一路で中国の投資がたくさん入っていますが、「中国の軍隊」の姿は見えません。つまり、経済が強く、軍事はやや劣るので、近場では経済、政治、軍事がセットになっていても、遠くに行けば行くほど、経済だけになるのです。現在、インドあたりでは中国の軍事的拡大を意識していますが、アフリカ西部やヨーロッパになるとなかなか実感としては中国の軍事的拡大は意識できないでいます。つまり、世界の地域ごとに中国の見え方が全然違うわけです。

　さて、そのような情況下で中国は新しい国際関係の枠組み、新型国際関係を提起しました。この枠組みは欧米や日本の考える国際関係とはいくつかの面で異なっていました。第一は、国際関係をリベラル民主主義の存在などを用いて説明しない点です。一般に、デモクラティック・ピース論などと言われるように、リベラル民主主義の国どうしは戦争を行いにくく、またリベラル民主主義の拡大が世界平和を導くという考え方があります。日本が ODA を進めるのも、経済的利益を意識している面もありますが、同時に ODA によって相手の国が経済発展すると、それがやがて民主化に結びつくという考え方が背景にあります。無論、経済発展が直接的に民主主義に結びつくという議論は必ずしも学術的な定説として定着しているわけではないのですが、政策の面ではこのような考え方が依然影響力を持っています。現在、民主主義の国や地域の数は世界で頭打ちになり、経済発展してもまったく民主化しない国が増えてきています。中国はその代表格です。中国は世界第二の経済大国になっても、自らを「発展途上大国」と

言っています。これは自らを OECD 加盟国、すなわち先進国とは位置づけないことを示しています。

第二は、これは既に述べましたが、軍事安全保障面での同盟関係などを提起していない点です。中国はアメリカを中心とする安保ネットワークを批判しています。そして中国は中ソ同盟の失敗の経験から、1980 年代から独立自主の外交路線を採用しており、同盟国を持とうとしません。これは現在も継続しています。

この二点を大前提にしたこの新型国際関係は、経済関係をベースにして関係をつくり、そこで利益を分配することでウィンウィンの関係、すなわちお互い利益を得るという関係をつくるとしています。さらにそれが「朋友圏」に発展し、さらにそれがパートナーシップ（伙伴関係）になり、運命共同体ができあがる、というのです。この運命共同体は、2049 年に完成するものとして想定されていて、そのときに中華民族は世界で 1 位になるのだと言っているわけです。

ただ、こうした議論が妥当性があるのか、実現可能かというのは全く別問題です。中国国内には人口問題もあるし、エイジングの問題などいろいろな問題があります。しかし、中国がアメリカやイギリスの国際関係理論と異なる「理論」を提起しようとしているという点に意義があります。中国自身が独自の秩序形成を目指している一つの証左だということにもなるからです。

4　中国が歓迎される理由

このように中国は新たな国際関係理論を提起するなど、新たな秩序像を提起しています。皆さんは、中国はまさに「独特な」、世界では受け入れられない姿勢を示している、と考えるかもしれません。しかし、実はこの国は、それほど嫌われているわけではないのです。とりわけ一帯一路空間にも含まれるアジアやアフリカの国においては、歓迎されている側面もあります。皆さんには目線を多様に持ってほしいのです。日本の目線だけで世界を見ず、アメリカの目線、中国の目線、そしてアジアやアフリカの国々の目線も可能な範囲で持ってほしいのです。

　『中国のフロンティア』（岩波新書、2017年）という本の中でも強調したのですが、アジアやアフリカの国では、中国だけでなく、日本やヨーロッパやアメリカを含めて多くの国が「あなたの国を支援しましょう」と言ってくるのです。そして、ドナーとなる援助者を比較検討して、どの国から援助を受けるか決めるのです。その際、中国を選ぶ国も意外にも多いのです。中国からアジアやアフリカに「進出」するという側面もあるのですが、中国がこれらの国々から選ばれるという側面もあるのです。

　中国がアフリカの国々に選ばれる、アフリカの国が中国を選ぶのには一定の理由があるようです。例えば、大型インフラ建設が可能なほどに支援の額が大きいこと。また、日本や欧米が支援する場合には条件とされる、民主主義とか人権などが支援の条件とされないこと。そして、中国自身が民主化していないこともあり、決定に至る手続きが速いのです。さらに、何かをつくるにしても建設期間が短いのです。

　スリランカで日本のコントラクターの方と港湾建設について話していたら、「中国のつくりかたでは港はすぐに壊れてしまう」と言うのです。「どのくらいで壊れるのですか」と私が聞いたら、「20年くらいで壊れる。日本がつくったら100年もつ」と言うのです。しかしどうなのでしょう。スリランカ政府からすれば、即決で、規模も大きく、条件もつかないのなら、20年もてばいいのではないか、という見方もできます。そういうふうに現地の政治家も考えるのではないかと思うのです。

　質の高いインフラという言葉がありますが、何かよいものをつくれば必ず相手もその良さをわかってくれるのか、と問われれば、そうというわけでもないでしょう。途上国の目線で見れば、先進国よりも中国の提供するもののほうがいいという側面もあるのではないかということです。日本も多く出資しているアジア開発銀行も、中国からの大型投資に期待しています。中国の提供するものや中国型の発想というものが日本人の目にはおかしく見えても、低開発国の目からは魅力的に見えることもあります。世界の中にアメリカ型と中国型があったとして、アメリカ型が絶対的に正しいと言う人が本当に過半数いるのでしょうか。一度疑って考えてみる必要があると思います。

5　一帯一路で生じていることと問題点

　しかし、中国のやっていることがそんなにいいことなのか、中国のやっていることに問題はないのかということになると、当然いくつかの問題点が出てきます。例えば最近よく言われていることに「債務の罠」問題があります。相手が返せないとわかっているのに担保を設定して貸すわけです。相手が返せないのをわかって貸して、返せないとなると、担保にしたものを取るわけです。借りるほうもわかっていて担保を差し出すわけです。先進国の場合、返済ができなくなった場合には新たな返済計画を立てるなどの措置をとり、担保を取るということはしません。そのため、返済ができなくなったスリランカのハンバントゥタ港の経営権を中国企業が99年取得したことに、多くの先進国は衝撃を受けました。

　また、相手の国の財政状況に関わりなくお金を貸し続け、限度を超えるまで貸付を行うこともまた批判の対象となりました。具体的には、モンゴル、ラオス、キルギス、タジキスタン、パキスタン、ジブチ、モルジブ、モンテネグロなどがそうした国に当たるとされています。しかし、こうした国々のリーダーたちは、その罠を知らないのでしょうか。実はよく知っているのです。では何故中国から借りるのでしょうか。この点を考えるヒントは先ほど申し上げました。考えてみて下さい。

　あるいはこういう問題もあります。中国は経済が強いので、まず一帯一路空間にある国々と経済的な関係をつくるのですが、その関係を政治や軍事に転化するというのです。前述のスリランカのハンバントゥタ港についても、軍事転用するのではないかとの懸念があります。このほか、手続きの上で公正さがないとか、アカウンタビリティーやトランスペアレンシーが弱いといった問題点も指摘されているわけです。ただ、こうした批判を中国もわかっていて、ハンバントゥタほど明からさまな事例は以後あまり見られません。また、ジブチ基地以外に中国の海外基地はまだできていません。援助のルールづくりについても、中国は意外に熱心です。

　もう一つ問題点があるとすると、中国が想定している世界には階層性があって、国々との関係性を横並びではなく上下の関係として理解している

と思われることに対する批判がよくあります。簡単に紹介すると、中国は自分の立場や考えを理解してくれる国を評価し、理解しない国を下に見る、あるいは遠ざけるところがあるというのです。具体的には、その国とのパートナーシップ関係という言葉の前に、「全面的で戦略的……」という修飾語がつくのですが、その修飾語が長ければ長いほど高く見積もるとされています。その修飾語が一番長いのがパキスタンとロシアなのです。ただ、これも批判に遭ってから、あまり言わなくなりました。中国は国際世論に敏感なのかもしれませんね。

おわりに

最後に2つの問いをなげかけておきます。

一つ目の大きな問いは、中国に対する応じ方です。アメリカは中国にどのように応じてきたのでしょう。オバマ大統領はエンゲージとヘッジという、ある意味で伝統的なアメリカの対中政策を継承しました。TPPを推進して、非常に高いレベルの自由貿易制度を形成しようとしました。一面で、そのTPPは中国にも開かれている、中国も入っていいといいました。無論、TPPは中国が入るには極めてハードルが高いものでした。また、軍事・安全保障についても同盟国どうしのネットワーク化を進めました。これは中国にはかなり強い圧力になりました。また、ヘッジという面ではフリー・オブ・ナビゲーション（航行の自由）作戦をやりました。ただ、これらの政策を中国がどう見ていたのかという点については別途議論が必要です。中国がアメリカからの教訓を学び、アメリカの望むように対外姿勢を修正しようとしたのかどうか検証がなされていたのかどうか、考えてみないといけません。実際、南シナ海の島々について、中国はアメリカに一旦「軍事化しない」と言ったのに、防衛を理由に基地をつくりました。これはアメリカにはどう映ったでしょうか。米中間で言語は通じていたのでしょうか。

オバマ政権に対してトランプ政権は、エンゲージをやめるような雰囲気があります。アメリカの対中姿勢は急速に強硬になっているのです。

皆さんはどう考えますか。中国が自らの考えに基づく世界秩序を築こ

としていることを前提にして、オバマ大統領のように中国を取り込みながらヘッジしていくのか、それともトランプ大統領のように取り込むことを放棄し、中国をたたいていくのか。現在、日本の安倍政権はどちらかといえばオバマ政権寄りのスタンスです。もちろん、中国を外から変えることなどそもそも無理だという考え方もあります。変えられるか否かも含めて考察していくことが必要でしょう。

　以上が一つ目の問いです。

　二つ目の問いは地域の秩序についてです。中国の隣国である日本、また東アジアの国々は、東アジアの今後がどうなると考え、それを踏まえて中国といかに接するのかということです。これは一つ目の問いと連動しながら、必ずしも同一の問いではありません。このアジアという空間では、中国が西へ西へと一帯一路空間を広げていって、そこで新しい秩序を築こうとしています。まずは経済力が広がり、そのあとに政治・軍事が続いています。日本の安倍政権を含めて、「自由で開かれたインド太平洋」のような地域秩序を提起して、中国を受け入れつつも牽制しようとしているのですが、それが今後どうなるのでしょう。東アジアという地域、あるいはアジアという地域において中国が圧倒的なパワーを持っていることは間違いありませんし、多くのアジアの国々にとって中国との経済関係がとても重要になっています。

　例えば、第一の問いと関連づけてみると、グローバルには中国がアメリカ側の秩序に歩み寄り、アメリカもエンゲージメント政策を採用するようになったとしても、中国の周りの東アジアのことくらいは中国に任せてもいいのではないかという議論がアメリカで生じないとも限りません。イギリスからアメリカに覇権が移る過程で、アメリカはモンロー主義を採用しました。それは要するに、世界はイギリスが主導するが、南北アメリカはアメリカが主導するということも意味しました。これと同様に、グローバルにはアメリカが主導し、アジアは中国が主導するという、中国版のモンロー主義が見られるということはないのでしょうか。では、東アジア内部での対中エンゲージはどうするのでしょう。日本が頑張ってそれをするのだと考えることもできます。しかし、それには非常にコストがかかります。

　グローバルな秩序観、東アジア域内の秩序観のそれぞれに歴史がありま

す。この東アジアには、冊封・朝貢とか、日本の大東亜共栄圏とか、いろいろなことがありました。こうした歴史も考えながら、これからの東アジア地域の秩序について構想する必要があります。

　今日提起した問いはこの2つですが、もちろんその前提に今の中国をどう捉えるのか、そもそも中国をどう見るのかということもあります。中国はこれからどんどん発展していくし、中国から留学している人も多いので、中国の人々はだんだんと西側諸国の論理をわかっていってくれるはずだと思うのか。あるいは海外で学んでも、国内ではそれを活用できないはずだとか、いろいろな見方があると思います。

　日本はグローバルな空間ではあくまでも先進国の一員として振る舞っています。ところが、東アジア地域では G7 の国は日本しかありません。この東アジアで中国に伍していくには日本だけでは無理かもしれません。OECD の一員になった韓国、またアメリカの同盟国ならオーストラリアも重要でしょう。こうした国々と一緒になって中国をエンゲージしていくことは可能でしょうか。グローバルな空間の話と、東アジアの話の双方を見ながら、中国とそれを取り巻く問題を皆さんで議論してもらえると、おもしろく問題を捉えることができるかもしれないと思います。

Q&A　講義後の質疑応答

Q ： グローバルの視点では、一帯一路はこのまま行くのだろうと思います。こちらとしても止める理由が見つけられないし、日本としては地理的な関係で一帯一路に対して危機感があると思うけれど、さっき先生がおっしゃったように日本からすれば経済侵略と取れる内容でも、相手国からそう思われないならば、問題が表面化するまでは問題として取り上げにくい。経済侵略がどんどんモンゴルから中央アジアを通ってアフリカに至って、さらにその後に軍事力が進出し、それが直接的にヨーロッパとかアメリカの人々の目の前に来るまでは、やはり危機感は出てこないのではないか。それにエンゲージといっても、それは強い方から弱い方にやるもので、もはや中国に対するエンゲージは不可能なのではないか。アメリカも衰退局面に入っているし。

A：表面化するときにはもう末期症状だという感じということなのでしょうね。また確かに日本が単独で対中エンゲージをするのは難しいでしょうね。頼みはアメリカなのですが、トランプ政権が中国に厳しい姿勢をとっているのはどうしてなのでしょう？　それは、アメリカの中国に対する優位性がすでになくなっているからなのでしょうか？　今日指摘した軍事力以外にも、ドル決済網など、アメリカが依然優位に立っている領域もあるようにも思います。そうした点で、対中エンゲージは方法をよく考えれば、あり得ると思います。多くの国が連携する可能性もあるかもしれませんね。

Q：私たちは一帯一路とか、中国が他の国に進出することを、日本の政策でやめさせるにはどうすればいいかという話をしていました。まずなぜその地域は中国から支援を受けたいのかと考えると、メリットがデメリットを上回っているからでしょう。日本や西洋諸国がそれを覆したいのであれば、メリットを小さくし、デメリットを大きくするしかないのですが、それを実際にどうやるのか考える必要があります。例えば中国の場合は、支援に際して条件をつけないという話があったと思うのですが、逆に西洋諸国や日本が支援する場合に民主化などの条件をどのように提示しているのでしょう。そこを変えることで少しでも中国を牽制できないかと思いましたが、どうでしょうか。

A：確かにそうですね。そのように相手側の視点に立つことは重要です。しかし、先進国の援助には様々なルールがあります。例えば、OECDの下にあるDACの規定や、国連の目標などです。ですので、日本だけでルール変更はできず、先進国全体で話し合う必要がありますね。次に内容面ですが、現実的に最近では先進国も民主化を求めず、ただグッド・ガバナンスで良いとしている面もあります。ただ、こうすると民主化は遠のくことになります。

Q：東アジアだけで見ると、政治的にも軍事的にもけっこう中国からの脅威が迫っているという印象があります。日本を主語として見れば日米安保は堅持すべきだと思うのですが、尖閣諸島問題とかでアメリカが

どれほど当てになるかという点でもけっこう不明です。そう考えると、今は中国と対立しているフィリピンなど ASEAN 諸国との関係性、例えば日米安保みたいな軍事同盟ほどでなくても緩いつながりみたいなものを結びつつ、あとインドとの連携が重要と思いますがどうでしょうか。インドに関しては核保有国であるし、中国の潜在的な脅威がある以上、インドのつながりも考えるのがいいのかなと思いました。

A：なるほど。では、東南アジア諸国やインドなどはどのように中国やアメリカのことをみて、今後の秩序がどうなればいいと思っているのでしょう。インドからみて、中国はパキスタンと近いこともあって緊張的な関係がある反面、経済パートナーとしては重視すべき存在だと見なしています。安保面では衝突しても、また国民の対中感情は悪くても、対中経済関係は極めて緊密だというのが、アジアの多くの国が直面している問題です。

Q：中国と東アジアの関連については、少なくとも 2050 年までは中国が相当に有利で、主導権を握ると思います。というのも、中国がほぼ一党独裁であるのに対して、政治的に民主主義国家が含まれる ASEAN では華僑という存在があります。民主主義国家で華僑もその国の国民なので、その華僑への影響力もあり、華僑の人たちも中国の話を受け入れると思うので、中国がやりたいことをやれてしまうのではないかと思いますがどうでしょう。

A：中国系の人たちは中国の話を聞くのではないかということですね。とてもおもしろい指摘だと思います。ただ、これは難しいですね。華僑系の企業で、中国と緊密な関係を持つところもありますが、一帯一路では世界各地の華僑系企業が優遇されているとも限りません。それをやると現地社会で華僑への反発が強まるからでもあります。世界各地の議会には中国系住民の議員さんがいますが、彼らの政治スタンスは意外に多様なものです。シンガポールのリー・クワンユーが果たして中国寄りであったか考えてみて下さい。

（2018 年 10 月講義）

※おすすめの本

青山瑠妙『中国のアジア外交』（東京大学出版会、2013 年）

川島真『中国のフロンティア──揺れ動く境界から考える』（岩波新書、
　　2017 年）

川島真・遠藤貢・高原明生・松田康博『中国の世界展開──対外進出のね
　　らいと現地の視線』（昭和堂、2019 年）

園田茂人・デヴィッド・S・G・グッドマン編著『チャイナ・インパク
　　ト──近隣からみた「台頭」と「脅威」』（東京大学出版会、2018 年）

習近平政権の特徴
——内政と日中関係

高原明生

高原明生（たかはら　あきお）

東京大学大学院法学政治学研究科教授。専門は現代中国政治、東アジアの国際関係。東京大学法学部卒業。英国サセックス大学開発問題研究所博士課程修了。笹川平和財団研究員、在香港日本国総領事館専門調査員、桜美林大学国際学部助教授、立教大学法学部教授などを経て現職。

主著に、*The Politics of Wage Policy in Post-Revolutionary China*, London and Basingstoke, The Macmillan Press, 1992.『日中関係史 1972-2012　I　政治』（共編書、東京大学出版会）。『日中関係史』（共著、有斐閣）。『シリーズ中国近現代史⑤　開発主義の時代へ 1972-2014』（共著、岩波書店）。*Japan-China Relations in the Modern Era*, co-authored, Routledge, 2017 (co-authors: Ryosei Kokubun, Yoshihide Soeya, Shin Kawashima).

はじめに——習近平政権の誕生

　習近平政権はいつできたか。これは人によって言い方が違うのです。な
ぜかというと、党の人事が行われる中国共産党全国代表大会（党大会）の
時期と、国家の人事を正式に決定する全国人民代表大会（全人代）の時期
がずれているからです。党大会は大体、秋に開かれます。5 年に 1 回。全
人代は毎年ですけれども、5 年 1 期で、5 年に 1 回、人事刷新をするわけ
ですね。党の最高地位は今、総書記ですが、習近平が総書記になったのは
2012 年 11 月です。ところが、いわゆる国家元首は国家主席のほうで、国
家のポストなのですが、彼がその地位に就くのが翌年の 2013 年 3 月です。
この時に政権が発足したのだという人がいる所以ですね。しかし国家の人
事は実質的に党が決めており、前の党大会のときには既に習近平が翌春に
国家主席になると決まっています。また、国家主席に実質的な権限はあり
ません。したがって、習近平政権は既に前の年の 11 月に発足している、私
はそのように理解しています。

　自民党が総選挙で勝利し、安倍晋三が首相の座に返り咲いたのが 2012 年
12 月ですから、今の日中両国の政権はほぼ同時期に成立したことになりま
す。この講義では、習近平政権の特徴を整理し、安倍、習両政権の下での
日中関係の展開について解説してみましょう。

1　習近平政権の特徴

(1)「紅二代」政権

　習近平政権の特徴の一つは、「紅二代」政権としての性格を有すること
です。紅二代というのは革命第二世代という意味で、革命を実際に戦った
革命家たちの子孫のことです。発足した習近平政権は、彼らが中核を担っ
ている政権でした。習近平のお父さんは革命の闘士で、副総理までやった
習仲勲という人です。もう一人、王岐山という人が大事ですけれども、王
岐山の奥さんのお父さんも革命第一世代で、政治局常務委員を務めた姚依
林という大物です。婚姻によって紅二代に加わることは可能です。

　紅二代の特徴は何かというと、自分の父母たちが築いた体制について、オーナーシップ意識を強く持っていることですね。彼らからすれば、前の江沢民や胡錦濤などは雇い人に過ぎず、汚職取締りといっても大胆なことはできない、やはりオーナー一族、創業家のメンバーでないと、本当に命をかけるような戦いができない。そういう強い決意と覚悟で体制の立て直しにかかっているのです。

(2) 方向性の喪失

　次の特徴として挙げておきたいのは、「方向性の喪失」です。つまり、中国をどっちの方向に導こうとしているのか、よくわからないというのが多くの中国人の感想です。政治面だけ見ると、大変厳しい思想統制、社会統制を進めている。社会では自主的、自発的に始まっている NPO の動きなどがあるわけですが、今の政権にすれば、共産党が主導しているのでなければ心配でしょうがない。ウーマンリブみたいな運動も取締まりの対象としてしまう。やり過ぎじゃないかと思うほどです。

　経済のほうはどうかというと、一応、姿勢としては改革を進めるということを口では言っていますし、ある程度は政策面でも打ち出しています。そうすると、ちょっとジャーナリスティックな言い方になりますが、政治は左で毛沢東、経済は右で鄧小平、左足は左へ、右足は右へ歩み出されているような感じです。後でもう少し詳しく申しますが、実際のところ、政治が左に傾いているとどうしても経済の自由化にはブレーキがかかります。

(3) 党の領導の強調

　習近平政権の政策として目立つのは党の領導を強調することです。領導とは指導より強く、指揮命令を含意する言葉です。この点は、鄧小平の改革開放路線を修正するものです。

　鄧小平とその仲間たちが唱えた改革には、経済のみならず政治制度の改革も含まれていました。次の項目で触れる集団領導制の導入もその1つですが、もう1点大事だったのが党と政府の分離でした。1980 年代の初めには、党と政府の仕事が重複し、組織が肥大化していたという非効率な状況がありました。それを打開するために、日常的な行政の仕事は政府に任

せ、党の仕事としては人事と重要な意思決定、そして政府の監督などをすることにとどめようとしたのです。国有企業においても、かつては党委員会が経営に加わっていましたが、鄧小平は経営を工場長に任せるべきだと主張しました。

社会主義政治と市場経済の関係は、中国共産党にとって深刻なジレンマを孕んでいます。鄧小平たちは、中国の近代化を進めねばならないと考え、政策として法制化、制度化、市場化などを推進しました。ところが、それらを進めれば進めるほど、共産党の役割が小さくなっていったのです。今や、制度に任せておけば物事は進むし、計画経済時代と異なり、市場の見えざる手がモノやサービスの値段を決めている。共産党は、いわば居場所を失っていく。つまり、近代化と党の領導の強化との間には根本的な矛盾があるのです。

しかし、2017年の党大会で習近平が示した「中国社会の主要矛盾」はそれとは異なっていました。彼は、日々増大する人々の素晴らしい生活への要求と、発展の不均衡、不十分との矛盾が今の主要矛盾だと述べたのです。人々の素晴らしい生活への要求とは何か。それは物質的文化的需要のみならず、民主、法治、公平、正義、安全、環境等の要求であり、中国共産党は日々増大する経済、政治、文化、社会、生態系への人々の要求を満たさねばならないと習近平は語りました。これだけ聞くと素晴らしいですね。私も感心して、具体策は何だろうと期待しつつ演説を読み進めました。

ところが、今後の基本方針の筆頭に出てきたのは、全活動に対する党の領導の堅持でした。習近平は、「党政軍民学、東西南北中、党は一切を領導する」という毛沢東の言葉を引用したのです。他の方針は、以前から言っていたこととほとんど変わりません。党の領導を強化することで、人々の「日々増大する経済、政治、文化、社会、生態系への要求」が満たされるでしょうか。実際はどうかといえば、党による厳しい統制は、逆に社会の活力を削いでいる状況だと言わざるを得ません。

一点、注意すべきことですが、イデオロギーの強化はあくまでも手段であって目的ではない。目的は共産党政権の存続です。2018年、いくつかの有名大学のマルクス主義研究会の学生たちが中心になり、深圳で起きた労働争議を支援するために数十名の学生が現地に出向いたのですが、彼ら

は公安に拘束されてしまいました。同年12月26日、毛沢東の生誕125年を祝おうとした北京大学マルクス主義研究会の会長は、会場に向かおうとした際に校門で拘束されました。

また、2019年8月、香港で市民や学生の抗議活動が燃え盛る最中に、国務院香港マカオ弁公室主任は「運動の性質がカラー革命のそれに変質した」と述べました。香港マカオ弁公室主任が独断でそのような発言をすることができるわけがありません。ちょうど中国の指導者たちが避暑地の北戴河で会議を開いている時でしたが、恐らくはそこで習近平が使った言葉を引用したのでしょう。中国の指導者たちは支配の正統性が不十分だと自覚しており、いつかカラー革命が起きるのではないかという強迫観念にとらわれているのです。

(4) 権威と権力の一人の人物への集中

4番目の特徴が権威と権力の集中で、集団領導制が形骸化していることです。文化大革命の当時、毛沢東に権威と権力が集中して法や制度が権威を失い、権力が濫用されて社会に大きな混乱が生じました。神格化された毛沢東が死んで、やっと彼の思想のくびきから解放されますが、鄧小平とその仲間たちは文化大革命を反省して制度改革に乗り出しました。

その1つが党主席制の廃止です。毛沢東は総書記ではなく、主席だったでしょう。今でも中央軍事委員会は主席制をとっているのですけれども、ほかの人がみんな反対しようと、主席がイエスと言えばイエスと決まる、そういう強い権限が主席には与えられます。かつては党も主席制をとっていたわけですが、これを改めて総書記制にした。1982年のことです。

集団領導制のもう1つの意味は、さまざまな仕事を政治局常務委員あるいは政治局委員に分担させる、分業体制をつくるということです。経済、立法、統一戦線、思想宣伝、規律検査、組織人事、治安司法などの仕事を分担するのですね。総書記の役割は、政治局や政治局常務委員会の会議を招集するに過ぎません。そのような集団領導制を鄧小平とその仲間たちは導入したわけです。

習近平はそれを修正しました。そんな分業体制のままでは、それぞれの縦割りの部門が独立王国化してしまう。ほかの権力者たちは口を出せない

ということになりますと、やりたい放題になる。やはり誰か一人に強い権限を持たせて、その人が厳しく管理する、そういう体制のほうがいい。汚職、腐敗が進んだものですから、そのような意見が多くの人に受け入れられた。習近平が権威と権力を自らに集中できたのは、そういう事情もあったからだと思います。

しかし、最近になって、ちょっと行き過ぎじゃないかという声が大きくなっています。2017年の党大会では、自分の名前を冠した「思想」を党の正統イデオロギーにしました。正式には、「習近平による新時代の中国の特色ある社会主義思想」ですね。そんなことは毛沢東以来、初めてです。鄧小平理論でさえ、鄧小平の死後に正統イデオロギー化されたものです。後に続いた江沢民、胡錦濤の時代に考え出された「思想」は彼らの名前を冠していませんし、彼らが現役の総書記だった間は正統イデオロギーとして党規約に記されていません。したがって、習近平はほかの指導者よりもかなり高い権威、強い権力を得たと言っていいと思います。

2018年春、習近平は憲法を改正して、せっかく鄧小平たちが導入した幹部の任期制度を国家主席と副主席については取り消してしまいました。毛沢東は死ぬまで党主席でしたから、その後は激しい権力闘争になるわけです。その再現を避けるべく、82年に導入された任期制ですけれども、それを廃止してしまった。やり過ぎじゃないのか、という雰囲気が国内にはあります。しかし、毎日のように人民日報の一面に習近平の名前が大きく掲載され、個人崇拝の再来と言えるような宣伝が盛んに行われています。

(5) ナショナリズムの強調、対外的な自己主張

もう1つの特徴は、ナショナリズムを強調し、対外的に自己主張を強めている点です。ほかの講義で詳しく紹介されると思いますので、ここでは簡単に触れるにとどめます。2012年11月、総書記に就任して2週間後、習近平は政治局常務委員を引き連れて国家博物館を訪ね、「復興の道」という展示を参観しました。その主要テーマは、共産党が「民族の独立と人民の解放、国家の富強と人民の幸福を求めてきた輝かしい道程を顧みる」（国家博物館のホームページより）ことです。そこで習近平は演説し、「中華民族の偉大な復興を実現するという中国の夢」について語りました。「中

国の夢」とは、国防大学の教授でもある人民解放軍の上級大佐が2010年に出版した本の書名でした。中国は国防費を増やして世界のチャンピオン国家になるぞ、と主張する本でしたから、習近平がこの言葉を使い始めた時は驚きました。

　毛沢東は中国を立ち上がらせ、鄧小平は中国を富ませ、自分は中国を強くした、というのが最近の習近平の言い方です。今や中国の国防費は日本の防衛費のほぼ4倍です。東シナ海や南シナ海でプレゼンスを急速に増大させ、紅海とアデン湾の「繋ぎ目」に位置するジブチには大きな基地を建設しました。習近平の対外政策は言葉の上ではソフトなのですが、行動はハードです。2016年7月、南シナ海をめぐる中国とフィリピンの争いについて、ハーグの国際仲裁法廷は中国側の主張をほぼ全面的に否定する判断を示しました。ですが中国政府はそれを無視し、そんなものは紙くずに過ぎないという高官の発言さえありました。

　ハードな行動に出ている要因ですが、基本は昔と比べて国力が増していることでしょう。また、ナショナリズムを吹き込まれた国民にすれば、増大した国力を使って外国に「占拠されている」自国の領土を回復し、拡大した海外権益や開発プロジェクトなどで働く中国人を保護してほしいと思うでしょう。そうしたテーマで元解放軍兵士が大活躍する「戦狼／ウルフ・オブ・ウォー」（原題は「戦狼2」）という映画が中国で大ヒットしましたね。政権の側にすれば、ハードな行動で外国と摩擦が生じても、国内から弱腰だと批判されるよりはましです。国内や党内をまとめる手段としてナショナリズムは有効で、それを考えると少しは外国と摩擦があった方がいいのかもしれません。

　それらに加え、習近平の個性も関係していると思います。やはり強気の指導者だということです。ハーグの国際仲裁法廷の判断が出た一週間後、習近平は次のように述べました。「中華民族のエネルギーは余りに長く抑圧されてきた。ここらで爆発させて、偉大な中国の夢を実現せねばならない」。これは別に海軍や、中国の海上保安庁に相当する海警に向けて言ったわけではありません。寧夏回族自治区の工場を訪ねた際に、従業員を鼓舞しようとして使った言葉です。ですが、こうした発言は他の部局にも伝達されます。我田引水し、自分たちの組織的利益のために「よぉし、爆発

させてやろうじゃないか」と腕まくりする部門があっても不思議ではありません。とまれ、このように「強くなった中国」をアピールすることで国民を率いていこうとする傾向が習近平にあることは間違いありません。

(6) 成果は上がるのか

　2017年の党大会以降、経済の減速傾向が次第にはっきりとしてきました。2018年の上半期の成長率は6.8％でしたが、通年では6.6％でした。2019年の第1四半期は6.4％、第2四半期が6.2％で、第3四半期が6.0％だったと発表されました。反腐敗が一因となって役人の士気が下がり、間違いを犯さないよう何もしない、いわゆる不作為が大きな問題だと認識されています。政府は内需拡大のため公共投資を増やそうとしていますが、市場は飽和状態で投資効率が下がり、特に地方政府の債務が大きくなっています。そこに輪をかけて悪影響を及ぼしているのが米中経済摩擦です。

　中国の識者は、米国との関係の安定が中国のすべての安定の基礎だと言います。最も重要な対米関係が国際関係を安定させる要であることは言うまでもありません。しかし、それにとどまらず、対米関係の悪化は社会の不安定化、ひいては政治の動揺に繋がりかねません。それほど重要な対米関係をうまく処理できない指導者は失格のレッテルを貼られる可能性もあるでしょう。

　権力を集中すれば、政策は決めやすくなるはずです。しかし、1人の人が24時間に処理できる案件の数は限られています。習近平の独裁的な権力が強まれば強まるほど、下々の者は判断を上級者に委ねるようになります。多くの案件が、決済を待って習近平の机の上に積まれていると推測されます。政策決定が逆に遅れる可能性があるのです。

　今後、もし成果が出なければ、40年前の故事を思い出す人が増えるでしょう。いわゆる真理基準論争です。当時は、毛沢東から後継者として指名を受けた華国鋒が党主席でした。華国鋒は自分を英明な領袖と呼ばせて個人崇拝を進める一方、毛主席のすべての指示とすべての決定を守らねばならないと主張しました。いわゆる「二つのすべて」ですね。それにかみついたのが鄧小平です。真理を判断する唯一の基準は毛沢東の指示や決定ではなく、実践だ、成果が上がるかどうかだと。2018年7月、新華ネットは

「華国鋒は過ちを認めた」という、中央党校の新聞が数年前に掲載した記事をわざわざ転載しました。個人崇拝を煽る習近平に対する批判ですね。権力闘争は続いているのです。

2　日中関係

次に日中関係ですが、それを分析する枠組みとして、私は4要因モデルというものを考えました。単純な話なのですが、日中関係に働く要因はさまざまある。基本要因として国力バランスがありますが、その他の要因を①国内政治、②経済、③国際環境と安全保障、そして④国民の感情、認識およびアイデンティティという4つに分類したものです。以下では、この分析枠組みを適用して、習近平政権成立後の日中関係について検討してみましょう。

(1) 国内政治要因

第一に、国内政治ですが、中国が日本に対して友好的な政策を導入する上での重要な条件は、強固な権力基盤を有する強い指導者を擁することです。2012年9月、尖閣諸島をめぐって中国が日本と衝突して以降、中国の公式メディアは強烈な反日宣伝キャンペーンを打ちました。安倍内閣や総理本人に関する肯定的な報道はほとんど見られませんでした。例えば、2014年11月の初めての首脳会談の際、安倍総理は習主席に対し、次のように呼びかけました。習主席と自分との間では、大局的、長期的な視点から21世紀の日中関係のあり方を探求したい。私としては、①国民間の相互理解の推進、②経済関係の更なる深化、③東シナ海における協力、④東アジアの安全保障環境の安定、これら4点につき双方がさまざまなレベルで協力していくことが重要と考える。このような積極的で建設的な発言さえも、中国メディアには完全に無視されたのです。その結果、日本に対して少しでも理解や友好姿勢を示すことは、ポリティカリー・インコレクトなこととなりました。したがって、日本との関係を改善できるのは、批判を恐れない、強い指導者でなければならなくなりました。習近平が権力基盤を固めたことにより、その条件が満たされたのです。

日本の側ではどうかといえば、やはり安倍総理の権力基盤も強固です。しかし、対中関係を改善しようという意欲は、そのこととは必ずしも関係がありません。一般的に言って日本国民が指導者に求めるのは、自国の安全保障に対する挑戦に毅然として立ち向かうと同時に、重要な隣国との関係を安定させ、発展させることです。日本の政治指導者はそのような日本人の複雑な対中認識を理解しており、国民の対中イメージが悪い時でも中国に接近を試みます。2018年10月の安倍総理訪中の最中および直後に日本経済新聞が行った世論調査によれば、71%の日本人が訪問を評価したのに対し、評価しないと答えた者は20%に過ぎませんでした。

(2) 経済要因

第二に、経済ですが、日本経済にとって中国が重要であることは言うまでもありません。他方、中国経済の減速が習近平政権の対日接近の一因となっています。2018年前半、習政権はデレバレッジと構造改革を重要課題とする引き締め政策に転じましたが、その結果、経済成長の勢いは衰えました。そこに、泣きっ面に蜂のように、米国との貿易摩擦が激化したのです。この問題について中国側の識者たちと会話を交わしますと、トランプ政権の経済制裁が物質的のみならず心理的にも深刻な打撃をもたらした様子がうかがわれます。

同年7月にはまた積極的な財政政策に転じたものの、経済の下押し圧力に変化は見られません。同年、株価と人民元為替レートは下落し、当局は資本逃避を防止することにやっきになりました。この状況下で、特に地方の立場からすると、日本からの対中投資は貴重です。2018年5月の李克強総理の来日に際し、またはその後に、上海、湖北、四川、そして広州市などの地方のトップが日本を訪れ、投資セミナーなどのイベントを開催したりして企業誘致に努めた所以です。

(3) 国際環境要因

第三に、国際環境、なかんずく米国要因が日中関係の推進に大きな役割を果たしています。対米関係に問題が生じると、日本、そして欧州を向くのが中国外交の伝統的なパターンです。2013年11月、引き金となったの

は東シナ海での防空識別圏の設定でしたが、南シナ海をも含む西太平洋での摩擦の増大やサイバー攻撃の激化を受けて、米国のオバマ政権の要人は「新型大国関係」という習政権の看板政策に言及しなくなりました。他方、経済についてオバマ政権は、「我々がルールをつくらなければ中国がつくってしまう」という危機感の下、環太平洋パートナーシップ（TPP）交渉を強力に推進したのです。

　これに対して中国は、いわば外交政策の振り子を米国からユーラシアに揺り戻し、一帯一路構想を提示しました。その基本は、アジア経済圏と欧州経済圏を交通通信インフラの建設により繋ぎ、その沿線地域を開発することです。中国外交の重点の転換は、習近平が 2014 年 11 月に初めて安倍総理と会うことにした背景を成したと言えるでしょう。そして今回、日本に接近する上では、対米関係の深刻な悪化が重要な要因になっていると思われます。

　日本の側では、トランプ政権の厳しい貿易政策に直面し、対米経済関係に関する懸念が対中接近の一因になっている可能性はあります。しかし、中国側と比べれば米国要因は小さいでしょう。安倍総理が二階俊博幹事長を北京での「一帯一路」国際協力フォーラムに派遣したのは 2017 年 5 月のことでした。二階幹事長に習近平への親書を持たせたのみならず、信頼する側近である今井尚哉秘書官をもフォーラムに参加させました。そしてその翌月、安倍総理は「アジアの未来」会議の晩餐会で講演し、プロジェクトが透明で公正に実施され、経済性があり、債務が返済可能で相手国の財政の健全性を損なわないものであれば、一帯一路に協力してもよいと発言しました。つまり、同年末から米中関係が暗転していくよりはるか前に、他の要因が働くことにより、日中間では新しい局面への転換が始まっていたのです。

(4) 国民の認識要因

　第四に、中国国民の対日認識が急速に改善しました。言論 NPO が中国国際出版公司と共同で毎年実施している世論調査によれば（2015 年までのパートナーは中国日報社でした）、日本にいいイメージを抱く中国人の割合は 2013 年の 5.2%から、2014 年には 11.3%、2015 年には 21.4%、2016 年に

は21.7%、2017年には31.5%、そして2018年調査では42.2%まで上昇しました。日本イメージ改善の理由ですが、来日する中国人観客の急増がそれに与っているのではないかと思われます。来日中国人の数は、2013年の130万人から2018年には838万人へと増えています。もちろん、838万人は中国の14億人の総人口の0.6%に過ぎません。ですが、ソーシャル・メディアを通して一般大衆に伝えられる日本社会や日本人に関する生情報が、大きなインパクトを及ぼしている可能性は高いでしょう。

　日本側では、しかし事情が異なります。中国にいいイメージを抱く日本人の割合は、2013年の9.6%から2018年の13.1%に微増したに過ぎません。言論NPOの世論調査によれば、次の3点がいいイメージを抱かない最大理由です。①中国は、尖閣諸島の領海に頻繁に政府の船を入れてくるから、②中国は、国際ルールを守らないから、そして③歴史問題などで中国は日本を批判するから。要するに、この調査結果は、中国が上記のような行動や振る舞いを変えなければ日中関係の発展にも限界があることを示唆しています。鍵となるのは、安全保障要因なのです。

おわりに

　習近平は過去のキャリアにおいて、紅二代以外に有力な人脈を持たなかったため、弱い指導者になるのではないかと思われていました。しかし、反腐敗を錦の御旗に立てて権力の集中に成功し、一部の事象を見れば毛沢東と並ぶと言えるほどの権勢を誇るようになります。汚職腐敗の取締りは人々の歓迎するところです。しかしその副作用として官僚の不作為が広がりました。そして共産党の領導の強化は経済の効率化に必要な改革を遅らせ、企業活動に悪影響を及ぼします。習近平はいわばポスト毛沢東時代に終止符を打ち、行き過ぎた集団領導制の是正に成功したのですが、それが権力の独占をもたらす状況には党内で反発も生じています。

　今後、習近平政権が長期に安定するかどうかは、経済パフォーマンスの好し悪しによる部分が大きいでしょう。それはどの国についても言えることです。ですが中国の場合、注意すべき点は、経済発展が体制全体の、つまり共産党一党支配体制の正統性を支える主要な柱になっていることです。

それが揺らいだ場合、指導部がもう一本の支柱であるナショナリズムを搔き立てる誘惑にかられる可能性は否定できません。

　日中関係の持続的な発展を妨げる最大の要因は安全保障です。ソ連の解体以降、双方の戦略目標が一致しないまま中国の軍拡と海洋進出が急速に進んでいるため、摩擦が生じているのです。我々は、この不都合な真実を直視しなければなりません。現在は、国際環境や経済、国内政治など多くの要因により、日中関係は上昇局面を迎えています。日中関係の持続可能な発展のためには、両国関係の脆弱性の抑制管理に注力しながら、その強靭性をいっそう強める努力が双方に求められています。

Q&A　講義後の質疑応答

Q：中国とそんなに仲のよくない日本の総理には、中国から積極的にアプローチしないという印象があったようですが、今回の安倍さんは、その例からずれているのはどうしてですか。もう1つ、仮に中国国内で習近平が引きずりおろされるということがあった場合、それは仮の話なので誰もわからないと思うんですけど、実際に血が流れるのか、それとも平和裏にそういう政権交代が進むのか、どっちだと思われますか。

A：中国では2012年12月に就任した安倍総理に対して、これまで報道機関がいい話を載せたことはほとんどないと思います。全くないかもしれません。しかし、安倍さんの側が中国に対してアンフレンドリーであったかというと、そういうことはないのです。彼の国会での発言や、所信表明演説、施政方針演説などをチェックしてみるといいと思います。中国に対してネガティブなことは言っていない。どっちかというと、首脳会談をやりましょうとか、関係構築を呼びかけているんですね。

　実は、中国にフレンドリーでない日本の総理はあまりいないと思う。1つ、小泉純一郎がそうではないというのが中国では定説なのだけれども、それも決してそんなことはない。ただ、彼は靖国神社という、間違った問題を選んで綱引きをしてしまった。あれは本当に不幸なこ

とでした。何人かの人の話を総合すると、どうやら中国から言われて参拝をやめたという形になると、今後の日中関係が規定されてしまうと彼は考えたようです。別の問題ならよかったのですが、ほかのどの国も味方してくれない問題を取り上げて、最初から勝てない綱引きをやって、別に負けたわけでもないけれども、中国の小泉に対するイメージとしては、彼は反中で、どうにもならない右翼でというふうに固まってしまいました。

　それから、習近平が権力の座から引きずりおろされる可能性は今は見えません。今のところ、習近平がトップでなくなる場合というのは、暗殺されるか病気になるかしか考えられない。習さんはものすごく警戒していますね。彼が地方を視察する際、特に香港に行ったりマカオに行ったりするときの警護はすごい。それから、全人代や党大会などの会議に出る際は、毒殺されるかもしれないというので、シークレットサービスがお茶をついだりするわけです。中国政治は本当に厳しい。日本人とは異なる、権力に関する認識があると思います。

　興味深いエピソードを披露すると、昭和天皇が亡くなるときに、重篤だった期間が長かったのですが、その間に訪中した日本人の著名な中国文学者がいました。中国のいくつかの都市に行かれたのですが、およそふだんは政治の話とか、そういうタイプの話題を口にしない中国側の文学者たちの何人かが、自分に同じことを言ったと教えてくれました。「今、皇太子はじりじりしていらっしゃるでしょうね」。そう言ったのだそうです。日本人とはおよそ異なる感覚が中国人にはあるのですね。

Q：胡錦濤とか、党の長老とかと呼ばれる人たちはまだ生きていると思うんですけど、そういう人たちと習近平との関係はどうなのでしょうか。そして、習近平が党の主席の座を復活させたりとかはしないのかな、と。その2つが気になります。

A：長老との関係は微妙ですね。彼を支持する長老もいます。元政治局常務委員で100歳を超えた宋平、まだとても元気ですが、彼は党主席制の復活を支持していると言われています。主席制は既に2016年の夏

の段階で党内では議論の対象になっていたようです。だから、2017 年の党大会で、習近平の側の勢いがよければ主席制の復活が提案されるかなとも思ったのですが、そこまではいかなかったですね。習近平思想のほうがまず先に出てきたわけですけれども、主席制復活を習近平が考えていないわけではありません。

　しかし、多くの長老たちの間では、個人崇拝をあおるような最近のやり方、あるいはアメリカとの衝突、そういうことに対する強い不満もあります。2018 年 6 月頃かと思われますが、一説では 200 名以上の長老が連名で、習近平をいさめるような内容の手紙を党中央に出しています。しかし、それがどれだけ効いたかは疑問です。

Q：一度、権力の座からおりたら、力を持っていないものですか。その長老たちの権力はどれほどでしょうか。

A：そういう長老たちを親分とした、彼らに引き上げられた子分たちがいますから、長老たちが影響力を全く持たなくなっているかというと、そんなことはないと思います。中でも活発なのは江沢民ですよね。もう 90 歳を超えていますけれども。だから、2016 年の夏、政治のトッププレベルでの不協和音が感じられた時も、やはり権力闘争が原因だというのが中国の内部にいる人たちの判断でした。そして、習近平に対抗している側の勢力の親玉は江沢民だという認識を、中国の人たちは持っていますね。

（2018 年 10 月講義）

※おすすめの本

加茂具樹・林載桓編著『現代中国の政治制度——時間の政治と共産党支配』（慶應義塾大学出版会、2018 年）

高原明生・前田宏子『シリーズ中国近現代史⑤　開発主義の時代へ 1972 － 2014』（岩波書店、2014 年）

中澤克二『中国共産党　闇の中の決戦』（日本経済新聞出版社、2016 年）

付録 国民の認識ギャップと、それを生む情報ギャップの例

漁船衝突事件

　尖閣問題について、中国は日本が強硬になったというふうに思っていますが、それと正反対に、日本側は中国が強硬になったと思っています。

　2010 年 9 月の漁船衝突事件の際、新華社が、衝突があった翌日に配信した絵があります（47 頁参照）。急いで画家に描かせたんでしょうね。とてもきれいに描いてありますけど、これが一般中国国民が受け取ったバージョンであるわけです。残念ながら掲載期限が過ぎたのか、以前の URL では見られなくなっていますが。新華社は、事件の日の夕方、日本の海上保安庁の船が中国の漁船にぶつかってきたという報道を既に行っています。でも、不思議ですよね。だって、周りに中国の船はなかったのですから、誰がニュースソースなのか。

　日本側で、海上保安庁の職員がリークした映像を見ると、新華社の絵が捏造だったことがわかります。しかし、それが中国人が受け取った情報でした。

日中観光交流の夕べでの習近平発言

　しかし、日本側が常に正しい報道をしているかと言えば、そういうわけでもありません。例えば、2015 年 5 月に自民党の二階俊博議員が 3,000 人の日本人を連れて中国を訪れた時、習近平が現れて、友好的な演説をしたのです。「多くの日本の人民に心からのご挨拶と祝福の言葉を申し述べます」なんて、胡耀邦以来、長らく中国の指導者から聞いたことがないようなフレンドリーな言葉です。しかし、それを報じた日本の新聞あるいはテレビには、「『歴史歪曲許さない』と習主席」という見出しが付きました。長い演説のごく一部を抜き出したのですね。全く違うニュアンスで報道されてしまうということが日本でもままある。やっぱり原文は大事です。皆さんは原文に接することができるわけですから、原文主義を貫いてほしい。

安倍首相の靖国参拝は求心力を高める為か?

　中国であるもう 1 つの誤解。安倍が靖国神社参拝をしたのは人気取りのためだとか、ナショナリズムをあおって国の求心力を高めるためと、中国

中国版

日本版

http://www.youtube.com/watch?v=sVVM2AmvD5U

http://news.xinhuanet.com/world/2010-09/08/c_
12529310.htm

人の専門家たちはそのように信じています。だけど、事実はそうではない。
朝日新聞の世論調査によると、「参拝はよかった」という人のほうが少な
い。だけれども、産経・フジの世論調査結果はどうなのか。実は、参拝を
肯定した人の割合はもっと少ない。求心力を高めるために行くのだと自分
で思っていたとしたら、堂々と行ったはずだし、結果的に国民はまとまっ
たのではなく、分裂したわけですね。こういう事実をお互いに伝え合うと
いうことがとても大事だと思っています。

温家宝国会演説

　戦争について日本は謝ったことがないと多くの中国人は信じており、日
本の側でもそれを聞いて、謝っていないのだと思い込んでいる人もたくさ
んいる。だけれども、事実はそうではない。温家宝さんはちゃんと「中日
国交正常化以来、日本政府と日本の指導者は何回も歴史問題について態度
を表明し、侵略を公に認め、そして被害国に対して深い反省とお詫びを表
明しました」と認めている。これは 2007 年、彼が日本の国会で演説をし
た時のことです。これを聞いた時は感動しましたね。なぜかというと、和
解のためには、必要条件と十分条件とが必要なのですね。必要条件は言う
までもなく、加害した側が謝るということです。十分条件は何かといった
ら、被害を受けた側がそれを受け入れるということです。これができなけ
れば和解はできない。初めて中国のトップに近い指導者が、日本側のお詫
びを正面から受け入れたのがこの演説で、これを日本人も中国人も忘れな
いことが大事だと思います。

「一帯一路」時代における
中国少数民族社会の変容と苦境

平野　聡

平野　聡（ひらの　さとし）
東京大学大学院法学政治学研究科教授。東京大学法学部
卒業。東京大学大学院法学政治学研究科政治専攻博士課
程単位取得退学、日本学術振興会特別研究員、東京大学
大学院法学政治学研究科准教授を経て現職。
主著に『清帝国とチベット問題――多民族統合の成立と
瓦解』（名古屋大学出版会、サントリー学芸賞受賞）。『大
清帝国と中華の混迷』（興亡の世界史 17）（講談社）、『「反
日」中国の文明史』（ちくま新書）。

1 「一帯一路」の姿と限界

　習近平政権の中国は、「一帯一路」というキーワードを強調しています。「一帯一路（The Belt and Road Initiative）」はしばしば「新シルクロード」とも総称され、ユーラシア大陸とアフリカを、中国の主導で建設・整備する社会資本によって結びつけるものです。例えば習近平は「シルクロード経済協力帯（一帯 One Belt）」「21世紀海上シルクロード（一路 One Road）」を提唱するにあたり、「中国と関係諸国が、既に有する二国間・多国間関係を活かして、効果的な地域協力プラットフォームをつくる。一帯一路は古代のシルクロードの名を借りて、平和的な発展の旗を掲げ、沿線の国家との経済協力パートナー関係を積極的に発展させ、政治的な相互信頼、経済的な融合、文化的な包容に基づく、利益共同体・運命共同体・責任共同体をともにつくる」（百度百科「一帯一路」）と言っています。

　しかし、それは今や米中両超大国の対立の焦点であるだけでなく、中国と世界の秩序を大きく左右する可能性が極めて高いことを、どの程度の方がご存知でしょうか。

　いま中国が掲げる「一帯一路」の背後には、明確な経済的・国際政治的な計算があります。中国は、2008年のリーマン・ショックに伴う経済的沈滞を、莫大な財政出動によるインフラ建設で乗り切り、史上空前の速さで高速鉄道網や高速道路網を整備するに至りました。しかし、こうしてある程度国内のインフラが揃うようになりますと、後に残されるのは膨大な国内生産力の余剰です。そこで中国は、生産力余剰のはけ口をインフラが不足する途上国に求め、発展を渇望しながらもインフラと資金を欠く途上国に対し、西側諸国のような厳しい条件をつけず、気前よく融資とインフラ提供に応じ、そのような二国間協力の束を帯状に拡大することで、利益共同体、運命共同体としての「一帯一路」を構築しようとしています。そうすれば、従来のグローバリズムにおいて米国をはじめ西側先進諸国が大きな存在感を見せていたのを相対化し、中国が国際社会全体において持ちうる影響力も飛躍的に増大することになります。

　このため「一帯一路」は必ずしも、それが包み込む相手国の国力・実情

や債務返済能力を十分に配慮したものとはなりません。債務の返済見込みが立たない国々に対して港湾等のインフラの長期租借を受け入れさせ、結果的に中国の思い通りになる巨大インフラが世界各地に拡散されることになります。スリランカ・モルディブ・パキスタン・ジブチといった、インド洋に面した国々の港湾を長期租借した中国は、これらの港湾の利益を他国に享受させず、中国が囲い込む排他的な海洋利権を確立しようとしています。このような手法は、かつての列強が採用していた、貿易ルートを囲い込んで他国を排除する帝国主義的手法と同じです。

　近年こういった問題が次々に明るみになるまでは、急速に増大する中国の経済力の中で長年利益を受けてきた国々も、中国が掲げた「一帯一路」ならびにAIIB（アジアインフラ投資銀行）に続々と参加を表明していました。とりわけドイツや英国をはじめとした欧州諸国は、「一帯一路」に対して積極的でした。しかしその後、欧州諸国も中国の流儀に対して疑念を起こし、「一帯一路」に対して当初ほど熱心ではなくなっています。

(1) 米中の終わりなき対立

　こうして、「一帯一路」の旗を振る中国を取り巻く国際関係は、一種の新冷戦に陥りつつあり、とりわけ米中関係はグローバル社会における貿易のあり方や国際関係のあり方をめぐって激しく対立するようになりました。

　中国に対する米国の怒りの根源は何なのでしょうか。中国は、米国が主導してきた戦後の自由主義・資本主義経済に基づくグローバリズムに後から参加することで、巨大な利益を得ることができました。しかし今や米国は、中国がグローバリズムの維持拡大のために役割を果たさないどころか、むしろグローバリズムの中で広がってゆくはずであった様々な価値、とりわけ基本的人権を否定し、中国共産党・中国の抑圧的な手法が幅を効かせる別のグローバリズムをつくろうとしていると見做しているのです。

　この問題については、かつて米国が中国をグローバリズムの中に積極的に引き入れることで米中の友好関係を増進し、米中協力による世界の安定を目指す「Panda Hugger（パンダを抱く人＝親中派）」外交官の代表格であったピルズベリー氏が、『China 2049』（日経BP社、2015年）という本の中で明確に論じています。

　米中接近に踏み切るまでの毛沢東時代の中国は、米国だけでなくソ連とも激しく対立する中、「貧しいからこそ革命的エネルギーが生じて旧い世界を打ち壊し、完全に平等な新世界が生み出される」と説く閉鎖的・空想的な国家であり、気がついてみれば1970年代には世界最貧国レベルに転落していたのですが、このままでは永遠に「弱者としての中国」という19世紀以来の歴史的な負い目から逃れることはできません。そこで毛沢東の死後指導者となった鄧小平は、思い切って諸外国や香港・台湾からの投資・協力に大きく門戸を開きましたが、その一方では他国と比べ不利な条件を克服して「発展」と「富強」を実現するためにも、引き続きエリートの集団である中国共産党が指導する国家を続けてゆくべきだと考えました。

　このような中国共産党の思惑を、米国をはじめ西側諸国は見誤りました。中国は経済発展のために米国主導のグローバリズムに参加した以上、その中で利益を得れば自ずとグローバリズムを支える開かれた国家になるはずだと考えたのです。そして経済発展を通じ、従来の党官僚とも労働者・農民とも異なった独自の社会・経済的価値観と合理性を備えた中間層が大量に生み出されることによって、共産党の一党支配に頼らない政治的流れが現れ、ついには自由で民主的な社会が中国にも平和裏に生み出されるはずだ、と期待したのです。このような楽観の背後にあったのは、1970年代から1980年代にかけて、独裁国家でありながら経済発展を成し遂げた多くの国々で、既存の体制と新たな中間層が妥協し民主化・自由化が相次いで実現したという事実から生まれた、自由で民主的な体制への揺るぎない信念でした。

　しかし中国は、米国をはじめ西側諸国のこのような期待に沿わなかったばかりか、むしろ東欧・ソ連の解体の背後に「西側諸国による平和的体制転換（和平演変）の陰謀」を嗅ぎ取り、ますます「共産党の指導」を強め、他の多様な意見や多元的な政治アクターの存在を徹底的に排除しようとしました。今や中国はIT・AI技術を駆使して、中国全体に社会管理の網をかけ、そこから逸脱するようなあらゆる言論と行動を即座に取り締まることが可能になっています。

　そして中国は、自由で民主的な体制における議論の迂遠さが生み出す諸改革と発展の遅れと、「共産党の指導」の下で実現した速やかな「発展」

ならびに国際的存在感の増大を天秤にかけ、中国は共産党中心の体制に対して自信を持つべきで、西側諸国と比べても中国の制度は優越している、と強調するようになったのです。そして、中国共産党の正しい指導に対する人々の不平・不満は、歴史と現実に照らして意味がないのみならず、「発展」を目指す上で最も重要な「社会の安定」を乱すものである、と見做されるようになりました。

だからこそ米国は中国を、既存のグローバリズムのみならず米国の価値観を否定する勢力と見做し、中国を名指しで批判して全面的な対抗を打ち出したのです。かつて、中国をグローバリズムに引き込めば、自ずとグローバリズムの担い手になると期待した「Panda Hugger」たちは、自らの誤りを認め、米国全体が与野党を問わず中国に対して強硬になりました。

(2) 日本と「一帯一路」

とはいえ、中国外交が最終的な覇権を諦めたわけではありません。中国が技術面での世界的優越を固めるために「中国製造 2025」を打ち出すと、これもまた米国の激しい反発を巻き起こしていますが、米国との対立が中国経済全体にもたらすマイナスを緩和するためにも、中国は米国以外の有力な国々との関係を改善しようと考えるようになりました。とりわけ、国際的な信認が今ひとつ広がらない「一帯一路」と AIIB の魅力を高めるためにも、戦後長きにわたる途上国援助と開発金融で多大な実績を誇る日本と連携しようと考えたのです。中国側からの関係改善のアプローチは、2014 年の秋の時点における日中両国の合意によって明確になっていましたが、とりわけ 2019 年の大阪 G20 サミットに合わせて、習近平国家主席が 2020 年春に国賓として訪日することが確認されたことで、一応軌道に乗っているのかもしれません。

では日本側として、中国側からの「一帯一路」への誘いに対し、どのような態度をとるべきなのでしょうか。本当に援助先の国の発展に寄与し、その国の返済能力に見合ったプロジェクトがあれば、日本と中国が共同で融資することは悪いものではなく、実際日本側の見解も概ねこのようなものとなっています。それでも今のところ日本側は、「一帯一路」の象徴とされる欧亜直通貨物列車を利用する一部の物流企業などを除けば、「一帯

一路」には熱心とは言えないようです。その背景にあるのは、例えばスリランカやモルディブでの中国主導の港湾開発が過度の債務負担を両国にもたらしている事実であり、かつての帝国主義国家の勢力圏分割と同じような状況を中国自身が作り出すなど、中国外交の言説と現実の乖離でしょう。そしてもう一点、「一帯一路」の中国側の出口にあたる少数民族地域でどのような問題が起こっているのかを考えれば、「一帯一路」の限界は明らかです。

2　内陸アジア少数民族地域の問題と中国の国家統合の行き詰まり

(1) 「一帯一路」の中国側出口

中国の領域は非常に広大で、様々な文化を擁する国家と国境線を接していますが、同時に国境線の内側にも中国文化とは異なる文化が広く存在し、国境線の外側と連続性を有しています。このため「中国の領土ではあるものの、もともと中国的な雰囲気ではなく、むしろ外の文化・世界に連なっている」地域があり、しかもその面積は大まかに言って中国の領土の半分以上を占め、「一帯一路」もこういった地域を通過する必要があります。

例えば中国から中央アジアへ抜けるためには、トルコ系イスラム教徒の少数民族が多数住み、アラビア文字による文化が栄えた新疆ウイグル自治区を、南アジアへ抜けるためには、チベット仏教・チベット文字による文化が栄えたチベット自治区や周辺諸省のチベット族自治州を通過する必要があります。

そこでもし、中国の主流を占める中国文化・漢字文化、および中国共産党が推し進める急速な「発展」・「現代化」と、これらの諸文化のあいだに適切な折り合いがついていれば、これらの地域は中国と外国とのあいだの良き緩衝地帯・結節点として機能することができますし、「一帯一路」が掲げる通りに豊かな相互信頼の舞台となることでしょう。しかし実際には、中国が「一帯一路」の自国内最前線としてこれらの地域を活用しようとすればするほど、最早容易には取り返しがつかない民族対立の構造がつくられ、外界とのあいだに見えない巨大な壁がつくられつつあります。それが、2008 年のチベットにおける独立運動、2009 年の新疆ウイグル自治区にお

ける衝突と、その後の中国共産党・政府による弾圧、そして強制収容所の
出現による人権上の危機です。

(2) チベットと新疆の民族運動

　チベットにつきましては、かつて中国文化とチベット文化は仏教という
点で接点があり、清朝の支配層であった満洲人やモンゴル人は敬虔なチベ
ット仏教徒でした。ゆえに清朝の時代には、満洲人の皇帝とチベットとの
関係は総じて良好でした。しかし、近現代中国の「進歩・発展」一本槍の
政治は、チベットの仏教文化をしばしば敵視するようになります。とりわ
け 1959 年、チベット仏教で最も有力な活仏（菩薩が何度も人間の体を借りて
衆生を救うという発想による生き仏）であるダライ・ラマ 14 世と中国共産
党・政府が決裂し、毛沢東がチベットの伝統的な社会と文化を「世界で最
も暗黒で遅れたもの」と見做して破壊したことは、決定的な意味を持って
います（自国の文化に対する表現としては古今最悪の部類に属します）。中国
共産党・政府は 1980 年代になると、ダライ・ラマ 14 世およびチベット亡
命政府との関係改善を模索しましたが、両者はチベットにおける自治のあ
りかたをめぐって折り合えなかったばかりか、1989 年 3 月にラサで起きた
独立運動の鎮圧、そしてパンチェン・ラマ 10 世（ダライ・ラマに次ぐ高位
の活仏）の生まれ変わり問題などをめぐって衝突し、1995 年に中国全体で
「愛国主義教育運動」が始まると、チベットでは主にダライ・ラマ 14 世を
「分裂主義分子」として批判することが「愛国」の主な内容になりました。
例えばチベット仏教の僧侶は、毎月 40 時間をダライ・ラマ批判学習会に
充てなければならなくなりましたが、自らが尊敬してやまない宗教指導者
を、「政治的に不純な分裂主義者で、袈裟を着た狼だ」として批判しなけ
ればならないと思う僧侶はどれだけいるのでしょうか。また中国は、チベ
ット語の独自の空間が存在することが「分裂主義」の温床になると見做し
て、2000 年代に入るとチベット自治区を皮切りに、小学 4 年生以上ではほ
とんどの授業を漢語（中国語）で行うようになりましたが、それは従来チ
ベット語で中等教育まで受けることができた人々にとって、学問の梯子を
突如外されたことを意味します。いっぽう、中国の急速な経済発展の結果、
2000 年前後から突如膨大な数の観光客がチベットに押し寄せ、寺院から静

寂が失われるなど深刻なオーバー・ツーリズム現象が常態化しました。

　こうした要因が重なり、チベットの人々のあいだで中国共産党への反発が高まり、2008年の春、世界各地を巡った北京五輪の聖火リレーに対抗するかのようなタイミングで独立運動が起こりました。その広がりと深刻さは、例えば中国政府が「分裂主義分子はごく一部に過ぎず、多くの僧侶や人々は愛国的である」ことを示すべく、海外のメディアを寺院に案内したその場で、中国によって「模範的」とされた僧侶が意を決して中国共産党・政府を批判したほどでした。そこでなおさら衝撃を受けた中国共産党・政府は弾圧を極め、中国が支配する現世と訣別する焼身自殺が相次ぐ事態となりました。

　いっぽう、ウイグル・カザフといったトルコ系イスラム教徒の民族が住む新疆という地域は、清朝の時代に複雑な経緯を経て北京の支配下に組み込まれ、さらにロシアの南下を抑える目的で、19世紀末の段階で新疆省とされていました。しかし、北京からははるかに遠く、20世紀になると漢人の軍閥が居座るいっぽう、地方社会ではトルコ系イスラム教徒の世界が広がり、ロシア・ソ連経由で外界とも接していました。そんな新疆では、軍閥への反発から東トルキスタン独立運動が2度起こったもののどちらも失敗し、人民共和国になると表向きは新疆ウイグル自治区を称するようになりました。とはいえ実際には、豊富な天然資源と中ソ冷戦への対応ゆえに、人民解放軍の屯田兵組織である新疆生産建設兵団が割拠するようになりました。それでも毛沢東時代には、チベットほど民族問題が深刻化したわけではないまま（毛沢東時代、イスラム信仰は一時的に難しくなったものの、文化そのものまでは否定されなかったため）、改革・開放の時代を迎えました。そこで、豊かな資源を用いた開発の利益をトルコ系イスラム教徒にも適切に還元すればよかったのですが、新疆で起きた流れは全く逆でした。

(3) 西部大開発がもたらした矛盾

　チベットにせよ、新疆にせよ、最近の情勢悪化の一大要因として共通しているのは、1990年代末から本格化した「西部大開発」です。中国は巨大な国家であり、毛沢東時代の貧しさを脱して豊かさを求めようとしても、それがいち早く可能なのは、外界からの資金や技術・知識を吸収しやすい

沿海部であることは否めません。とはいえ、その状態を放置して格差が広がるばかりであれば、社会主義国の看板に傷がつきます。そこで改革・開放時代の立役者である鄧小平は「先富論」を掲げ、先に豊かになった地域が後進的な地域の発展を支えることを、「中国の特色ある社会主義の優越性」と位置づけました。

そこで1990年代、沿海部で爆発的な経済発展が起こり始めると、その成果を内陸、とりわけ貧困地域や少数民族地域へと拡大し、全国を統一した市場としてまとめ上げるため「西部大開発」が立ち上げられ、2000年代に入るとインフラ建設・資源開発・観光開発を中心として莫大な量の資金が流入し、少数民族地域も表向きは急速に「発展」してゆくかに見えました。そして、「発展」した少数民族地域を拠点として、さらに中央アジアや南アジアを市場として取り込み、中国の影響力を広げるというビジョンも語られるようになり、2010年代の「一帯一路」へとつながります。

しかし、「西部大開発」に伴って莫大な資金や技術が流入しても、それを使ってビジネスをするのは沿海部や河南省・陝西省・四川省などから来た企業や漢人であり、あるいは新疆生産建設兵団に代表される漢人中心の利権集団でした。トルコ系イスラム教徒やチベット人は、これらの企業や軍産複合体との結びつきが薄いだけでなく、80～90年代における教育の質の違い（教育予算に事欠いていただけでなく、この時代の教育は毛沢東時代の「大漢族主義」への反省から、少数民族言語中心の教育が行われていました）が、急激な漢語中心経済の流入とのあいだでミスマッチを起こしてしまったのです。新疆やチベットに進出した企業は、「内地」から漢人を呼び寄せて雇用することが多く、多くの少数民族は自らの故郷に居ながらにして急速に社会・経済の辺縁に押しやられました。もちろん、「西部大開発」による凄まじい投資効果は、少数民族地域において全国平均を上回る経済成長をもたらし（例えば、新疆ウイグル自治区の場合2017年まで）、その一定の波及効果は少数民族にも及んでいたでしょう。それでも、「持たざる者」である少数民族の「発展」は、富が集中する漢人と比べて緩慢なものにならざるを得ず、全体としてはインフレについてゆけず生活が苦しくなりました。

新疆のトルコ系イスラム教徒にとって不幸なのは、彼らと中国文化・漢

族との接点が相当薄いことです。この点、チベットに関しては、仏教を介した漢族とのつながりが生じ得ます。毛沢東時代が終わって宗教信仰の自由が一定程度回復され、かつ環境汚染が進む漢族社会と比較して「浄土」としてのチベットが着目されるようになると、中国社会におけるチベットのイメージは上昇しました（ただ、それがチベットにとって本当に幸せなことかどうかは別の問題です。なぜなら、「我々中国人が心から大切に思うチベットが、なぜ祖国全体からの愛と恩を忘れて分裂主義者や外国に靡くのか。ますます口惜しい」という感情が生じ、なるべく独自の空間を保ちたいと思うチベット人の側と齟齬をきたしてしまうからです）。しかしトルコ系イスラム教徒は、中国の90％以上を占める多数派の漢人とは顔立ちが全然異なり、あくまでトルコ人ですし、言語的にもトルコ語です（トルコ共和国のトルコ語とは、関東と関西の言葉の違いのような関係です）。宗教的にも、イスラム教スンナ派です。そんなトルコ系イスラム教徒が不満を抱いて何らかの抗議や事件に及ぶと、漢人はそれらをあたかもタリバーンやISなどイスラム原理主義運動と結びついたものであるというレッテルを貼って一切聞く耳を持たず、逆に不必要な恐怖感を抱いて弾圧を肯定し、彼らをますます追い詰めました。

　2009年の新疆・ウルムチでの衝突には、このような要因が大きく作用していました。新疆でよい就職口を得られない人々が広東省の工場に出稼ぎにきていたところ、この手の誤解や不理解がもとで出稼ぎ先での衝突につながり、それが新疆にいるトルコ系イスラム教徒のあいだに広がって抗議行動が起こると、公安や漢族の自警団によって鎮圧されてしまったのです。

　以上の流れをまとめますと、中国が内陸から外に出て行くために非常に重要な新疆やチベットという場所において、特にここ10年、20年は経済的な格差が広がり、宗教的、文化的な違いに起因する誤解・不理解も重なる中、中国共産党・政府がこの手の敏感な問題に対して適切な対応をせず、むしろ「反対勢力は必ず外部の勢力とつながっており、決して相容れない」という短絡的な発想で弾圧を加えてしまいました。

(4) 陳全国による恐怖政治

　中国共産党・政府は、一面では中国の「発展」を実現した自らのやり方

への「自信」を持つよう主張しながらも、いっぽうでチベット人やトルコ系イスラム教徒に対する不信を極めて明確にするようになりましたが、その裏を返せば、「物質的な発展のみが最終的に中国のあらゆる問題を解決する」という唯物論者らしい確信が裏切られ、思考が停止したためなのでしょう。そこで、そもそも中国共産党が主導して世界的にも稀に見る「発展」が実現したことを誇りに思わず、依然として心が外来の宗教に向かい、外の世界とつながろうとすること自体が何かの間違いであり、そのような心の持ち主を実力で排除し、あるいは全面的に心を入れ替えさせるという手段をとるようになりました。この発想からして、「一帯一路」が中国と外国とのあいだに文化的な紐帯をつくるという言説の疑わしさが明らかですが、それが実際の政策として動き出したことで、国際的な中国の名声をも大いに毀損する、深刻な強制収容所体制・恐怖政治が現出しています。

その動きを最も代表するのは、2011 年にチベット自治区の共産党委員会書記に就任し、2016 年に新疆ウイグル自治区党書記に転じた陳全国という人物です（中国は、共産党があらゆる部門を指導する「レーニン主義の党・国家体制」を採用しており、自治区のような地方行政組織においても、その中に置かれた共産党委員会が全てを指導するようになっています。このため、自治区党委員会のトップである書記が自治区の最高権力者です）。

陳全国は、現在首相を務める李克強が河南省のトップとして着任していた 2000 年前後に知己を得て以来、李克強人脈に連なる人物ですが、胡錦濤政権末期以後、少数民族政策全般が「厳打」（体制になじまず問題を起こす人々を、大々的なキャンペーンによって一網打尽にし打撃を加えること）に傾くにつれ、後の新疆における恐怖政治の予兆ともいえる弾圧を始めます。具体的には、チベット独立の動きを完全に根絶やしにするべく、ダライ・ラマ 14 世やチベット亡命政府、国外の亡命チベット人と何らかの接点を持つ人々や、ダライ・ラマが主宰する法会に参加したことがある人々をはじめ、およそ中国領の範囲を超えて外国や「分裂主義分子」とつながる人々、あるいは愛国主義教育・愛国的行事に対して不熱心な人々、思想や素行が一定の基準に満たない人々を一網打尽にし、強制収容所に送るようになりました。そして、教育やメディア、あるいは職場での学習会など、あらゆる場を使って「共産党がなければ今のチベットはない」ことを人々

に信じさせようとしています。

　その陳全国は 2016 年に新疆ウイグル自治区に転任し、以来いっそう極端な基準と手法を以て、少数民族の人々を強制収容所に送っており、被害を受けているトルコ系イスラム教徒は 100 万人規模であるといわれます。

　陳全国が設けた過激な基準とは、一言でいえば一個人と外界との関わりそのものに、テロや「分裂主義」を生み出す「極端化」の傾向があるとして厳しく処罰するというものです。

　いくつかの具体例を挙げてみましょう。ひとつは、トルコ系言語による出版・表現活動を行うエリートへの徹底的な不信です。従来は普通に研究活動をしていたイスラム研究者や歴史研究者がことごとく強制収容所に送られたばかりか、海外で研究・留学していた人々も、新疆にいる家族を人質にとられて帰国を強要され、区都ウルムチに着いたその場で強制収容所に送られました。そして、「分裂主義の罪状が深い」と見做された人々は死刑等の重罪とされました。新疆における最高学府・新疆大学の総長が死刑判決を受けたのは、その最たるものです。

　また、「一帯一路」でつながるはずの中央アジア諸国やロシア・パキスタンなど隣国との商関係や婚姻関係などのつながりを有し、あるいはこれらの国々の印刷物・映像作品を所持していると、ただちに強制収容所行きです。とりわけカザフスタン、ウズベキスタンは、天山山脈をはさんで新疆のトルコ系イスラム教徒と文化的に一体な有力国ですが、どちらの国も独立国として印刷物や映像作品をつくる中で、当然のことながら独自のアイデンティティを表現します。それが新疆に持ち込まれるのを、陳全国は何よりも嫌悪しているのです。

　さらに信じがたいことに、5 年以上前に印刷されたコーランを所持する個人も強制収容所送りとなっています。恐らく、中国が「イスラム教の中国化」と称してコーランの内容に手を入れており、それ以前のコーランを禁書扱いにしたのでしょう。

　こうした基準で新疆での恐怖政治が展開されているからこそ、米国のペンス副大統領が 2018 年 10 月にハドソン研究所で行った演説をはじめ、様々な人々が新疆ウイグル自治区での人権危機を批判しています。そして、2017 年以降、新疆ウイグル自治区の人口約 2300 万人のうち、約 100 万人

の人々が突然経済活動から姿を消したため、新疆の経済成長率も深刻な打撃を受け、2017 年以前は常に全国平均を上回っていたはずが、2018 年以後全国平均を下回っています。しかし中国は、一連の弾圧および公安体制の整備によって、新疆ではテロや犯罪が激減して完璧な治安が保たれるようになり、これこそが新疆の「発展」に欠かせないと主張しています。

3 中国の多民族国家の運営のあり方

(1)「中国化」と唯物論

このように、2008・2009 年のチベット・新疆における事態、そして陳全国の恐怖政治は、大きな波紋を中国の内外に広げていますが、それに先立つ少数民族政策のあり方はどのようなものであったのでしょうか。歴史的変遷をたどることで、現在の状況は長年の諸矛盾が累積した結果であることが分かります。

陳全国の恐怖政治、そして習近平時代の中国の少数民族政策を特徴づけるキーワードは「中国化」です。先ほど、なぜ少数民族は中国の「発展」の成果に感激せず、相変わらず外の世界に心が向かうのか、という現政権の苛立ちを申し上げましたが、そのような少数民族の立場を徹底的に正し、今こそ彼らの心を中国に向かわせ、中国の範囲内で少数民族文化も完結させるという強い決意が「中国化」というキーワードから漂ってきます。もっとも、少数民族の文化を完全に漢族と同じにする「大漢族主義」であるという批判を避けるためでしょうか、「中国化」概念をめぐっては少々巧妙な説明がなされます。

例えば「宗教の中国化」を打ち出した論文に当たってみますと、「そもそも、外来の文化や文明が別の国に入ると、必ずその国に適応した形で浸透する」という趣旨を強調します。例えば、インド由来の仏教も、漢族の社会に入ったことで中国仏教となりましたし、西洋近代文明も日本・和製漢語を経由して中国に入り、中国の「発展」を支える概念となりました。同じように、チベットや新疆の宗教文化にしても、中国全体の「発展」や近代化の恩恵を受ける中で、今こそ「中国化」のタイミングが到来したと説くのです。かつて貧しかった頃の中国ではインフラが整わず、人の往来

も少なく、相互の理解もなかったものの、今や急速な経済発展によって相互の往来が活発になり、モノもカネも情報も動きます。そういった中では、中国の全ての人々が少数の文化や宗教、言語の元の姿にこだわる必要はなく、巨大化した中国社会の一部分に組み込まれて適応することこそ、彼らの生活にとっても有利であり幸せであることから、そのような現実に宗教文化を適合させるならば、自ずと外界との関係を絶ち、中国国内で完結させるべきだというのです。

(2) 神仏なき社会主義国家における「中国化」

このような議論がまかり通るのは、中国共産党が指導する中国が、いくら市場経済や先端技術を誇示しようとも、依然として社会主義国だからです。

かつてソ連・東欧にも存在し、中国などで現存する社会主義思想の根本にあるのは、現実世界とその歴史が全てモノの生産の態様によって決定づけられるとみる、マルクス主義の史的唯物論です。そもそも、皆さんが今こうして豊かな生活をしているのは誰のおかげでしょうか。マルクス主義者いわく、神や、誰か偉大な人物のおかげではありません。神がいることは証明できません。人類社会の基礎と現実の生活は、一律に生産の成果というべきであり、人間が物質世界をどのように利用し改良するかによって世界のあり方は決まると説きます。

それに即して言えば、貧富の格差や民族問題も、その地域の生産と経済の立ち後れから生じるものだということになります。いっぽう今の中国では、少数民族地域において生産が高まり「発展」が確実に実現するように、北京や上海、広東などの豊かな富を投下してきた結果、内陸の少数民族地域にも高度成長が及び、その結果、たとえ格差はいったん開いたとしても、少なくとも少数民族において衣食住に事欠く貧困はほぼ姿を消しました。これもまた、鄧小平の「先富論」に従って、先進的な地域が後進的な地域を助け、その地域間カップリング（対口支援と称されます）を中央政府が設定した結果であり、共産党が指導する社会主義の優越性が十二分に発揮された結果だというのです。だからこそ今や、特殊な文化や宗教、とりわけ外来の宗教や外国を信仰する必要は薄れ、あくまで中国共産党が指導す

る中国の社会・経済の大きなゆりかごの中で恩恵を受け、適応するべきであると中国政府は言いたいのです。モノを基準にして全てを解決できる、これが中国共産党の「道」です。

　そのモノづくり、あるいは経済の動きの中で非常に大きな機能を発揮するのは、漢語＝中国語です。だからこそ、中国政府は少数民族独自言語による教育を縮小し、小学校4年以上では基本的に全ての授業を漢語で行うようになりました（個別の少数民族言語の扱いは、他の語学の授業と同様、基本的な読み方や文法を伝授するのみ）。漢語でのコミュニケーションも円滑になれば、少数民族の就職が促進されて収入が増し、アイデンティティ面でも自ずと中国という国家への愛を深めるはずだと考えるためです。とりわけ皆さんの世代、10代・20代の人々を、伝統的な宗教・文化・言語からなるべく切り離し、「中国化」の新時代における少数民族としてのアイデンティティと「共産党の指導」を完全なものにしたいと考えているのです。

(3)「漢化」と「中華民族」のあいだ──中国ナショナリズムの混迷

　こうした手法からみれば、「中国化」とは、少数民族を完全に漢族に融合させてしまう「大漢族主義」「漢化」であるという批判を何とか巧妙に避けようとするものであることが分かります。そしてこのことは、今日の中国ナショナリズムが国家形成の主体として描く「中華民族」なるものと関連づけて考える必要があります。

　「中華民族」論は、多民族国家であるはずの中国の構成員が、あたかも単一民族であるかのような凝集力で結ばれ、最大勢力にして古来中華文明の主流であった漢族を中心として、互いに切り離せない兄弟民族としての感情と「中華民族」としての共通のアイデンティティを有していると説くものです。そしてこれは「漢化」「大漢族主義」願望と、それに強く反発する少数民族とのあいだの激しい駆け引きの結果です。

　既に若干触れましたが、そもそも漢字も漢語も用いないチベット人やトルコ系イスラム教徒が多数住む地域が、なぜ中華人民共和国の一部となっているのかと言えば、かつて清朝の皇帝がチベット仏教やイスラム信仰を尊重しつつ、個別の地域を取り込んだことに端を発します（明朝まではせいぜい朝貢関係しかない「外国」でした）。その清朝が有していた個別地域

への影響力は、近代になって英国・ロシアとの国際関係を通じ、国際法にいう国家主権と解釈されるようになりました。そして清末以来、伝統的な王朝国家である清朝を近代的な国民国家・中国へと脱皮させようとする中国ナショナリズムが興りますと、これらの地域は「中国の不可分の一部分」と位置づけられました。チベット人やトルコ系イスラム教徒が与り知らないところで、彼らもいつの間にか「中国の一部分」と見做されるようになったのです。

　このような流れになってしまったことの背後には、清朝が巻き込まれた文明史的な激変があります。清末のエリートは1895年の日清戦争敗北で計り知れない衝撃を受け、さらに1905年には東北三省（いわゆる旧満洲）を主戦場とした日露戦争で日本の勝利を見届けますと、これは単に日本が勝利しただけではなく、日本が近代化して憲法を制定し、国家全体に対して責任感を有する国民を創出することに成功した結果であり、ロシアは皇帝専制だからこそ敗北したと考えました。伝統的な体制では、政治に対して責任を持っているのは皇帝権力や一部の貴族・官僚のみであり、普通の人は政治に対して責任感を持たないばかりか関心もなかったのですが、そのような国は近代に入ってことごとく敗北しています。かくして、国家と国民が互いに責任を持っている立憲制の国民国家が勝利し、専制国家は負けるという確信こそ、清末最大の思想的衝撃だったのです。以来、西洋の概念を漢字に翻訳した日本から一刻も早く近代国家に必要な知識を採り入れ、全ての「中国国民」になるべき人々＝清朝の範囲に住む人々に流布しなければならないと考えるようになりました。

　その際に最大の障壁となったのが、漢字・漢語を知らないチベット人・モンゴル人・トルコ系イスラム教徒です。彼らはそれまで、北京の満洲人皇帝と個別に主従関係を持っているに過ぎず、文化的にも尊重されていましたので、自らが「中国」に属しているという意識、漢字や漢語を学ばなければならないという意識を持つ必要は全くなかったのですが、ここに来て清朝の官僚は掌を返し、彼らを速やかに「漢化」しようとしました。その過程では、例えば四川省西部のチベット人地域において、明治維新直後と同様の廃仏毀釈が断行され、いっそう激しい反発を呼び起こしていました。以来、チベットやモンゴルは明確に独立志向を強めました。一方、新

疆では既に1884年に省制が敷かれていた中、トルコ系イスラム教徒がただちに独立を目指したわけではありませんが、中東・中央アジアを発信地とするイスラム近代主義などの影響を受け、漢人軍閥の支配に反対し独立を目指す東トルキスタン運動が起こりました。

このような動きが明らかになるに及んで、もしいっそう「漢化」の圧力を強め、様々な民族の宗教と文化、そしてアイデンティティを否定するのであれば、これらの民族は英領インドなりロシア・ソ連なりの影響を受けて独立の動きを強めてしまい、中国はかつての明朝と同じ範囲に縮小します。それを避けて、中国ナショナリズムが想像した「偉大な祖国の不可分性」を保とうとするのであれば、中華民国の成立を仕切り直しとして、モンゴル人、チベット人、トルコ系イスラム教徒に一定の配慮をしなければならなくなりました。中華民国成立の立役者である革命派はもともと、強固に「漢化」を推進する「大漢族主義」の立場でしたので、これは大きな妥協でした。こうして中華民国は「五族共和」（漢・満・モンゴル・トルコ系ムスリム・チベットが協力して共和制を運営すること）を掲げ、漢族だけの国家ではなく、多民族が「中国・中華」の旗印の下で助け合う「中華民族」の国家であるという自画像を描きました。

4 今日の「中華民族」と少数民族政策の変容

(1) 費孝通が唱えた「中華民族多元一体」

すると、この「中華民族」の国家において、9割以上の多数を占める漢人と、個別の少数民族の関係をどう定義づけるのか、どれだけ漢人または中華文化主体に近づけるのか、どれだけ少数民族のアイデンティティに配慮するのかというバランス加減が敏感な問題となります。

そこで今日の中国共産党・中国政府が採るのは、社会学者・費孝通が掲げた「中華民族多元一体」という考え方です。中国ナショナリズムは、清末における出発点で漢人による単一民族国家の形成を望みつつも、実際には多民族であるため、多くの民族が助け合い協力する中で、事実上単一民族としての意識を獲得していると見做します。費孝通はこの関係を前近代に遡り、あるいは中国の様々な地域の実情に照らし合わせ、古代の中華文

明の誕生以来、漢人を中心に少数民族も協力しあう不可分の兄弟関係が醸成され、地域によっては完全に空間を共有してきた中、近代になると帝国主義への抵抗を通じてついにこの関係の重要性が互いに強く確認され、多元的でありながらも同時に一体でもある「中華民族」の大団結として広く意識されるようになったと説きます。

逆に、もし一定の地域を共有する複数のエスニック・グループの間で、互いに重なり合わないアイデンティティが生じ、独自の解釈で境界線を引くようになると、例えばユーゴスラビア解体の過程で発生したような、血で血を洗うような民族浄化が発生します。共倒れを避けようとするのであれば、互いに多少の不満や利害の違いはありながらも、地域・国家を共有して暮らしている事実を重視し、互いに尊重する方が無難です。

(2) 1980年代の少数民族政策

費孝通の「中華民族多元一体」が現れ、公定イデオロギーとして流布していったのは1980年代以後のことですが、その背景には、毛沢東時代における社会主義化の下での「漢化」が引き起こした民族問題の深刻化に対する反省があったことは確かです。

毛沢東は、理想の共産主義社会を一刻も早く実現するべく、現実には実践不可能な急激な集団化改造を進め、中国の社会と経済に巨大な打撃を与えました。それが少数民族に対して適用されたとき、まさに「先進的な漢族が、おくれた発展段階の少数民族社会の姿を改め、漢族と同じような理想社会へ導く」という粗暴な発想の氾濫を引き起こし、少数民族社会からの強い反発と、それへの破滅的な弾圧という結果となりました。

そして気がついてみれば、中国社会はひどく傷つき、漢族と少数民族の関係にも不信が蔓延しました。このような状況を脱し、中国社会に活気を取り戻そうとするのであれば、集団化とは真逆の経済政策＝市場経済へのシフトを進めるとともに、少数民族の社会がその動きに適応できるようにするためにも、まずは少数民族の言語・文化・社会を中国政府が尊重し、彼らの自発的な復興を促し、ひいては中国共産党・政府との関係をも改善しようとしたのでした。

その際に鍵とされたのが、少数民族のエリートです。毛沢東時代、少数

民族地域の社会主義化は、少数民族地域のことを何も知らない漢人の党幹部が進めたからこそ、無理解と対立の悪循環となりました。その弊害を避けるためには、少数民族言語での教育を受けてエリートとして選抜された人が、さらに漢語・中国社会の全貌にも通じた共産党・政府幹部となれば、少数民族・地域社会と全国との橋渡し役として好ましい役割を果たすことができると考えられました。もちろん、この政策の下でも、少数民族幹部の側に積極的なイニシアチブが認められていたわけではなく、あくまで「共産党の指導」の枠内での活動という縛りがあり、しかもダライ・ラマとの対立など「分裂主義分子との戦い」が先に立ってしまうという問題もありましたが、今日と比べればはるかに、少数民族社会との融和に重点を置いた政策であったと評価できます。

　それにもかかわらず、急速な経済発展に伴う矛盾・格差が広がり、その解決のための取り組みを上回る勢いで不満が拡大したこと、あるいは先述のとおりダライ・ラマと中国政府の対立が激化したことで、結局 2008 年のチベット独立運動、2009 年の新疆でのウルムチ事件といった大規模な衝突が起きたのでした。

(3) 少数民族政策に対する漢族の反発

　すると今度は、中国社会の主流派である漢族の側からも寛容さが失われてゆきました。漢族は 80 年代以後、「一人っ子政策」を厳格に遵守しなければならず、2 人目の子供を産めば罰金、または職場を失うといった罰則を甘受させられましたが、少数民族は「後発的な社会において多くの労働力を必要とする」という配慮ゆえに、2 人、3 人と子供を生むことが可能でした（朝鮮族や回族［漢語を母語とするイスラム教徒］など、社会・経済的に漢族と同様な環境の少数民族には、一人っ子政策が適用されていました）。また、内陸部の少数民族を取り巻く教育環境が劣悪である中、一人でも多くの優秀な少数民族の大学進学を助け、党・政府幹部をはじめ「発展」を担う人材とする必要がありますので、少数民族の受験生には全国統一入試で加点することが長らく行われています。しかし、中国の厳しい受験競争の中、それは漢族にとって著しい逆差別にも見えます。また、豚やアルコールなどの禁忌があるイスラム教徒に配慮して、イスラム教徒が多い地域で

は学校や事業所などの食堂がハラール（イスラム法に照らして合法の意）に対応していましたが、これもまた豚肉を欲する漢族にとって不満に思えるのです。

　そこでネットの時代になると、80年代以降の中国政府による少数民族優遇策は、漢族に対する逆差別であるばかりか、少数民族はそれらの優遇策に感謝するどころか独立運動やテロを起こしており、中国社会の安定団結は大きな危機に直面しているため、ただちに少数民族への優遇を廃止し、全ての中国公民を平等に扱うべきだとの言説が多発するようになりました。

　また、先にチベットに関連し、「祖国にとってかけがえのない清浄なチベットが、なぜ祖国を裏切るのか」という世論が弾圧を後押ししていると申し上げましたが、この背景にあるのは中国社会の急速な「発展」そのものです。目まぐるしく変わる社会の中で、多くの人々が心の問題を抱えるようになると、一定数のエリートがチベット仏教に深い理解を示すようになりました。また、漢族が住む「内地」では大気汚染や水質汚染が深刻化し、観光地は往々にしてパンク状態に陥っています。そこで、人口密度が低く自然豊かなチベットと、その宗教文化のイメージは劇的に向上したのです。この結果「我々漢族がチベットを支えて尊重しているのに、なぜチベット側は同じように漢族と中国全体を尊重しないのか」という発想が蔓延しました。

　双方の思い違いや誤解の積み重なりがここまで大きくなった理由は幾つか考えられますが、総じていえば、中国には言論の自由がない中、中国ナショナリズムと齟齬をきたさない漢族側の立場が強調されやすい反面、少数民族側の立場が顧みられず「分裂主義・地方民族主義」の名で封殺されてしまい、コミュニケーションが極めて不均衡になっているという問題があります。漢族の少数民族に対する不満は、ネットに書いても概ね問題になりませんが、少数民族の不満が少しでも出てくると、特に2008・09年以降は厳しく断罪されています。穏健なトルコ系イスラム教徒の見解を漢語で発信しようとした中央民族大学副教授イリハム・トフティ氏の『ウイグル・オンライン』が閉鎖され、イリハム・トフティ氏が無期懲役刑とされたのは、その最たるものです。双方の誤解を解くための健全な言論空間が中国に存在しないことこそが、一つの大きな問題ということになってい

るいっぽう、もしそこで言論を自由化しても、逆に激しい対立が起こりかねないのです。中国共産党は、そのことが国家全体を激しく動揺させることを深く恐れ、完全な「漢化」にならない程度で「中国化」を強要し、社会を厳しく統制しつつ「発展」で辛うじて人々の満足を取り付けようとしており、そのための「一帯一路」なのです。長年来、真に自由で開かれた社会を構築できなかったことによる弊害が、今後の中国にいかに重くのしかかっているかということがお分かり頂けたかと思います。ありがとうございました。

Q&A　講義後の質疑応答

Q：「一帯一路」をめぐるインドとの関係はどうなっているのでしょうか。

A：中印関係は、チベット問題、そして英領インドがヒマラヤに引いた国境線（マクマホン・ライン）への異議ゆえに、紛争がしばしば発生した歴史がありますので、中印両国は常に相手方を警戒しています。現に中国は、インドから分離独立して以来犬猿の関係であるパキスタン、インドと常に微妙な関係にあるネパールに対し、「一帯一路」のインフラ援助を進めることで、インドを牽制しています。パキスタンについては「中国パキスタン経済回廊」、ネパールについては「青海チベット鉄道のカトマンズ・インド国境延伸」「ルンビニー（仏陀生誕地）総合開発計画」が代表的事例です。これに対しインドは、ダライ・ラマ14世とチベット亡命政府を一貫して庇護し、最近では日米印豪のインド太平洋協力関係に積極的に加わることで中国を牽制しています。とはいえ、中国もインドも経済的実利までは否定せず、インドが上海協力機構やBRICsの枠組みにも加わるなど、一定の「協力」関係もあります（表向き「協力」することで、内側で不協和音を起こして骨抜きにするという戦略のようです）。総じて中印関係においては、戦後日本でもてはやされた「アジア非同盟諸国の連帯」とは真逆の実態が見られます。

Q：非漢語の少数民族が実質的に中央政治に参加する機会はあるのでしょ

うか。

A：ある少数民族エリートが、「忠実な共産主義戦士」「個別の少数民族のためではなく、中華民族全体のために奮闘する人物である」と評価されれば、中国政治において相当高い地位を与えられます。このような人物ですぐに思い浮かぶのは、内モンゴル出身で毛沢東時代に国務院副総理・国家副主席となったウランフ（烏蘭夫）、あるいは四川省のチベット族自治州出身で、チベット自治区と四川省の党委員会書記を歴任したサンギェ・イェシ（桑吉悦希、通称は天宝）でしょうか。しかしどちらも、文化大革命中は「地方民族主義者」として糾弾され失脚しました。

Q：新疆ウイグル自治区の人々が弾圧されている割には、イスラム教徒が多い諸国と中国の関係が悪くないのはなぜでしょうか。

A：今のところイスラム教徒が多い国々は、個別に中国との関係で利益を得ているためか、この問題について正面から批判する国々は少なく、新疆のトルコ系イスラム教徒と民族・文化的につながる大国であるトルコが最も強く中国に抗議しています。また、イスラム教徒が国民の9割を占め、華人社会との潜在的な対立が存在するインドネシアでも、中国と距離を置く野党を支持するエリートがしばしば抗議の声を上げています。しかしトルコを除き、大部分のイスラム教徒は、中国のイスラム教徒が直面している抑圧をほとんど知らないのが現状です。

Q：中国内の自治区で推し進められている「中国化」の影響が、今後台湾に及ぶ可能性はありますか？

A：既に蔣介石時代に、日本統治下で生じた台湾らしさを除去し、身も心も「中国化」する政策が推進されたことがあります。また台湾社会の一部分は、国民党とともに台湾に逃れてきた人々＝外省人である以上、「中国あっての台湾だ」という考え方は一定程度台湾の中にあります。但しこの場合の中国とは中華人民共和国ではなく、中華民国、あるいは文明を伝える国家・共同体としての中国です。

　もしかりに台湾が完全に中華人民共和国になり、しかもそれが武力

によって行われるとすれば、真っ先に「共産党の指導があってこそ中国の繁栄と祖国統一の理想が実現した」と信じさせるため、あらゆる抑圧的な政策が展開されることになるでしょう。台湾や香港の人々から見て、新疆ウイグル自治区で行われている強制収容所体制は全く他人事ではないのです。

(2018 年 10 月講義)

※おすすめの本

福島香織『ウイグル人に何が起きているのか　民族迫害の起源と現在』
　（PHP 新書、2019 年）

金順姫『ルポ　隠された中国　習近平「一強体制」の足元』（平凡社新書、
　2017 年）

加々美光行『中国の民族問題　危機の本質』（岩波現代文庫、2008 年）

「雨傘世代」にとっての
香港と中国世界

谷垣真理子

谷垣真理子（たにがき　まりこ）
東京大学大学院総合文化研究科教授。専門は地域文化研究、政治学、現代香港論。博士（学術）。東京大学大学院総合文化研究科博士課程修了。東海大学文学部専任講師、同助教授、東京大学大学院総合文化研究科助教授、同准教授を経て現職。
主著に『原典中国現代史―台湾・香港・華僑華人』（共編著、岩波書店）、『模索する近代日中関係―対話と競存の時代』（共編、東京大学出版会）、『変容する華南と華人ネットワーク』（共編、風響社）、『戦後日本の中国研究と中国認識―東大駒場と内外の視点』（共編、風響社）、*Colonial Legacies and Contemporary Studies of China and Chineseness: Unlearning Binaries, Strategizing Self* (third editor, Singapore: World Scientific)。このほか、『高校生のための東大授業ライブ　ガクモンの宇宙』（分担執筆、東京大学出版会）、『はじめて出会う中国』（分担執筆、有斐閣）、『歴史・文化からみる東アジア共同体』（分担執筆、創土社）。「国際研究プロジェクト『華南研究の創出』」にて第4回（2014年度）地域研究コンソーシアム賞 研究企画賞を受賞。

はじめに　香港という地域

　皆さん方の年齢を考えると、生まれた時から香港は「中華人民共和国特別行政区」だったのではないでしょうか。雨傘運動は2014年のことですから、大学受験で忙しくて、今日の講義ではじめて耳にする人もいるかと思います。香港は国際金融都市で、どうして政治のところで扱うのか、腑に落ちない人もいるかと思います。今日の講義では、まず香港という地域がどういうものかを説明し、その上で、タイトルになっている「雨傘世代」について説明し、今の香港がおかれた状況と直面する問題を説明することにします。過激に聞こえるかもしれませんが、香港は「習近平政権にもっとも直接に対峙する場所」と言えるかもしれません。

1　「香港」という地域

(1) アジアのハブ都市

　香港は国際金融都市で、香港国際空港は世界有数のハブ空港です。香港から飛行機で5時間圏を図で示すと、東アジアも、東南アジアも、実は南アジアも含まれます。香港と比較すると、東京はずっと北の方に位置します。今、台湾や南アジアや東南アジア、オセアニアの人と一緒にひとつのプロジェクトをやっていますが、限られた予算をより有効に使うとなると、みんながたくさん移動する東京での開催は難しいです。香港はどこに行くにも便利で、香港国際空港はアジアのハブ空港化しています。

　先ほど申し上げたように、皆さん方にとって香港が中華人民共和国の一部であることは「現状」でしょうが、1997年6月30日まで香港はそうではない状況でした。世界史で勉強されたと思いますが、香港はイギリスの植民地でした。中国の近代史の幕開けとなったアヘン戦争（1840－1842年）の結果、まず南京条約（1842年）で香港島が割譲され、北京条約（1860年）で九龍半島の先端部が割譲され、新界租借条約（1898年）で香港全領域の90％以上の面積を占める新界地区が99年間の租借となりました。新界租借条約があったからこそ、1997年に香港の主権がイギリスから中国に返還

され、香港が「特別行政区」（Special Administrative Region）として「一国二制度」で 50 年間統治されることになったのです。

　香港返還くらいまで、香港と言えば、「買い物天国」「グルメ天国」と言われました。LCC もなく、羽田空港が再国際化する前でしたので、金曜日の午後便で香港に行き、日曜の午後便で東京に戻るという強行スケジュールでも、香港でショッピングやグルメを楽しむ若い女性は多かったのです。ですが、返還直後のアジア通貨危機で、香港ドルは高止まりし、その年末の鳥インフルエンザで領域のニワトリ類がすべて殺処分されました。また日本もバブル崩壊後は、消費マインドは冷え込んでいきました。わたしは数年に一度香港のことを授業で取り上げていますが、日本の学生さんの持つ香港のイメージは確かに「ショッピングとグルメの天国」ではなくなっていますね。香港政府の広告でも香港は「アジアの国際都市」であることが強調されています。「国際金融センター」であり、「中国へのゲートウェイ」です。

(2)「香港人」とは誰か

　これからお見せする何枚かの写真は、日本の人が知っていると思われる香港人たちです。香港人の代表としては、俳優や歌手が出てきます。いかに香港映画や香港ポップスが海外で消費されたかがうかがえます。受講生の方で、中国系の方は回答するのをちょっと待ってくださいね。

　漢字で書いているので、わかりにくいかもしれませんが、成龍はジャッキー・チェン。陳美齢は、アグネス・チャン。李小龍は、ブルース・リーです。香港映画を国際市場へと押し上げたのが、ブルース・リーです。香港人の代表格ですが、実はアメリカのサンフランシスコ生まれで、奥様はワシントン大学時代の同級生でお墓はシアトルにあります。ジャッキー・チェンは、それまで中国色の濃かった香港カンフー映画を現代アクションへと変えていきました。ジャッキー・チェンの映画の舞台はさまざまで、「プロジェクトA」や「ポリス・ストーリー」など、コミカルな味わいの映画を作りました。ジャッキー・チェンの映画は暴力シーンが比較的少ないのです。ブルース・リーの映画もそうですが、手を切られて大量に血が出るようなシーンはなく、各国の暴力検閲をクリアしています。

アグネス・チャンは、1972 年に日本で「ひなげしの花」でデビューして、アイドル歌手として一世を風靡された方です。残るふたりはチョウ・ユンファさんとトニー・レオンさんという俳優さんで、香港映画界に限らず、ハリウッド製作の映画にも出演しています。

なぜ、このようにいろいろな人を紹介したかというと、「香港人」が案外定義しにくいことを知っていただきたかったのです。香港人イコール「香港生まれの香港育ち」とはならないのです。日本人という定義は、日本で生まれたとか、血統的に日本人だということで、かなり簡単に想像されがちです。日本のパスポート所有者イコール「日本人」と考えがちでしょう（現実はもっと複雑ですが）。

香港は 1997 年以前、イギリスの植民地でしたし、1997 年以降は中華人民共和国の特別行政区です。香港政府は香港パスポートを発給できませんでした。何をもって香港人と定義できるかと言えば、制度的には、香港の永住権を持っているかどうかでしょう。制度的には返還後、中国公民が香港で出生した場合、香港の永住権を取得できます。父親か母親の一方が香港永住権を所有していると、香港以外で出生した場合も、香港居住権を取得できます。

(3) 「国」のような存在

さらに不思議なのは、特別行政区である香港は中華人民共和国の一部ですが、中国大陸とはかなり異なる制度を維持していることでしょう。

1979 年に中国とイギリスが香港の将来について話し合いを始めました。この時、中国大陸は文化大革命が終わり、改革と開放政策へと大きく舵を切ったところでした。1984 年の中英共同声明で両地の統合方式として提起されたのが、「一国二制度」方式でした。中国という一つの社会主義国家の中で、香港は自身の資本主義制度を、1997 年 7 月 1 日から 50 年間にわたって維持していくという試みでした。この時点で、両地の経済を比較すると、540 万人の人口しか有さない香港が 10 億の人口を有する中国よりも、貿易規模が大きく、一人当たりの国民総生産（GDP）は中国の約 20 倍でした。このような状況でしたから、1997 年 7 月 1 日をもって中国は香港の主権を回復し、香港は特別行政区としてその後の 50 年間、外交と防衛を

除く高度の自治権を享有し、香港独自の制度を維持することが容認されたのです。

　それでは、香港はどんな独特の制度を有するのでしょうか。返還後の香港では、国防と外交は中央政府によって担われています。なかでも国防を担当するのは、人民解放軍で、香港が英領植民地として1997年6月30日の真夜中に最後の瞬間を終えると、7月1日の深夜に返還式典は始まり、人民解放軍も先遣部隊が到着し、香港が防衛の空白となったことはありませんでした。しかし、このふたつをのぞけば、返還後も原則、返還前の制度が維持されました。

　たとえば、通貨は返還後も香港ドルが流通しました。しかも、香港ドルの発行にあたっては、それと同じ価値の米ドルを香港の金融管理局に積み立てることになっています。したがって、香港で流通しているのは、実質米ドルだと考えることもできます。

　次に、司法制度は返還前と同様の司法制度が維持・運営されています。返還後の小憲法として、「香港特別行政区基本法」は1990年に完成しましたが、実際の法廷では返還前と同じく、コモン・ロー（英米法）と慣習法が運用されています。香港の刑事裁判の場合、法廷では裁判官も検事も弁護士も、18世紀のようなカツラを着用します。これを植民地の遺風だと一笑に付す人もいるでしょうが、返還後も返還前の司法を維持しているという象徴です。

　中英共同声明は返還後の香港における「司法の独立」と、返還後の香港における「終審権」は国家事務を除けば香港特別行政区が有すると明記しています。実際、返還後、香港における終審権を担保するため、終審裁判所が香港に作られました。「国家事務」に関する案件は、全国人民代表大会常務委員会が審議します。それ以外の案件は、終審裁判所が香港域内で判決を下します。司法は紛争を解決する際の価値観を体現します。二重にブロックをかけなければならないのは、香港と中国大陸における司法の実践状況が異なるからです。中国大陸では死刑は実施され、死刑案件も場合によってはごく短時間で結審し、体制とは異なる意見を持つ「異見人士」は強く取り締まられています。

　その他、言語も中国大陸とは異なります。中国大陸では中国語標準語は

「普通話」と呼ばれ、それが公用語となっています。(台湾でも中国語標準語が「標準話」と呼ばれ、公用語です)。基本法によれば、返還後の香港における公用語は「中国語と英語」となっています。ただし、「中国語」は書きことばでは中国語標準語と同様のものですが、話しことばの世界では広東語が通常使用されます。返還後の香港の言語状況は「両言三語」と表現され、英語とふたつの中国語(標準語と広東語)を使うことが期待されています。

もっとも、広東語は音声だけ聴いていると「本当に同じ中国語か?」と思うほど、中国語の標準語とは違います。たとえば、「わたしは日本人です」は標準語では「ウォーシーリーベンレン(我是日本人)」になりますが、広東語では「ゴーハイヤップンヤン(我係日本人)」となります。

このほか、香港が「国」のような存在と思えるのは、経済や文化関係では一個の行為主体として、国際社会で事実上活動しているからです。たとえば、返還後の香港は返還前と同様に、統計資料は独自にとりまとめています(1999年から特別行政区となったマカオも統計資料は独自に資料を集めています)。またGATTやWTOなどの国際組織にも、参加しています。

2 「雨傘世代」の若者

(1) 返還後の香港の社会運動

それでは、今日の講義の主役である「雨傘運動」世代の若者へと話を移していきましょう。「雨傘世代」は「雨傘運動」を経験した世代を直接的には指しています。しかし、香港の現実に即して考えると、2010年代に入ってからの大規模な社会運動を「雨傘運動」で代表し、これらの社会運動に参加した世代を総称して「雨傘世代」と呼びます。

香港でなぜ大規模な社会運動が起きたのでしょうか。これは香港の政治制度の在り方をぬきにしては語れません。香港の選挙制度において、人々の政治参加は日本ほどに制度的に保証されていません。

香港の国会にあたるのが立法会ですが、2018年段階で議席は70議席で、直接選挙枠と職業団体別選挙枠がそれぞれ半数を占めています。職業団体別選挙は、業界団体が選挙区を構成し、法律界や教育界、福祉界、区議会

選出枠を除けば、会社もしくは団体が有権者として一票を投じます。立法会に議員が提出した議案は直接選挙枠と、職業団体別選挙枠でそれぞれ投票します。ともに票決が過半数を超えれば、全体で改めて票決を取ります。香港政府に批判的なグループが直接選挙枠で過半数を占めれば、議員提案は阻止することができます。職業団体別選挙は既得権益層の代表という側面が強いので、香港政府に批判的なグループは法律界や教育界、社会福祉界など限定的な選挙区でしか議席を獲得できません。2012年選挙から加わった区議会選挙区でも政府寄りのグループが5議席中2議席はおさえています。ですので、直接選挙枠で過半数を獲得できるかが、その後の議会活動において大きな意味を持ちます。

　ただし、政府提案の場合は、職業団体別選挙枠と直接選挙枠に分けて、票決を取ることなく、最初から全体で票決を取ります。直接選挙枠において、政府に批判的なグループが全議席を占めることはなく、職業団体別選挙枠の議員構成を考えると、政府提案を議会で阻止することは期待できませんでした。このため、重要法案を政府が提出した際、香港ではいきおい議会の外で、デモという形で「民意」を強調することになりました。また政府に対する反対意見を表明するデモが許可されることが、香港における「自由」の象徴でもありました。「一国二制度」が香港で順調に行われていることの証拠として、年に1回、天安門事件集会が開催されることがあげられてきました。

　大規模デモで香港の民意を表明したのは、2003年7月1日の50万人デモが始まりでしょう。当時のデモは「国家安全条例草案」（基本法23条の立法化草案）の撤回を求めるものでした。基本法23条は国家反逆罪に関する条項であり、返還後、香港側によって立法化されるべき条項でした。2002年3月、董建華が対立候補のいないまま行政長官再選を果たすと、同年秋より立法化作業は急ピッチで進みました。立法会では、財界寄りの保守派と親中国派、民主派は勢力を三分し、前二者が法案支持を表明している以上、23条立法化草案が可決されるのは確実でした。50万人デモはそれに対する反対を示すものでした。

　その後、2006年から香港では都市再開発をめぐり、香港の「集団的記憶」の保持を主張する歴史的建造物保護運動が見られました。特に、2006

年末から 2007 年初のスターフェリーとクイーンズピアの取り壊し反対運動では、10 代や 20 代の若い世代が参加しました。さらに、2009 年末から 2010 年初にかけて、高速鉄道反対運動は、経済発展第一主義の「中環価値（中環は香港の金融・商業の中心地）」につよく反対しました。「ポスト 80 年世代」と呼ばれる 1980 年代生まれの若い世代は facebook や twitter などの呼びかけに応じて運動に参加しています。2012 年の反国民教育運動は、「道徳および国民教育」科目の導入を、香港への愛国教育の導入だと非難する大きな反対運動でした。この運動は、学校教育の場で「愛国」「愛党」（「党」は中国共産党）が、香港の次の世代に注入されることへの懸念がつよく表明されました。

　最初のふたつの運動は「香港の過去」が消去されることに反対しています。その次の反国民教育運動もまた香港の教育が「過去」との連続性を持たなくなることに反対するものです。いずれも、自らのアイデンティティの保持を意識している側面があります。

(2) 雨傘運動

　「雨傘運動」は、運動の規模とそれが展開された期間、また運動の参加者の広がりにおいて、それまでの社会運動との違いがきわだっていました。

　雨傘運動とは 2014 年に起きた普通選挙を求める運動で、香港中心部の道路を 79 日にわたって占拠しました。2017 年の行政長官（香港の行政首長）選挙で普通選挙を実施することが目指され、その実現が危ぶまれるような状況になったら、香港のビジネス街である中環を占拠して中央政府（北京）に翻意を促そうとしました。

　意外に思われるかもしれませんが、基本法は、行政長官と立法会の全議員は「最終的」には普通選挙によって選出されると明記しています。返還後、香港では 2004 年頃より普通選挙の全面的導入がつよく叫ばれ、2007 年 12 月には、前述の全人代常務委員会が、2017 年より行政長官を普通選挙で選出することと、その後の選挙で立法会の全議員を普通選挙で選出することを認めました。この実現に向けて選挙制度を改正することが、その後の香港政治の現実的な課題となっていたのです。

　第二代行政長官であった曾蔭権の時代に、2017 年選挙を視野に入れて、

2012 年の行政長官および立法会のダブル選挙について制度改革が行われました。民主派陣営の中心的存在であった民主党が支持に回ったこともあり、2010 年に改革草案は立法会を通過します。実際に 2011 年の行政長官選挙では、選挙委員会は 800 名から 1200 名に増員されました。

その後、2017 年選挙の具体的な実施枠組みは、第三代行政長官の梁振英のもとで 2013 年から始まりました。選挙民の一定の支持があれば行政長官に立候補できる「住民推薦」案に対して、香港特別行政区政府は「基本法違反」という判断を示しました。それにもかかわらず、国際的な民主選挙の水準に合致する案として選出されたのは住民推薦を含む三案でした。これに対抗するように、国務院新聞弁公室は「香港政策白書」を発表し、香港に対する中央政府の「全面的統治権」や法曹関係者への「愛国愛港（国を愛し香港を愛する）」を強調しました。

そして、第二次諮問作業に移る前の 8 月末、全人代常務委員会は、民主派が行政長官選挙に立候補することを事実上容認しない選挙案を提出します。普通選挙は認めながらも、行政長官の立候補に際して選挙委員会の過半数（2012 年選挙では 8 分の 1 以上）の推薦が必要とされました。選挙委員会は業界の利益を代表する職業団体別選挙 4 分の 3 を占め、全人代や政治協商会議の香港代表が含まれました。それまでの選挙の状況を見ていると、大陸の中央政府の支持を受けた以外のグループが過半数をとるのは難しいです。そうすると、「過半数の支持が必要」という条件が入ると、中央政府寄りでない人は候補者にはなれないということになります。

これによって、1984 年の中英共同声明から一貫して取り上げられてきた「民主回帰」の道が事実上閉ざされたと香港では受け止められました。「民主回帰」は民主的な香港が返還されることで、中国大陸の民主化を進めるという考えです。同時に、8 月 31 日の全人代の選挙案以降、香港では「これでは普通選挙が行われても、『真の普通選挙』とは言えない」「『真の普通選挙』を実施してほしい」という声が聞こえるようになります。

かくて、事態は「中環占領」始動に向けて進んでいきます。2014 年 9 月 22 日から大学での授業ボイコットが始まり、26 日には学生の一部が香港政府本部前の公民広場の奪還を試みて逮捕者が出ます。27 日には学生支援の数万規模の集会が開催されました。28 日、警察がデモ隊に向けて催涙弾

写真1　雨傘運動の時の金鐘道路占拠区のテント（筆者撮影、2014年12月）

を87発撃ちこんだことに反発して、翌9月29日から10月1日にかけて20万の市民がデモ隊に参加しました。当初、占拠区域は金鐘から中環、湾仔でしたが、9月29日以降、九龍サイドの旺角や尖沙咀、香港島の銅鑼湾でも占拠が始まり、市街地の道路占拠は79日に及びました。

　こちらの写真をご覧ください（写真1参照）。これは運動が終わりに近づいた時期に、わたしが撮ってきた写真です。こちらは一見して女子学生か女子高校生のテントだと思われますね。やはり「わたしたちは真の普通選挙が欲しい」と書かれていますね。この雨傘運動では、それまで社会運動や政治に参加していなかった人が、運動に参加していったと言われています。

　これは、テント街にあったごみの分別ステーションです（写真2参照）。可燃物と不燃物、さらに資源ごみに分けられ、香港の若者が「文明」的だと主張しているように思えました。また、外部勢力から資金を受けると、これは外部勢力から操作されたと批判されるので、資金は受けないという姿勢を雨傘運動では取っていました。そのかわりにその時々で必要なもの、たとえば「今日は飲み水が足りない」というメッセージが物資ステーションに張り出され、現物が差し入れられるというような状況でした。

写真2 銅鑼湾道路占拠区のごみの分別ステーション（筆者撮影、2014年12月）

3　変化する中国内地との関係性

　雨傘運動のような大規模な社会運動の背景を見てみましょう。中国大陸と香港との関係性の変化、それに伴う両地の摩擦、香港自身の変化があげられます。

(1) 中国大陸の周辺都市の成長

　香港と中国大陸との関係性は、返還前の状況から返還後大きく変化します。返還後の香港はそれまでの好景気から一転して、経済的不況に見舞われました。一言で言えば、1997年返還から21年の時間の中で、香港と中国大陸との経済関係は、返還前と逆転しました。返還当時、香港のGDPは全中国の18％を占めましたが、2018年の数字では1.5％にも満たない状況になっています。

　1997年の返還翌日の7月2日に起きたアジア通貨危機は、香港にも波及しました。同年末には鳥インフルエンザが蔓延し、香港の観光業は打撃を受けました。1998年、開港間もない新空港はフライトスケジュールが表示されないなどの混乱状態となり、物流基地であるにもかかわらず、香港は

貨物の受付を返上するという異常事態になりました。

　これとは対照的に、1990 年代から中国大陸は高度経済成長の時代に入ります。1992 年の「南巡講話」以降、上海・北京という大都市が改革・開放の最前線に参入します。2002 年以降、香港は新たな経済振興策として、中国大陸の成長活力をひきこむことで自らの経済の活性化を図るようになりました。返還前の香港は自由港でしたが、皮肉なことにもっとも近い中国大陸との人・モノ・金の動きは管理されていました。1979 年以降、香港と中国大陸の間のモノの動きは活発化しますが、残る人と金の動きは返還後に活発化します。

　このような中、香港の周辺都市もまた急速に変貌します。表 1 は香港とその周辺都市の人口の推移を比較したものです。深圳と珠海には 1979 年に経済特区が設置されました。経済特区は、社会主義・中国において資本主義経済の導入を実験する場所であり、改革と開放の最前線でした。

　香港の周辺都市の成長をもっとも印象づけるのが、深圳市の事例でしょう。1979 年に経済特区となった当時、深圳は人口 30 万人ほどでしたが、1987 年には常住人口は 100 万人を超えました。「南巡講話」の翌 1993 年には 300 万人を超え、6 年後の 1999 年にはその倍の 600 万人を超えました。返還前、深圳市の人口は香港の半分もありませんでしたが、返還後 5 年を経ずに、深圳の人口は香港を追い抜いたことになります。人口の急増は、中国全土からの流入人口によるものでした。経済特区・深圳には、職を求めて全国から人々が流入しました。世界の 2017 年のコンテナ扱い港のうち、上海が第 1 位、シンガポールが 2 位、深圳は 3 位で、香港は広州にも追い抜かれ、世界第 7 位です。深圳は 1990 年には証券取引所が設置され、全国有数の PC 製品製造基地となっています。

　広東省の省都である広州も 1000 万人以上の人口を擁する巨大都市になりました。自動車産業の集積度が高く、中国のデトロイトと呼ばれています。2008 年のアジア競技大会開催以後、公共交通網の整備が進み、街並みが一変しました。

　マカオは、1979 年の段階よりも人口は倍増していますが、1966 年のマカオ暴動以降、マカオ政治は親中国派が掌握し、1979 年にポルトガルと中国との国交樹立時には、マカオ方式（主権は中国、行政管理権はポルトガル）

表1 香港と周辺諸都市

	行政区分	面積(km²)*	人口（万人）									一人あたりGDP(人民元)
			1979年**	1981年***	1986年	1991年	1996年	2001年	2006年	2011年	2018年	2018年
香港	特別行政区	1106	502.47	523.85	556.57	581.53	646.66	673.03	690.43	710.95	748.64	277,810
マカオ	特別行政区	30	23.73	24.76	30.15	36.38	41.52	43.63	50.99	55.74	66.74	483,748
深圳	経済特区	1992	31.41	36.69	93.56	226.76	482.89	724.57	871.10	1,046.74	1,252.83	193,340
珠海	経済特区	1737	36.07	37.15	49.27	68.42	95.01	128.45	144.49	156.76	189.11	154,129
広州	省都	7434	482.90	501.86	555.41	602.22	656.05	712.60	760.72	1,275.14	1,490.44	153,373

注：＊香港のみ2019年値、その他は2017年値。＊＊広州は1978年値。＊＊＊広州は1980年値。
出典：香港、マカオ、深圳市、珠海市、広州市の各統計局資料より筆者作成。

が認められました。返還前、カジノ営業権をめぐって治安が悪化しましたが、返還後は人民解放軍がマカオに進駐したことで治安状況が改善されました。2002年にカジノ営業権が開放され、香港資本やアメリカ資本がマカオのカジノ業に参入し、2006年よりラスベガスをぬいて世界最大のカジノの売り上げを計上しています。

　珠海の人口は深圳の9分の1程度の規模です。マカオに隣接しながら土地が広いことから、リゾート都市としての性格を強めています。環境の良さを重視して、北京師範大学や中山大学、暨南大学など有名大学が珠海市に分校を開設しています。

(2) 中国大陸との連携

　外から見れば、香港が近隣の諸都市と積極的に地域的な連携を持とうとしたと思われるでしょうが、中国大陸の行政制度は香港が他の地域と相互協力関係を構築する際の壁となりました。

　中国の地方行政は省級、地級（副省級）、県級、郷級という4層から構成されます。最上層は第一級行政区と呼ばれ、中国全域は、23の省（台湾を含む）と5つの自治区（広西チワン族自治区・内蒙古自治区・寧夏回族自治区・新疆ウイグル自治区・チベット自治区）、4つの直轄市（北京市・上海市・天津市・重慶市）に分かれます。香港は1997年に返還されて以来、特別行政区として一級行政区と同等の待遇を受けました。

　行政区分で下位に属する地方政府は、香港特別行政区政府とは直接対話ができません。香港とマカオは一級行政区で広東省や上海市と肩を並べま

す。しかし、深圳や珠海などの経済特区は副省級で香港・マカオよりも少し下位に位置します。このような原則に従うと、香港と深圳、珠江デルタ、広州とは直接的な対話はむずかしかったのです。

このため、中央政府が仲介者となり二者間の対話をとりもちました。初代行政長官であった董建華は、中央政府と良好な関係をベースに、中央政府に依存する形で周辺地域との対話を進めました。香港特別行政区政府の政治制度および中国内地事務局のウェブサイトには二者間の地域協力が列挙されています。しかし、中央政府による仲介は、香港特別行政区がより有利な条件を導き出すための「調整」の場となります。これは、協力関係を求められる側から見れば、香港との連携は自身の経済成長よりも返還後の香港が経済的繁栄を優先させるための「妥協」を迫られることでもありました。

たとえば、返還直後の香港に、深圳は合作関係の構築をもちかけたのですが、香港側は消極的でした。その後、香港側の必要性から両者の交流が始まりますが、深圳・香港合作連席会議は、広東・香港合作連作会議よりも遅くスタートします。2004年6月、李鴻忠・深圳市長が就任後、香港を初めて正式訪問（6月16日〜19日）し、17日には香港・深圳合作連席会議を開催します。その後、合作連席会議は頻繁には開催されていません。

ただし、中国大陸では、改革・開放政策の先発組であった広東省は、同政策が全国展開していく中で、自身の競争優位を相対的に失っていきます。このような状況下、中央政府は香港経済の活性化をねらった「香港政策」から広東省を含めての「華南政策」を構想していきます。

2004年6月には「汎珠江デルタ経済圏フォーラム」（「汎珠三角区域合作與発展論壇」）が始まります。一般に「珠江デルタ」と呼ばれる地域は、広州、珠海、中山、仏山、江門、恵州、肇慶、東莞、深圳の広東省9市から構成されます。これに香港とマカオの2つの特別行政区を加えると「大珠江デルタ地域」となる。これに対して、汎珠江デルタ経済圏には広東省・福建省・江西省・貴州省・広西チワン族自治区・四川省・雲南省・湖南省・海南省の9省と香港・マカオの2特別行政区が含まれます（通称：九＋二）。第2回からフォーラムは商談会がセットとなりました。

それから13年を経て、2017年には大湾区構想が提起されます。広東省

と香港・マカオを一体化させ、世界の三大ベイエリアであるサンフランシスコ、ニューヨーク、東京に匹敵する地域経済圏を構築する計画です。2018年には中国大陸と香港を結ぶ、二大境外インフラが完成します。9月23日に「広深港高速鉄道」が全線開業し、西九龍駅から深圳北駅までは19分、広州までは最速で47分となりました。従来、香港側と中国大陸側でそれぞれ行われていた出入境審査は、西九龍駅に集約されました（「一地両検」）。10月23日には港珠澳大橋が開業し、世界最長の海上橋は香港国際空港と珠海とマカオを結び、三地の交通のアクセスを高めました。珠海まで香港国際空港から約30分になります。

(3) 中国大陸との交流の増大と摩擦

　中国大陸と香港との交流の増大を象徴するのが、中国大陸からの香港来訪者数の変化でしょう。

　定住を目的としない香港への短期訪問は、2000年以降段階的に自由化されます。香港は返還直後からの経済不況で、中国内地から観光客を誘致することで香港の小売業を振興することが期待されました。特別行政区政府は2000年には香港への団体旅行のビザを免除し、2002年1月1日に、中国内地から香港への団体旅行の制限枠を撤廃しました。さらに、「自由行」と呼ばれた香港・マカオ地区へのビザなし個人旅行が2003年から段階的に自由化されました。2003年6月28日に広東省の東莞・中山・江門・仏山の4市から始まり、同年8月20日には、広州・深圳・珠海・恵州の4市、同年9月1日には北京・上海の2市へと拡大しました。その後、広東省や福建省、江蘇省、浙江省全省、2007年にはハルピンと青島、西安、太原、蘭州、西寧を除くすべての省都と副省級の都市に拡大しました。また、2009年から深圳の戸籍保有者は香港への数次ビザが取得できるようになりました。

　図1から明らかだと思いますが、2009年から中国大陸から香港への訪問者数は急増していますね。香港は2011年から人口の3倍から7倍近くの訪問者数を1年間に受け入れることになったのです。

　こうした圧倒的な数の訪問者と香港社会の摩擦が目立つようになりました。一例をあげれば、中国大陸からの旅行者が高級ショッピングエリアの

図1 香港への訪問者数（1998年-2018年）

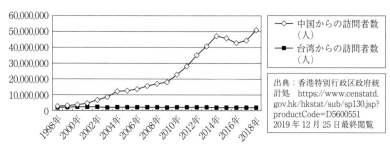

出典：香港特別行政区政府統計処 https://www.censtatd.gov.hk/hkstat/sub/sp130.jsp?productCode=D5600551 2019年12月25日最終閲覧

道端で座り込むことや、子どもに地下鉄の車内や路上で排尿させることが、マナーの悪さとしてネットで取り上げられました。こうした中、香港の不動産価格は商業下物件も住宅物件も高止まりします。1999年を100とすると、雨傘運動があった2014年は256.9、その後も価格の上昇は続き、最近10年間で3倍近くの相場になったと言われます。これは3000万円で購入できた物件が、1億円近いという相場観ではないでしょうか。コミュニティで長年親しまれてきた小規模店が営業をやめ、その後に観光客向けのドラッグストアが開店していきます。中国大陸からの訪問者が乗り降りする駅、バスの到着場所は混雑の度合いを増します。

　このような状況下、香港では中国大陸からの旅行者を、「イナゴ（蝗蟲）」や「強国人」と呼ぶようになっていきます。物品を大量に購入し、大声を出し暴言を吐くなどのマナー違反を否定的にとらえた言い方です。香港で問題視されたのは、中国大陸からの旅行者がブランド品を大量購入することよりも、日常品の買い占めが常態化し、香港人の日常生活に影響が出始めたことです。象徴的な例が粉ミルクです。2008年、中国国内で優良企業であった三鹿集団の粉ミルクを摂取した乳幼児がメラニンのため腎臓結石となっていたことが発覚します。その結果、大陸からの旅行者が香港で外国産の粉ミルクを大量に購入し、香港で粉ミルク価格が上昇しました。

　香港の若者は、香港域内でも中国大陸の若者と競争しています。香港は中国大陸の学生から見ると、国内でありながら、国際経験を積める準留学先です。一方、香港は1990年までは大学は香港大学と香港中文大学の2校でしたが、1991年に香港科学技術大学が創立され、その後、返還直前には8校に増加しました。大学側も収入を増加させるため、中国大陸からの学

生の受け入れに積極的です。このため、中国大陸の上位校への入学資格を取りながら、香港の大学を目指す者が増えています。香港特別行政区政府も香港で学位を取得した「地元以外の学生」に対して一年間の就労を保証しています。このほか、北米などで学位を取得した優秀人材の受け入れプログラムもあります。そもそも、家族団欒のために、中国大陸から香港へと入境してくる別居家族が一日150人存在します。

競争が厳しいのは中高年も同様です。すでに述べたように1980年代半ばに珠江デルタが開放されたことで、香港の製造業は続々と大陸へと生産拠点を移しました。返還前後、香港はそうした生産基地を動かす本社的存在でしたが、中国大陸が経済的に成長したことで、香港が本社的存在として機能することも難しくなりました。「一国二制度」境界を超えて中国大陸に行っても、「マネジメントができる者」以外は、職を得ることはむずかしいという話も聞きます。

先ほど述べた「ポスト80年世代」による社会運動は、このような文脈のなかにおくと、運動の参加者の切迫感がうかびあがってくるように思います。

2006年から展開された社会運動の中で、香港政治には新たな政治勢力が生まれます。返還前の香港政治で主要な政治勢力として取り上げられてきたのが、3つの政治勢力でした。親財界寄りの保守派、親中国派、それに香港の民主化を主張する「民主派」で「民主回帰」を目指していました。返還後は親中国派と保守派が親政府的な建制派となり、それ以外の民主派は穏健派から急進派までを含めて「汎民主派」と呼ばれました。これらに含まれないのが、中国大陸の民主化とは連動させずに、香港の将来を考えていこうとする一群です。反国民教育運動の中から政治団体へと発展した「香港衆志」は2047年以降の香港の将来を香港における住民投票によって決めるという「民主自決」を主張します。2015年、香港教育大学の方志恒編の『香港革新論』が台湾で出版されますが、同書は「革新保港、民主自治、永続自治」を掲げ、民主的な香港が自らの命運を決定するという、「民主自決」の概念を同様に提起しています。

一方、より直接的に「香港第一」を前面に押し出す主張もあります。2014年の雨傘運動のような平和的な運動では影響力を持たないとして、過

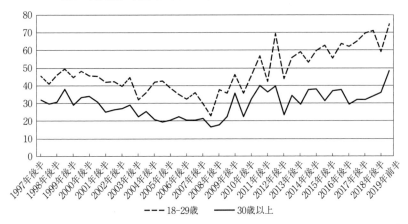

図2　年齢層別の香港人アイデンティティ（1997年後半-2019年前半）

凡例：--- 18-29歳　―― 30歳以上

出典：香港大学民意研究プロジェクトウエブサイト　https://www.hkupop.hku.hk/english/popexpress/
ethnic/eidentity/hkCitizen/halfyr/datatables.html　2019年12月15日最終閲覧。

激な行動も展開するグループです。これに先だって、香港自治運動の理論
を整理したのが陳雲（香港新界生まれ）です。陳は2012年に『香港城邦論』
を出版し、香港が都市国家として自治を享受することを主張しています。
雨傘革命の直前の2013年には2013年度香港大学学生会学苑編で『香港民
族論』が出版されました。香港がひとつの「民族（nation）」として成立す
るという主張は、「香港独立」の画策だとして中央政府はつよく批判して
います。

　なお、香港大学の民意研究プロジェクトは半年に一度、アイデンティテ
ィについての調査を行っています。「香港人」「中国の香港人」「香港の中
国人」「中国人」「香港人でもあり中国人」のいずれかをたずねる設問では、
2013年6月から「香港人」が3割の後半から4割をつねに超えるようにな
りました。年代別に見ると、29歳以下の世代で「香港人」を選択する者は、
30歳以上の世代よりも2割から3割近く多いのです。29歳以下で「香港
人」を選択する者は2016年6月より6割以上を占め、2017年12月と2018
年6月、2019年6月ではほぼ7割もしくは7割を超えました。

4 2047年に向けて

　最後に、香港の若者がこれからの将来をどう見ているかをお話ししたいと思います。1984年の中英共同声明で、香港は1997年7月1日以降、特別行政区として外交と国防を除く高度の自治を50年間約束されました。これは2047年が来ると「一国二制度」は終わりになることが暗黙の前提でしょうが、その後の香港はどのような社会になるのか、これは実はまだ具体的なイメージはないのです。

　たとえば、1節(3)で述べたように、香港では返還後も香港ドルが使用されていますが、2047年が来たら、香港ドルを廃止して人民元を流通させるのか、それまでに移行措置として香港ドルを米ドルへの固定相場制から人民元への固定相場制へと移行させるのか、中国全体で人民元と香港ドル、マカオパカタに代わる共通通貨を創出するのか、など実は複数の選択肢があるように思います。

　香港の司法制度をどのように「一国化」するのかは、より複雑な問題です。司法制度は紛争解決をどのように行うか、政治でも決着できないことを解きほぐすもうひとつの経路なのです。中国大陸の国内法は中国語で書かれていますが、香港の法律、さらにそれまでの判例は英語を使用しています。判例が違うわけですから、法曹の受ける訓練も自然と違ってきます。今の制度がクラッシュしないように、2047年が来る前に、香港特別行政区政府は中央政府と連絡を取りながら、この難題に対応しなければならないのです。

　その際、どのように両者が歩み寄るかという問題があります。お互いが同じだけ歩み寄るのか。先ほど述べた「民主回帰」は中国大陸で制度が徐々に変わり、香港的制度へと収斂していくという方向性です。これに対して、2014年以降の香港の動向は、むしろ香港の制度が変容を迫られ、中国大陸的な状況に収斂させられるのではないかということが、香港では危惧されています。

　雨傘運動が始まる前の2014年1月から、香港でクオリティー・ペーパーとして定評のある『明報』の元編集長が襲撃されて重傷を負う事件が起

きました。2015年、銅鑼湾書店（中国の指導層に批判的な本を出版、販売）の関係者が次々と失踪し、何か月かして中国大陸で姿を現すという事件がありました。このふたつの出来事は、香港にいて言論の自由を行使することのリスクを人々に意識させました。

　一方、2014年の雨傘運動以降、2016年の立法会選挙では「香港独立を主張し基本法に違反する」として立候補が受理されない「DQ」（Disqualification）が始まりました。選挙後、6名の当選者は議員宣誓が不適切であったとして、議員資格が取り消されます。その後の補欠選挙でも同様のDQが起きました。これは選挙制度があるものの、香港において政治参加の空間が狭まってきたことを人々に意識させました。

　返還前、1980年代に民主化が始まる前、香港の政治制度は「民主はないが自由はある」という状況であったとすれば、現在は「民主も自由もない」状況へと向かっているように分析することも可能です。「2017年から普通選挙を実施すること」を容認したのが、胡錦濤政権だとすれば、習近平政権下の香港政治は融和よりも強硬姿勢が目立ちます。もっとも、雨傘運動の時には、行政長官の選挙制度案を発表したのは全人代常務委員会であり、その委員長は張徳江であり、江沢民派であることが知られています。香港の状況を、香港対中央政府ととらえるのではなく、可能なかぎり、いろいろな文脈の中で解釈していきたいと思います。

Q&A　講義後の質疑応答

　Q&Aは私の学生のチン（銭）さんにも手伝ってもらいます。講義でわかりにくかったところ、あるいは講義で触れなかったことについての質問でも結構です。

Q：最近は世界大学ランキングでもシンガポールとか中国の北京大学が結構、上位に来ている中で、どうして日本の東京大学に学びに来られたんですか。

A（チン）：僕の研究テーマは香港人のアイデンティティと日本の関係です。香港のアイデンティティを考えている研究者は大体、中国やイギ

リスからの影響を考えているんですけど、アイデンティティの形成には、いろんな要素が絡んでいますね。日本も3年8カ月、香港を統治したという歴史があって、その後、尖閣諸島にかかわって香港で学生運動が起きています。僕たちの世代は日本の大衆文化の影響もいっぱい受けています。日本という切り口から香港を見ようと思いました。だから、日本に来ました。

Q：雨傘世代についてどう思われていますか。

A（チン）：僕の世代は大体2つの極端を見ています。たとえば、家族の中でも、大抵は親の世代は「今の若者は何をしているかわからない」とか「社会の不安定を乱す」と言います。

　　雨傘運動のとき大学ではみんな授業をやめて、現場に向かいました。そのとき何人かの先生は「出席をとらないから大丈夫。授業に来なくてもいいです」という感じ。そのときみんな、「この先生はいい人ですね。雨傘運動の賛成派ですね」と考えました。出席をとったら、「あの人は悪い人です」と簡単に分けてしまう。そういう状態がありました。

Q：雨傘運動を経験した香港の人から見て、今の日本の若者は、政治に興味があまりないと思うんですけど、それについてはどういうふうに考えますか。

A（チン）：日本の若者はあまり政治に関心がないことは、僕にとってはいいことのように思えます。僕の小学生とか中学生の時代、大体みんなあまり政治に関心がなかったです。でも、その後、僕の大学生の時代から、あり得ないことがどんどん多く起きて、政治に関心を持たなければならないという状態になってしまいました。知識か、実際の行動、どちらかがなければ、香港は自分の土地だという感じがなくなりますから。だから、若者があまり政治に関心がないのは、多分いいことだと思います。国の状況がそこまできびしくないと考えられますから。

Q：たとえば、今の台湾では、もう中華民国という名前を捨てて、台湾人
　　としてこの世界に向き合おうというような思いを持った人もだんだん
　　ふえていますけれども、香港ではそういうようなことは起きているん
　　ですか。

A（チン）：台湾のほうはよく、独立という話がいっぱい出てきますね。
　　実際は国の状態です。それでも中華民国が批判されます。それで台湾
　　を主体として世界に見せようという動きがあります。香港も同じです
　　ね。ただ、香港は国じゃないんです。さっき谷垣先生がどういうふう
　　に香港のことを説明してくださったか、わからないんですが、でも、
　　いつものような話をしてくださいましたね。

A（谷垣）：はい。いつもあなたがたに話すような話を今日もしました。

A（チン）：わたしは、もう何年間もずっと考えてきましたが、香港はや
　　っぱり、多くの研究者にとって、説明しにくいストーリーです。その
　　説明しにくくて、理解しにくいストーリーのひとつのキーは何でしょ
　　うか。たとえば、どうして香港人は海外へ行って、「私は香港人です」
　　というふうに自己紹介するのか。どうして雨傘運動があったのでしょ
　　うか。

　　　そのひとつの答えのキーは香港は国じゃないんですけど、国のよう
　　な状態だということではないでしょうか。オリンピックチームがあり、
　　パスポートも、税関もあり、大体、国のような感じですね。僕も小さ
　　いころから多分、大学生まで、香港はどういうものか、全然、考えて
　　こなかったです。でも、やっぱり香港というものが、ちょっと自分の
　　認識とだんだん違って、変化して。だから、香港はどういう存在なの
　　かと考えるようになりました。国じゃないですけど、でも、ただの都
　　市でもないです。研究者によって準国家とか、シティステートとか、
　　亜主権とか、いろいろな言葉が出てくるんですけど、多分、簡単にい
　　えば国のような状態です。だから、そのことをカギにして考えたら、
　　どうして香港人はそういういろんな問題が出てくるか、そのストーリ
　　ーを説明しやすくなると思います。

Q：以前にニュースで、香港に中国の高速鉄道が延びた時に、香港の駅の

中では香港の法律ではなくて中国の法律が適用されて、そのことについて一部、反対の意見がある、みたいな話を聞いたんですけど、本当に2047年まで香港というのは完全な自治を守っていけるのかというのは、僕はとても不安なんですけど、先生はどんなふうに感じますか。

A（谷垣）： 多分、一国二制度のアイディアが出た時、思ったよりも悪くないと思った人はいると思います。返還前は中国共産党の批判をすると逮捕されるのではないかと、心配されました。

　わたしは自治は与えられるものではなくて、日常の実践の中から生まれるのだと思います。さまざまな出来事が情報としてシェアされ、その上でそれがどのように実施されるのかが、重要だなと思います。最前線に立っている公務員だけでなく、香港市民という関係者がどのくらい自分の持ち場で仕事をやっていくかということが、香港における自治を守る上で大切なことだと思います。一方、わたしは文革を同時代的に見てきているので、今の中国は変わってきたという印象があります。国家の最高指導者がどこで亡くなったかわからないようなこと、劉少奇のような事例は今の中国では考えにくいです。

A（伊藤）： ありがとうございます。わたしは昨年度、広東省の深圳市というところに1年間、住んでいたんです。深圳は香港の向かい側です。先ほど話に出てきた高速鉄道の駅をつくっているところがありましたけど、実際にどういう状況かというと、香港と中国を結ぶ橋があるんですよ。道路の橋。香港から中国大陸に渡ったところで、地理的にいうと中華人民共和国深圳市ですが、香港の行政的なルールが適用されているエリアがあるんです。なので、実際に足を運んでもらうと、まだいろんな発見があるんじゃないかなと思いました。

（2018 年 10 月講義）

※おすすめの本

中嶋嶺雄『香港——移りゆく都市国家（新版）』（時事通信社、1997 年）

濱下武志『香港——アジアのネットワーク都市』（ちくま新書、1996 年）

吉川雅之・倉田徹『香港を知るための 60 章』（明石書店、2016 年）

許家屯（青木まさこ・趙宏偉訳）『香港回収工作（上）（下）』（筑摩書房、
　　1996年、1999年〔ちくま学芸文庫〕）

（補講）

　講義終了後、2019年6月9日から、香港では犯罪容疑者引き渡し条例の
改正をめぐる大規模な抗議活動が起きました。運動は半年を経ても継続し
ています。雨傘運動は79日もの間、道路占拠を行いましたが、普通選挙
の実施について香港政府から何も譲歩は引き出せませんでした。それなの
に人々はなぜ再び立ち上がったのでしょうか。

　講義で説明したように、今回のデモは「一国二制度」に対する香港社会
の悲鳴が底流にあります。大規模抗議活動は「反送中」（中国大陸への容疑
者送還反対）から始まり、「光復香港」（「香港らしさを取り戻す」という意）
「時代革命」というスローガンが定着します。

　発端は、香港人カップルをめぐる殺人事件でした。旅行先の台湾で交際
相手の女性を殺害した男性を、台湾に身柄を引き渡して捜査を進めること
ができませんでした。香港特別行政区政府は、香港の司法に「穴」がある
として、逃亡犯条例（刑事事件の容疑者の引き渡し）の改正に着手しました。
条例が改正されれば、中国大陸や台湾、マカオで刑事事件を起こした容疑
者は、国籍を問わず、香港からそれぞれの地域に送還されるようになりま
す。この動きに香港の人々が感じたのは、2015年の銅鑼湾書店の関係者に
起きた（91-92頁参照）ことが自分自身や周囲で起きる怖さでした。これ
は香港の「一国二制度」の根幹である司法の独立を揺らがせるものと考え
られました。

　2019年2月、香港政府は条例の改正に着手し、市民への意見聴取活動を
経て、4月に改正案は立法会に提出されました。立法会では政府寄りの建
制派が6割以上を占めたので、改正案の可決は確実視されました。人々は
議会外の行動で政府に改正案への異議申し立てを行わざるを得ず、6月9
日に103万人のデモが起きたのです。6月12日にはデモ隊と香港警察が衝
突し、デモは「暴動」、デモ参加者は「暴徒」と断定されます。16日には
民間人権陣線（2002年成立、香港の政治と民主に関心を持つNGO、香港のほ
とんどの汎民主派組織が参加）の呼びかけに応じたデモには200万人が参加

写真3 区議選挙候補者の応援集会の日、ビクトリア・パークの外で待機する警察
（筆者撮影、2019 年 11 月）

します。香港の人口は 745 万人（2018 年末）ですから、この数字がいかに大きいかわかっていただけると思います。

　今回の運動には 2014 年の雨傘運動の教訓が生かされています。運動には結果的にリーダーや司令塔は存在せず、参加者は SNS で意見を交換して、自分が判断して行動していきました。

　6 月 15 日、林鄭月娥・行政長官は改正案の審議を延期することを発表し、6 月 18 日に公に謝罪し「条例改正は 6 月 15 日に中止した」と発表します。この間に「五大訴求」が「条例改正の撤回」「暴動認定の取り消し」「デモ逮捕者の起訴取り消し」「警察の武力行使について独立調査」「林鄭月娥の辞職」が提出され、7 月 1 日の立法会ビル占拠の後、「林鄭月娥の辞職」が「普通選挙の実施」に代わります。

　デモの他、ストライキや鉄道・道路・空港などの「交通阻害」、主要国の新聞への意見広告掲載から、「人間の鎖」や香港の国歌的な「願香港帰栄光（香港に栄光あれ）」作曲など、活動は多岐に及びました。8 月以降、デモは明らかに 6 月の頃と様相が変わってきました。デモ支持者は平和・理性・非暴力の「和理非派」と、前線で警察と対峙する「勇武派」に分かれますが、勇武派の暴力行為がエスカレートしてきました。9 月に入ると火炎瓶の投擲が常態化し、中国系企業やデモに批判的な財界人の店舗が放

火されました。

　この間、香港政府は抗議活動に対して強硬な姿勢を貫きました。6月の二度の大規模デモに続き、8月18日に170万人が反対デモに参加しても、条例の修正が正式に撤回されたのは9月4日でした。10月4日には、香港政府は行政長官に権限を集中させる緊急法を発動し、同日に覆面禁止法を制定しました（11月18日香港の高等法院は違憲判決）。中央政府も香港政府を一貫して支持しました。8月に軍事委員会の指導下にある人民武装警察部隊を深圳に集結させ、10月末に閉幕した第19期中央委員会第4回全体会議では香港について「国家の安全を守るための法と執行制度を確立」し「止暴制乱」（暴力と混乱の収拾）することを強調しました。

　実際にデモ支持者と最前線で対峙したのは香港警察です。ふたつの政府の強硬姿勢を最前線は体現せざるを得ず、警察の「過剰暴力」への不満が醸成されてきました。10月1日、デモ参加者に対して初めて実弾が発砲され、11月8日にはデモ参加者とみられる学生が、駐車場から転落して死亡しています。

　このような中、香港社会は抗議活動をめぐり分断を深めています。11月24日の香港の区議会選挙では、香港政府に反対する「非建制派」（民主派や「香港第一」を主張する「（香港）本土派」）が85％以上の議席を獲得しま

した。しかし、得票数を比べると、「非建制派」は全体の56.62％を占めるにすぎません。

　親政府系や中国大陸のメディアは「運動は外国勢力に操作されている」と指摘します。しかし、これだけ多くの市民が参加していること、6月の大規模デモから半年を経てなお続いていることを考えると、「操作された」だけでは説明できないでしょう。

　11月27日にトランプ大統領が「香港人権・民主主義法案」に署名しました。香港の大規模抗議活動は、アメリカの対中国カードにもなっています。6月からの大規模抗議活動は、返還以後の一連の香港の主体性を防衛しようとする流れの中で理解すべきです。デモが長期化する中、勇武派の相当数は逮捕されたといいます。一見鎮静化してきた抗議活動ですが、和理非派による税金納入拒否、2020年の立法会選挙戦など、自由を享受してきた香港の主体性を防衛するため、香港の抗議活動は長期化していきそうです。

＊

(2019年6月から7月にかけてのデモの状況は銭俊華「死守——香港デモをめぐる想い」(解題：谷垣真理子)『UP』(東京大学出版会) 2019年8月号を参照。より詳しくは銭俊華『香港と日本——記憶・表象・アイデンティティ』(筑摩書房、2020年6月刊行予定) にある)。

安全保障

——何を何からどうやって守るのか？

松田康博

松田康博（まつだ　やすひろ）
東京大学東洋文化研究所教授。麗澤大学外国語学部中国
語学科卒業。東京外国語大学大学院地域研究研究科修士
課程修了。慶應義塾大学大学院法学研究科政治学専攻博
士課程単位取得退学。博士（法学）。防衛庁防衛研究所
主任研究官、内閣官房副長官補（安全保障・危機管理担
当）付参事官補佐などを経て現職。主著に松田康博『台
湾における一党独裁体制の成立』（慶應義塾大学出版会）、
家近亮子・松田康博・段瑞聡編『岐路に立つ日中関係—
過去との対話・未来への模索—』（晃洋書房）、川島真・
清水麗・松田康博・楊永明共著『日台関係史— 1945-
2020（増補版）』（東京大学出版会）、家近亮子・唐亮・
松田康博編【改訂版】5分野から読み解く現代中国—
歴史・政治・経済・社会・外交—』（晃洋書房）、松田康
博編著『NSC　国家安全保障会議—主要国の危機管理・
安保政策統合メカニズム—』（彩流社）、松田康博・清水
麗編著『現代台湾の政治経済と中台関係』（晃洋書房）
などがある。

はじめに

　今日の話は安全保障なのですが、安全保障はとても広い概念です。皆さんに事前に読んでもらった課題がありますが（松田康博「第5講　安全保障と海洋進出——意図と能力の解明」、高原明生・丸川知雄・伊藤亜聖編『東大塾　社会人のための現代中国講義』東京大学出版会、2014年）、それは軍事的な安全保障のお話でした。それは中国が軍事的な安全保障をどのように考え、体制を整え、そして海洋進出を加速しているか、というテーマでした。今日は中国の国内の安全保障と発展戦略にかかわる話をします。

　この自由研究ゼミナールのテーマは「『習近平時代』の中国」ということですから、主に習近平政権になって変わったことを取り上げます。それは習近平政権が提起した「総体的国家安全保障観」（「総体国家安全観」）という概念です。総体的とは全体的・包括的ということです。これは2014年に提起されたのですが、その前から実際には動きがあります。こうした概念から、中国が何を国家安全保障だと思っていて、どんな手段でそれを守ろうとしているのかということを見ていきましょう。中国は、何を何からどうやって守るのか、どういうつもりで安全保障政策を進めているのかを議論します。

1　何を守るか？——中国共産党政権の維持

　国家の安全保障とは、伝統的な狭い意味で言えば、対外的な脅威から、自国の領土、主権、人民を守ることを意味します。しかし、今日のテーマは国内の安全保障、つまり脅威が国内にある安全保障です。「総体国家安全観」では、まず「国外の安全保障も重要だが、国内の安全保障も重要である」と指摘しています。こういう文章は、後者の方が実はより重要である、と解釈するのが普通です。では、具体的にいったい何を守るのでしょうか。

　それは、ずばり中国共産党（中共または共産党）政権で、これを「政治安全」と言います。実は、武力で政権を奪取した独裁政権では、政権の維持

が安全保障の目的である場合が少なくないのです。中国でも国家の安全保障より政権の維持のほうが重要視されているという印象は強いです。たとえば日本で政権は選挙で生み出されるので、政権を守るのもまた選挙です。自・公連立政権を維持するために機動隊を使って反対派を弾圧することなど、日本では考えられません。

ところが、基本的に中国では、共産党の政権を維持するために、中国人民解放軍（解放軍）があり、中国人民武装警察（武警）があり、中華人民共和国人民警察（民警または公安）があり、全ての行政機関が存在しているといっても過言ではありません。中国は、政権交代がない一党独裁体制をとっています。日本なら、政権与党がだめになったら、野党に交代すればいいし、アメリカでも、たとえば共和党政権が失敗すれば、民主党政権に交代すればいいのです。しかし、中国では共産党が倒れたら、代わりがいませんから底なしの混乱が待っています。だから共産党政権の維持こそが安全保障の主たる目的になっているのです。

中国では、共産党の統治が倒れてしまうと、ソ連崩壊時のように国家は混乱し、今まで抑えつけていたさまざまな矛盾や不満が爆発し、国家が分裂してしまうのではないのか、そしてようやく獲得した大国としての地位を失ってしまうのではないか、という不安感や恐怖感があります。言い換えるなら、共産党という私集団が――国家の公的集団ではありません――その命運と国家の命運を完全に結びつけてしまっているのです。

この考えは以前からありましたが、これを強く、具体的な措置をさらに強化したのが習近平政権です。しかも、習近平は集権を進め、同時に任期撤廃などにより世代交代を遅らせようとしていますから、政権の安全と習近平個人の安全もまた重なってきています。国家機関が全力を挙げて守ろうとしているのが、習近平をトップとした共産党政権なのです。

2 何から守るか？――多元化した脅威認識

(1) 社会の安定に対する脅威

民族分離主義とテロリズム

中国共産党政権を何から守るか、言い換えるならば政権にとっての脅威

は何か、ということが、次の問題になります。2014 年に習近平政権で発表された「総体国家安全観」の内容を見ると、政治、国土、軍事、経済、文化、社会、科学技術、情報、生態系、資源、核、海外利益等多種領域の12 領域における安全保障を全て包括するということになっています。言い換えれば、これら全てへの脅威が政権にとっての脅威なのです。あまりにたくさんありますので重点だけお話しします。

　中国が最も警戒しているのが、国内のテロや民族暴動などの騒乱です。2001 年のアメリカの同時多発テロは、世界を変えてしまいました。中国でも、テロが頻発していた時期があり、現在でも大きな脅威であります。テロは、戦争に比べると破壊のレベルが低いです。しかしながら、目に見える形で恐怖を煽るような小規模の暴力使用によって、政治的な目的を達成することをテロリズムといいます。たとえば、飛行機をハイジャックされると、飛行機に怖くて乗れなくなる人が続出します。実際は、ハイジャックで死ぬよりも、自転車に乗って交通事故で死ぬ確率の方が高いでしょう。死ぬのはみな同じですが、人間は「怖い死に方」を嫌がります。恐怖は人間を突き動かすのです。

　テロへの対処は見えないものに対して準備することです。たとえばミサイルが飛んでくるとか、戦車がやってくるとか、軍艦が攻めてくるというように国家が明確に侵略行為を行うのではなく、テロリストはどこに潜伏しているかさえわかりません。テロの可能性に対して、情報収集して未然に防がなければならないし、警察力あるいは準軍事的な力をもって対処していかなければなりません。そうなると、危ないと見なされた人たちの通信を傍受したり、観察したりしますから、市民のプライバシーが守られにくくなります。

　中国の場合には、西方と北方に独立傾向のある少数民族地域が広がっています。新疆ウイグル自治区、チベット自治区、内モンゴル自治区などです。こうした少数民族を主体とする地域が、実は中国の国土の約 3 分の 2 を占めています。漢民族を中心とした地域は——政治的にもマジョリティですが——実は中国の国土の 3 分の 1 ぐらいしかありません。特に新疆とチベットに関しては現地住民の反発が非常に強く、国際的にも注目されていますから、中国は有無を言わさず、強制力で抑え込んでいます。これら

の地域はそもそも近代まで中国の王朝から直接統治を受けたことがほとんどありませんから、近代的な中央集権的な統治に対する反発が強く、すでに絶望的なまでに民族関係がこじれてしまっています。これらの地域で分離主義が強いのは当然です。

民族問題には必ず外国勢力の支援があるというのが中国側の理屈です。なぜなら、自分の国民が純粋に独立したいといっていることを認めたら、それは共産党の責任になり、メンツ丸潰れになります。共産党が自らの非を認めることは滅多にありません。そうではなくて、「外国の悪人」たちにそそのかされて分離主義が強まっているという理屈にしなければならないのです。特に新疆でさまざまな抵抗運動があります。これは中国当局から見ると「テロリズム・分離主義・宗教上の急進主義」（三悪）です。

2008年にチベットで、2009年に新疆では大規模な反政府暴動がありました。2009年の暴動のとき、中国政府は新疆で、インターネット通信や電話の通話さえもしばらくの間停止しました。インターネットを止められたら経済生活が困難になりますが、危険と判断したら中国は躊躇せずこれを止めます。2014年には、習近平が視察した直後のウルムチ駅で爆弾事件が起き、多数の死傷者が出ました。チベットや新疆の人民の抵抗に対して、中国はそれを絶対悪と見做しています。今は高度な情報封鎖が続いているので、この2つの地域で何が起こっているか、よくわかりません。

北京では、今は天安門前広場に入るのに厳重なセキュリティをくぐらなければならず、一苦労です。なぜなら、天安門前広場は、1989年の天安門事件の舞台であったと同時に、2011年にチベットの僧侶が抗議の焼身自殺をしたり、2013年にはウイグル族住民が自動車を歩道に突っ込ませて炎上するなどの事件が起きたりしているからです。報道されることは少ないのですが、テロ事件は実際かなり発生していると考えられるのです。

社会からの反対や抵抗

中国共産党は、チベットや新疆などの少数民族地域だけではなく、漢民族を主体とした社会からも反対や抵抗を受けています。

近年、中国では、連絡を取る際大多数の人がスマホアプリのウィーチャット（微信）を使います。中国人は、SNSを通じて政府批判をすることが

あります。主流メディアは共産党の宣伝部門であり、政府批判が制限されているためです。地方政府などの一部の行為に対する批判なら見逃されることもありますが、共産党の統治そのものに影響を与えそうな批判だと判断されればすぐに削除され、それを書いた人は監視の対象になります。つまり、人民がもしも反政府的な言動をとったら、当局はとにかく芽の段階で摘み取ろうとするのです。

　たとえば、中国では人権侵害を受けた市民の弁護をしている弁護士が、2015年7月に大量に拘束されました。彼らの一部は「国家政権転覆煽動罪」などの罪状で有罪判決を受けていますが、判決文さえも閲覧不能状態にあります。2017年には、ノーベル平和賞受賞者である劉暁波が獄中死しています。2018年には、習近平の独裁に反発し、習近平の肖像写真があるポスターにインクをぶちまけた女性がいますが、拘束されて精神科病院に入れられたと言われています。習近平の権威を汚すような行動は、共産党に対する挑戦だとみなされます。

　中国は、ここでも「外国勢力の干渉」に強い脅威を感じているようです。干渉にはカギ括弧をつけておいたほうがよいかもしれません。たとえば先進国の市民社会では、人権は国境を越える普遍的価値であると考えられています。自国の人々の人権だけではなく、世界中の人権が重要だという考え方が強いのです。人権が普遍的な価値であるという考えは国連でも認められています。しかし、統治の便宜のため、人権は往々にして政府に軽視され、それに対して社会が反発を募らせることがあります。

　中国は国内の不満分子に外国勢力がかかわることを非常に警戒しています。習近平は2014年の内部講話で、我々には3つの敵、すなわち外国の政府関係者、ジャーナリスト、NGO（非政府組織）がいると述べたと言われています。とにかく外国が関与するということに対して非常に敏感なのです。

　習近平政権は、外国の政府関係者、特に大使館員や、本国政府から派遣されたエージェントを非常に警戒しています。彼らは、中国が隠したい情報を日常的に収集していますし、また中国国内で秘密を握っている幹部などが外国政府に亡命したり、協力したりする際の窓口になることもよくあります。中国は、こうした外国の政府関係者をスパイであると考え、一律

に敵視しているのです。

　外国のメディアもそうです。中国国内のメディアは、ほぼ完全にコントロール可能ですが、外国のメディアをコントロールするのは非常に難しいです。たとえば『ニューヨーク・タイムズ』が中国の指導者の腐敗を暴く報道を、英語のみならず中国語で流すことがあります。中国国内にそんな情報が流れ込んだら、政権への信頼が揺らいでしまいます。共産党は無謬でなければならないですし、最高指導者は道徳的にも完全無欠でなければ、権威を維持できないのです。

　そして、先進国では、政府というよりもむしろ社会にあるNGOなどが、さまざまな領域で国際的に活動を展開しています。外国のNGOが、中国における人権侵害案件に対して、批判をしたり、反対運動を支援したりする場合があります。また、中国は宗教活動にも強い制限をかけていますから、宗教団体も警戒されています。台湾と外交関係を持つバチカン公国と中国が外交関係の正常化に踏み切れないのは、バチカンの大使館が、迫害を受けた信者たちの「駆け込み寺」になることを、中国が恐れているためと考えられます。

　中国は、共産党の一党独裁体制ですから、なぜ統治しているのかという手続上の統治の正統性が欠如しています。そこに、共産党の高級幹部が香港や外国で不正蓄財しているらしいというようなニュースが外国から流れ込んだりすると、その正統性に大きく傷がつきます。これを抑え込むには、国内勢力だけではなく、国外から入り込む「3つの敵」をも抑え込む必要が出てくると考えているようなのです。

　あまり時間がないので、省略しますが、これ以外にも、自然災害、疫病、大事故も大きな脅威です。こうした危機に対する対処がきちんとできないと、共産党の正統性が落ちてしまいます。したがって、これらも、共産党の統治を脅かしかねない大きな脅威として「総体国家安全観」で強調されているのです。

(2) 経済の安定・発展への脅威

　「総体国家安全観」において、「政治安全」に加えて、政権が重視しているのが、経済の安全保障（経済安全）であり、「経済発展」とともに重視

されています。今中国は国際金融、対外貿易、株式市場などのさまざまな
リスクに対して備えようとしています。市場経済の不確実性は高く、物の
値段は市場が決めてしまいます。かつて中国は、社会主義の計画経済でし
たから、たとえば物の値段、今年どれだけ生産・消費するかを政府が決め
ていました。ところが、市場にそれを委ねてしまうと、たまに市場は失敗
しますから、急にひどいインフレが起きたり、株価や自国通貨が暴落して
財産が目減りしたり、企業が倒産したりします。それでは共産党の統治の
実績という点で正統性が毀損されるのです。

　統治の正統性には2種類あって、1つは手続の正統性です。手続の正統
性は、王権の時代、ちゃんと血統が証明されている王様の子供であれば、
皇太子になっていずれ王様になります。これが伝統的な正統性です。民主
主義の社会であれば、自由で競争的な選挙というきちんとした手続で選ば
れている正統性を指します。だから、時の首相や大統領が大嫌いであった
としても、統治の正統性がありますから、国民は政府の言うことを聞くの
です。

　2つ目の正統性は、実績による正統性です。つまり、「この政府はよく成
果を上げている。今取り替える必要はない」と考えられるため、統治が正
当化されるのです。共産党は選挙で選ばれていませんから、この2つ目の
正統性しかありません。戦争や革命に勝利して人民から選ばれたというの
は神話にすぎませんし、それは70年以上前の話ですから、あったとして
もその正統性は時と共に劣化します。

　したがって、経済発展という実績こそが共産党の正統性を維持する最大
の源なのです。経済が発展して生活が去年よりも今年、今年よりも来年よ
くなるのであれば、共産党の統治は支持されます。また逆に「共産党が突
然倒れたら、混乱して生活はだめになるだろうから、共産党政権が維持さ
れた方がいい」ということにもなります。

　日本で中国関連のニュースを見ていると、ネガティブなものが目立ちま
すが、共産党政権は、実際さまざまな成果を達成しています。1950年代か
ら70年代にかけて、中国では殺戮、餓死、迫害が大量に発生していまし
た。それだけではありません、平穏な生活でも、たとえば仕事の関係で夫
婦でも30年以上別居しなければならなかったり、農村出身者の移動が大

きく制限されたりしていました。また、増えすぎた人口を抑えるため子供は１人しか産めませんでした。女性の生理を国家が管理し、２人目が生まれそうになったら、強制堕胎や罰金が待ち受けていました。

これらは全て改善されています。少数民族地域の例外的事例を除けば、大量殺戮もないですし、飢餓もなくなりましたし、家族が一緒に住めるようになりましたし、子供は２人以上産めるようになりましたし、移動の自由が増大し、最近海外旅行さえもできるようになりました。そうやって考えてみると、特に中高年の人々にとって、共産党の統治は必ずしも悪くないのです。出発点が低すぎたとはいえ、実績による正統性は確実に補強されています。

だからこそ、もしも中国で経済発展が止まったり、経済危機が発生したりすると、一気に政治的危機になりかねません。民主主義国家であれば、政権は選挙で選ばれるので、政権交代することになるでしょう。ところが、共産党には指導部交代のルールがありません。だから、経済危機が政治危機になり、人民の不満が爆発すると、それは政権の崩壊になるかもしれないのです。中国が「発展する権利」が最大の人権であるとまで言っているのはこうした背景があるのです。

3　どうやって守るか？——際限なく強化される国家権力

(1) 社会を統制する強制力の強化
「政治安全」のための警察力・監視力

次は、上記で紹介した「脅威」、から「共産党政権」をどうやって守るか。つまり「政治安全」の守り方を議論します。ここでは「社会を統制する力の強化」がキーワードです。国際社会では、中国国防予算の増大や解放軍の増強ばかりが批判を受けていますが、実際のところ、中国では国防のみならず国内治安のための（準軍事力を含む）警察力もまた大幅に強化されています。2010年には、公表されている国防費を——実際にはこの２倍程度あるとも言われていますが——武警や民警のような国内治安用の予算が上回りました。その後もこの趨勢は続いています。中国の国防予算は世界第２位ですが、対外的な脅威に対応するよりも、内部の脅威に対応する

ための予算のほうが多いか同じ程度なのです。

　警察は人数が多いですから、中国のように急速に経済発展すると、給料を上げないと、よい人材を採用できないし、採用してもすぐに辞められてしまいます。給料を上げると予算が増大します。しかも、後で言いますが、中国の治安維持のツールは近年極端にハイテク化していて、一定の教育水準がないと、対応できなくなっています。

　地方の民警や武警は、「突発性事件」と呼ばれる、陳情やデモから発展した「騒乱」に対して、体を張って鎮圧をしなければなりません。かつては年間数万件起きていたと発表されていたのですが、近年は正確な件数は発表されず、わからなくなりました。ただ、SNS の発展により、こうした事件で、民警と民衆が衝突する動画などが、香港などを通じてしばしば外界に流出します。こうした動画を見ると、中国の治安維持の現場は、むき出しの暴力が使われていて、相当ハードな情況になっていることがわかります。

　政府批判の温床となるリベラルな言論は、一般民衆のみならず、大学教員や弁護士といった高度な教育を受けた人々の間でも展開されます。中国の全ての大学の全ての文系教室には、録音・録画設備があり、学生の中には教員の言論を観察し、密告するスパイが混じっていると言われています。いわゆる人権弁護士は、危険視されたら有無を言わさず逮捕されます。

　中国でリベラルな言論は、新聞や雑誌など伝統的な紙媒体でした。習近平政権下では、リベラルな言論活動で有名だった広東の『南方週末』の編集部員が総入れ替えされたり、『炎黄春秋』が停刊の憂き目に遭ったりしてきました。

　そして中国は、ネット規制をどんどん強めています。2010 年代に、中国はインターネット時代を迎え、2018 年に使用者は 8 億人を越えました。2010 年から 13 年にかけて中国版ツイッターと言われるウェイボー（微博）上の言論が取り締まられました。特に「薛蛮子」という多数のフォロワーがいる有名ブロガーが 2013 年に買春容疑で逮捕されたのを皮切りに、影響力のある「公共知識人」と呼ばれる人々の発言が徹底的に弾圧されました。

　次がウィーチャット（微信）の公衆号（ページに相当）上の言論が、2016

年までにほぼ完全に取り締まりを受けました。その次はウィーチャット（微信）のグループ（群）内の言論がターゲットになり、敏感なキーワードが混じっていたらグループの閉鎖（封群）がされ、2018年までに、敏感な話題をウィーチャットグループでシェアすることはほぼ不可能になりました。

　同時に、ウィーチャットの友達間（朋友圏）で当局の意に沿わない文章を投稿したり、転載したりすればアカウントが閉鎖される（封号）という状態になりました。中国では、インターネット上なら公的、準公的空間のみならず、私的空間においても、政府批判をすることは、ほぼ不可能です。2018年に憲法が改正されて国家主席の任期が撤廃されましたが、中国国内で反対の言論はほぼ見られませんでした。そのとき、「このために数年かけて言論統制を強化してきたのだな」と納得したことを覚えています。

　中国では、オンラインの活動には実名制が義務づけられています。キャッシュレス決済やスマートフォンのGPS機能を通じて、個人の生活情報を、企業経由で国家が取りたい情報をとれる情況になっていると指摘されています。私は中国に行くときに備えて、中国と中国以外のデバイスを分けています。自分の個人情報が中国政府に漏れているかもしれないと気にしているからです。たとえば、航空便のチケット、ホテルの予約、食事、買い物、友人との連絡、自分がどこにいるかのリアルタイムの情報などは、全て筒抜けです。でも、大部分の中国人民はそんなことは気にしないで便利なアプリを使ったデジタルライフを享受しています。

　さらに、最近は顔認証や体格認証の技術を組み合わせることで、人民の行動把握や犯罪者の取り締まりなどいろんなことができるようになってきました。空港のみならず、高速鉄道や地下鉄でも手荷物検査があり、航空機に持ち込めないのと同じように、危険物は没収されます。中国の治安は大都市において格段に改善したのです。もしも民警当局にターゲットにされたら、誰も逃げられません。ただし、新疆で、こうしたシステムは優先的に導入されています。このように、高度な監視システムが、中国では完成段階を迎えつつあるのです。国内安全保障にかかわる政府予算がどんどんかさみ、関連のハイテク企業が大もうけして急成長するのも当然です。

「政治安全」のための対外防諜

　中国は、ここ10年ほど、国家安全保障法制を強化しています。113頁の表にあるように、その大部分は習近平政権の時に実現しました。習近平は、対外行動の強硬化のみならず、国内の安全保障強化も志向する代表的タカ派政治家だと言ってよいでしょう。

　中国の憲法には、「中華人民共和国公民は祖国の安全、栄誉および利益を維持し、守る義務」があると書かれています。日本国憲法に日本国民に国を守る義務や責任は書かれていません。そもそも民主主義国家における憲政とは、憲法によって政府の行為を縛り、国民の権利を守ることに主眼があります。ところが独裁国家の憲法には、人民が国家を守る義務が書かれていることがあります。つまり、事実上国家が主人で人民はそれに服従し、貢献することが求められるのです。中国では絶対に自分の国を裏切ってはいけませんし、協力しなければなりません。2010年に修正通過した「保守国家秘密法」によると、「一切の国家機関、武装力、政党、社会団体、企業事業単位及び公民は、みな国家の秘密を守る義務がある」のです。むしろ、「この外国人は機密をどうやら集めているらしい」とわかったら、積極的に当局に密告しなければなりません。しかも、それには賞金がついています。

　対外防諜工作は中国だけではなく、どの国もやっています。ところが、中国では、国家安全部の権限が際限なく強まっていることが問題です。中には本物のスパイやエージェントがいるかもしれませんが、政府関係者、新聞記者、NGOの大部分は、別に中国の国家を転覆しようとか、国家の分裂を企図している人たちではありません。しかし、中国が彼らの活動を禁止事項の一部であると解釈したら、取り締まりの対象になります。国家安全部門は、彼らを監視したり、追跡したりするために莫大な資源を投入しています。中国は改革開放政策をとってから、大量の外国人が入国して観光、留学、経済活動をしているので、当然大量の監視対象がいるのです。

　これら大量の外国人をみなスパイではないかと疑い、本物をあぶりだそうというのですから、とてつもないお金がかかるはずです。そして、実際に多くの外国人が、スパイ容疑で拘束されたり、判決を受けたりしています。中国系外国人の場合は、そもそもどれだけ捕まっているか統計もあり

表 中国が近年整備した安全保障法制

番号	時期	名称	主な内容
①	2010.4.29 修正通過	保守国家 秘密法	一切の国家機関、武装力、政党、社会団体、企業事業単位及び公民は、みな国家の秘密を守る義務がある。国家秘密の安全に危害を加えるいかなる行為も、みな法律の追及を受けなければならない。(第3条)
②	2014.11.1 通過	反スパイ 法	スパイ行為を実施しても、自首あるいは功績を上げる者は、処罰を軽くする、軽減するあるいは免除することができ、重大な功績を上げた者は、表彰・奨励する。(第27条)
③	2015.7.1 新規通過	国家安全 法	中国共産党の国家安全工作に対する領導を堅持し、集中され統一された高効率の国家安全領導体制をうち立てる。(第14条)
④	2015.12.27 通過	反テロリ ズム法	境外にある中華人民共和国の機構、人員、重要施設が深刻なテロ攻撃を受けた後、国家反テロ工作領導機構は、関係国と相談し、同意を得た後に、外交、公安、国家安全等の部門を組織し、要員を境外に派遣して処置工作を展開することができる。(第59条)
⑤	2016.4.28 通過	境外非政 府組織境 内活動管 理法	境外の非政府組織が中国内で展開する活動は中国の法律を遵守しなければならず、中国の国家統一、安全および民族の団結に危害を加えてはならず、中国の国益、社会公共利益、法人およびその他組織の合法的権益に損害を与えてはならない。(第5条)
⑥	2016.11.7 通過	ネット安 全法	いかなる個人および組織もネットを利用する際、憲法、法律を守り、公共秩序を遵守し、社会の公徳を尊敬し、ネット安全に危害を加えてはならず、ネットを利用して国家の安全、栄誉および利益に危害を加えたり、国家・政権の転覆を煽動したり、社会主義制度を転覆させたり、国家の分裂を煽動したり、国家の統一を破壊したり、テロリズムや過激主義を宣揚したり、民族の怨恨や民族差別を宣揚したり、暴力的、卑猥な情報を伝播させたり、虚偽の情報を編集・伝播させて経済秩序と社会秩序を混乱させたり、他人の名誉、プライバシー、知的財産権およびその他の合法的権益等を侵害したりする活動をしてはならない。(第12条)
⑦	2017.11.22 公布	反スパイ 法実施細 則	国家安全機関が法に基づき反スパイ工作の任務を執行する時、公民と組織は法に基づき、便宜を図ったり、あるいはその他の協力をしたりする義務があり、便宜を図ること、または協力することを拒絶し、国の安全機関が法に基づき反スパイ工作の任務を執行することを故意に阻害する場合、『反スパイ法』第30条の規定に基づき処罰する。(第22条)
⑧	2017.6.27 通過	国家情報 法	いかなる組織と公民もみな法律に基づき、国家の情報工作に協力し、知悉した国家情報工作の秘密を守らなければならない。(第7条)
⑨	2018.3.11 修正通過	憲法	中華人民共和国公民は祖国の安全、栄誉および利益を維持し、守る義務があり、祖国の安全、栄誉および利益に危害を加える行為をしてはならない。(第54条)

注:名称から「中華人民共和国」を省略している。また、境内、境外は、国内、国外とは異なる概念である。それは、台湾などが国内(だが境外)であると見なされているためである。

ませんし、また外国人でも被拘束者の安全を考えて、本国政府はほとんど
情報を出しません。

　そして、最近、非常に重要なのはネット・セキュリティです。表をみれ
ばわかると思いますが、2016 年に通過した「ネット安全法」は、政府に無
制限に近い権限を与えました。事実上、政府当局は、ネット空間における
言論統制のため、何をやってもよいし、どこまでやってもよい、という情
況にあります。ネット・セキュリティにかかわっている人間は 40 万人い
るとか、50 万人いるとか、さまざまな説があります。

　有名なネット規制には「グレート・ファイアウォール」があります。中
国と中国以外のウェブ空間を断絶させる手段です。これを破るには──中
国語では「壁を乗り越える」といいますが──VPN（ヴァーチャル・プラ
イベート・ネットワーク）を使うしかありません。VPN なしで台湾とか香
港の若干自由にいろいろなことを書いているようなサイトを見ようとして
も「非合法ページ」などの警告が出てきて、見られません。中国では、グ
ーグルや LINE もフェイスブックもツイッターもインスタグラムもユーチ
ューブも使えないし、ついにスカイプも使えなくなりました。

　要するに、SNS としては、事実上ウィーチャットのような中国製アプ
リしか使えません。電子メールも、G メールなど外国のアカウントは、基
本的に禁止されました。中国以外ではこれほど厳しい規制がないので、ウ
ィーチャットはほぼ世界中で使えます。その一方で、外国人が自国で使っ
ているアプリは、中国に入国した瞬間に使えなくなるのです。VPN を使
えばよいということかもしれないですが、それでも遅かったり、すぐ切れ
たりして不便この上ないのです。

　このように、中国は世界でもまれに見るネット規制で自国民に外から入
ってくる情報に触れさせないようにしています。共産党員は、海外の SNS
を見ること自体禁止されていて、違反者が処罰された例も報道されていま
す。信じられないかもしれませんが、アリババの創設者であるジャック・
マー（馬雲）も党員ですから、海外の SNS を見ることは原則禁止されてい
るのです。

　そして、全てのインターネット上の情報は、自国の衛星を通じてやりま
すから、解読しようと思えば全ての通信内容を解読できる状態を目指して

います。解読できなくても、特定のアカウントからの電子メールが中国国内に送信されるのを阻止することなどは簡単にできます。ですから、当局が本気でやればターゲティングした個人が朝から晩までどのサイトを見たか、誰とどんな通信をしたかをチェックして、記録に残しておくことができるはずです。

　政治的に敏感な、反政府的言動につながるような言葉や動画がネット上に瞬時に出回り、それが社会を動かす時代になりました。そういう「危険な言葉や動画」がネット上に出たら自動的に削除されていき、検索も停止されてしまいます。ある人々は、それに対抗して削除された敏感な文章をスクリーンショットに撮ってシェアしはじめました。ところが、これも当局が画像検索技術を向上させて取り締まりを強化しました。中国のネット安全は、膨大な資源を投入して実施されているので、技術的には世界でもトップクラスであると考えられています。

　さらに、中国はサイバー攻撃やフェイクニュースの拡散でも最先端にいると言われています。台湾で懸念されているのは、選挙介入により中国寄りの候補を当選させることです。ロシアがヒラリー・クリントン候補に不利なフェイクニュースを流して、2016 年の米国大統領選挙に介入し、ドナルド・トランプ候補に肩入れしたらしいというのは有名な話です。台湾は中国と言語がほぼ同じですから、台湾は中国がフェイクニュースによる心理戦とサイバー攻撃を練習する格好の場所になっていると言われています。台湾で非常に効果的な方法を編み出したら、中国は次にほかのところで使うだろうと見られています。アメリカ政府は中国からのサイバー攻撃を非常に多く受けていると言われ、もちろんアメリカも中国にサイバー攻撃をかけていると言われているのです。

(2) 国家主導の経済体制

国有企業の優越性追求

　最後は、「経済安全」の手段です。中国の改革開放政策は、計画経済だった中国を市場メカニズムにゆだねていくプロセスでした。ところが、習近平政権では、強い揺り戻しが起きています。たとえば、2015 年に株式市場が急落したとき、空売りした者を逮捕したり、取引をとめたり、それ

を再開するときに国有企業に買い支えるよう命令したりして市場に干渉したことがありました。これは国家の命を受けて、市場を操作するいわゆる「ナショナル・チーム」（国家隊）の問題だと言われています。中国の巨大な国有企業が、政府の命令に従い、巨額の補助金を使って経済活動を行えば、自由経済は消し飛んでしまいます。

　国有企業は、他の授業でも出てきていると思いますが、実は効率がよくありません。日本でも昔、日本国有鉄道（国鉄）という会社がありました。昔国鉄といえば、駅のトイレが汚い、サービスが悪い、いつも赤字で、しょっちゅうストライキがありました。そこで、効率をよくするため、中曽根康弘内閣のときに国鉄民営化を断行して、JRという会社に7分割しました。小泉純一郎政権は郵政事業民営化をやりました。

　中国の場合には経済や社会の根幹の産業は今でもほとんど国有企業です。彼らは独占または寡占企業であり、巨大な優遇策を政府から得ているため、政府の指導や命令に従います。時には、明らかに経済的にこれはペイしないだろうというようなことでも、国策であれば躊躇せずやるのです。

　たとえば、中国は南シナ海全域に中国の権利があると主張しています。ところが、中国が実効支配している島は1つもありません。そこで、中国は88年にスプラトリー諸島（南沙群島）出てきて、サンゴ礁と岩礁を埋め立て、掘っ立て小屋をつくって旗を立てて、ここは中国の領土だと主張したのです。当時は写真を撮って帰っただけで、時間をかけて少しずつ施設を拡大していきました。ところが、そこを2014年から16年ぐらいにかけて、7カ所のサンゴ礁と岩礁を埋め立てて人工島をつくり、空港もつくって軍事化しました。

　あの埋め立てをやったのは中国の国有企業です。あんな遠隔地のサンゴ礁を埋め立てて、経済的にペイすると思いますか。絶対にもうからないです。これは日本が満洲を攻め取って鉄道を引いたのとはわけが違います。それなのに、政府が命令すると、あっという間に埋め立ててしまいました。中国の国有企業は市場原理ではなく、国策で動くという印象が強いのです。

　こういう経済のあり方は、周辺諸国・地域に脅威感や恐怖感を生みます。フィリピンも、ベトナムも、日本も、アメリカも、中国のルール違反に脅威を感じているのです。サンゴ礁を埋め立てて人工島にしても、そこには

国際法上何の権利・権限も発生しません。しかも、人口の島をつくっても、それだけでは海底に埋蔵されている石油を一滴たりとも取ることができません。

それでも、国有企業は政府から優遇措置をもらっているので、やれと言われたらやるのです。赤字になっても、最終的には政府が尻ぬぐいをするので、国有企業側も気にしません。ですから、市場原理では動かないことを中国は国家の意思でできてしまうのです。いくら中国が自らを「市場経済」であると主張しても、国有企業を駒のように使って国益を追求できる態勢があるかぎり、中国を市場経済として扱うことには疑念が残り続けるでしょう。しかも、習近平政権は、国有企業の大型化を進めるなど、市場経済向けの改革に背を向けています。

国家主導の技術取得

さらに、中国は経済発展の追求のために、国家が前面にでて積極的に技術の取得活動をしています。中国は研究開発（R&D）に力を入れていますが、技術の急速な集積をするには先進国の企業から取得するのが近道です。産業技術の取得には、もちろん合法的なものがあります。外国企業から技術を買い取ればよいですし、もっと簡単なのは、技術をもった企業を買収することです。ところが、中国は、非合法な手段を使って、しかも国家がそれを主導して外国の高度な技術など経済情報を「窃取」していると指摘されているのです。

これに対し、最近アメリカは非難を強めています。たとえば、報道によりますと、解放軍が上海にある軍事施設で外国企業へのハッキングを繰り返し、秘密情報を窃取しているというのです。窃取した情報は、中国国内の同業者や研究機関などに提供されるとのことです。軍隊の情報部門のような、高度な国家機関にこのようなサイバー攻撃をしかけられたら、民間企業が自分たちの情報を守ることなどできないでしょう。

そういう行為はアメリカもかつてやったことがあると言われています。ただし、中国はより大規模にこうした活動を繰り広げているらしいのです。まさに「蛇の道は蛇」であり、アメリカだからこそ中国のこういう行動に気がつき、その「危険性」を強く認識し、非難していると言えるでしょう。

これが事実なら明らかに不公平です。自由経済で民間企業が一生懸命開発した技術を国家が窃取して自国企業に渡すのです。国家がやっているから、当然中国では取り締まりを受けず、安心して堂々とやれます。それを中国の国有企業に渡して、先に特許を取らせてしまえば、外国企業が参入するのを防げます。アメリカはこの問題を真剣にとらえています。今やワシントンでは、中国の印象を一言で言うと「泥棒」だというそうです。極端な決めつけかもしれませんが、全く根も葉もない話ではないようです。

中国はもちろんこれをアメリカの言いがかりであると主張しています。ただ、外国企業に技術を強制的に差し出すよう要求する事例は、実際にあります。これを政治学者は「市場＝技術交換モデル」と呼んでいます。中国に進出したいなら、技術を差し出せということです。中国企業はほかのオープンな市場には自由に入っていけるのに、外国企業が中国に入るときは自分たちの大切にしてきた技術を差し出さないと参入させてもらえないのです。中国はアメリカの報復措置を取り下げさせるためにこうした事案の存在を事実上認め、政府は、こうした行為をしないようにという指示を繰り返し出しています。

2017年に可決した「国家情報法」では、「いかなる組織と公民もみな法律に基づき、国家の情報工作に協力し、知悉した国家情報工作の秘密を守らなければならない」と明記されています。アメリカが中国の通信系企業大手ファーウェイ（華為）の締め出しを決めたのは、こうした現実があるからです。もしもアメリカの通信インフラに、ファーウェイなど中国系企業が参入したら、中国の政府当局の協力要請により、メンテナンスを行う中国企業が通信インフラにバックドアを仕込み、情報の窃取ができてしまうのではないか、という懸念が急速に強まったのです。

経済の世界では、通信インフラの工事受注など経済活動の一部にすぎません。ところが、安全保障の世界では、エネルギーと通信インフラは兵器と大して変わりません。戦略的競争関係にある国が自国の通信インフラに参入するなど、安全保障の観点からは想像もできないことです。ところが、現在最も進んでいるファーウェイの5Gを排除すれば、多くの企業が経済的な損失を被りますし、通信インフラ整備に遅れが出て、その国では次世代のイノベーションが遅れるかもしれません。しかし、経済発展のために

戦略的競争相手に通信インフラを委ねるのは本末転倒です。中国の台頭は、こうした矛盾を我々に突きつけています。経済のグローバリゼーションの論理と安全保障の論理の間には、深い溝があり、世界中で論争が起きています。

　冒頭に言ったように、国家安全保障の最大の目的は共産党政権の維持です。そのためには経済発展を続けなければなりません。そしてそのためには、中国は巨大な市場と躍進した製造業や通信業といった自らの強みを最大限に利用し、あたかも「急カーブで競争相手を抜き去る（弯道超車）」ような、テクノロジーの急速な発展を実現しようとしているようなのです。中国はハイテク領域で極めて野心的な国になりました。そこに、自由社会における法治の精神よりも、むしろ赤裸々な利己主義的行動原理が働いている可能性が高いのです。アメリカが中国企業によるアメリカ企業の買収に強い規制をかけて事実上不可能にしたのは、対抗策の一環です。

　経済発展を追究する上で、中国では国家が過度なかかわり方を——「過度」というのは、自由経済的な見方ですが——しているのですが、中国には「発展する権利」なのだから当然だということをよく聞きます。なぜなら、中国は過去一世紀半帝国主義から搾取を受けていたし、ひどい目に遭ってきたのだから、国家主導でキャッチアップするのは当然だ、と考えているふしがあります。しかも、アメリカも似たようなことをしたことがありますから、中国だけが批判されるのは不公平だと感じているかもしれません。

おわりに

　中国共産党が自らの政権維持に力を傾注するのは、今に始まったことではありません。革命と戦争により政権を獲得した共産党は、常に自分たちが危うい状態にあることを意識してきました。しかし、1989年の天安門事件のときに、市場経済に身を委ねることがいかに難しいかを実感し、経済発展と政治的安定の矛盾に苦しんできたのです。国内には西側や台湾のスパイが跋扈し、ろくな給料ももらえない幹部は、国家の秘密情報を切り売りしていました。かつて共産党の「政治安全」は受け身だったのです。

　時代が進むにつれて、国内の脅威はどんどん増大しました。中国では社会の矛盾を調整するメカニズムや政治的なコミュニケーションに大きな問題があります。矛盾が尖鋭化することもしばしばあり、共産党は対応に迫られていました。あらゆる領域を安全保障の対象であると考える「総体国家安全観」は、こうした背景でつくられました。言い換えるなら、共産党にとって、国内は脅威に充ち満ちているのです。

　経済が発展すればするほど、経済発展が減速し、停滞したときのリスクが高まります。少子高齢化は目の前に迫り、環境への負荷や資源の不足により、高度経済成長は限界に直面していました。共産党は増大する国内の脅威に対して、受け身でいれば、共産党政権が滅びるのではないか、という不安感の中にいました。特に胡錦濤政権期には、執政能力を向上させなければ、共産党政権が永続するとは限らないという雰囲気が強まっていたのです。

　ところが、21世紀に世界貿易機関（WTO）に加盟したことで、中国は「世界の工場」へと脱皮し、経済的に台頭することに成功しました。中国は金持ちになり、技術も発展させることができるようになったのです。そこで気がついたことは、「攻撃は最大の防御だ」ということです。守ってばかりではいけない、攻め取るのだ、という転換点が訪れます。習近平政権は、まさに「経済安全」の転換点に出現したタカ派政権であるということができます。

　対外的にも拡張的政策に躊躇せず、国内でも自由や民主を求める動きを徹底的に弾圧し、外国政府の情報収集と思われる活動には過剰なまでに取り締まり、そして経済的には積極的に技術を取得し、一気にアメリカを抜き去る手に打ってでたのです。

　問題は、こうした中国の転換が、外から見ると無視できない脅威になることです。中国にとって「譲れない国益」の追求は、外国にとってみれば、「対応を迫られる挑戦」になることがあります。中国のプレゼンスが巨大になったことで、中国の規模や政治経済体制そのものが、既存の国際秩序との間で強い戦略的な対立を生むようになりました。米中関係は2018年前後にそういう局面に転換しています。他方で、中国に対抗するために、アメリカを含めた多くの国が国家主導で中国と同じようなことをやり始め

る可能性もあります。

　そうやって全ての国が、より多くの領域を安全保障であると言い始め、予算をとり、政策を展開し始めると、どうなるでしょう。テクノロジーを使って全ての領域に国家が入り込み、自由は縮小し、グローバリゼーションは終わり、分断が進行して、冷戦的な情況が進行します。どの国の発展もゆがんでいくでしょう。このように、共産党政権を守るためには、いかなることも正当化されるという中国のやり方が、実は世界を変えつつあるかもしれないのです。

Q&A　講義後の質疑応答

Q：中国共産党指導部は、共産党の成立100周年、人民共和国成立100周年、そして習近平が2035年にというように、期限を決めて絶対に頂点に達したいという計画をしているようですが、そこまでは先生が言われたような方向性を強化すると思います。ではそれ以降のビジョンについて、実際に中国で議論されていますか。

A：2021年は中国共産党成立100周年、2049年は中華人民共和国成立100周年です。2017年に、習近平が中間目標的に2035年というタイミングを出しましたが、あれがどれぐらい意味のある数字か、私にはよくわかりません。

　「アニバーサリー政治」と私は呼んでいますが、中国や社会主義国は周年記念を非常に重視します。「何十年たったら、これだけうまくいった。だから共産党はすばらしい」という一種の儀式であって、正統性の強化に必要なのです。王朝の儀式に似ている点もあります。

　共産党はある時点に目標を設定して、それに向かって人民を動員します。国家が非常に強い政治体制なので、目標を決めて、そこに向かって動員しようとします。おっしゃったのはそのうちのいくつかある目標の1つだと思います。2つの百年以降の方向性はほとんど議論されていません。共産党はこれらの目標を設定するだけで手いっぱいでしょう。

　民主主義国は選挙のサイクルで動きます。アメリカの大統領だった

ら、当選したら４年間、再選を目指し２期８年間でどうするかを考え
ます。日本のような議院内閣制だったら、任期の４年間いつ解散して
もいいので、その間に官僚機構が考案した重要法案を毎年少しずつ通
していって、できるだけ長くやろうとします。

　言い換えるなら、中国共産党は永遠に中国を統治するつもりなので
す。だから、こういう遠大な目標を立てられるのです。

Q：中国が軍事力とか準軍事力を強化するというお話があったと思うので
すが、中国も少子高齢化が進んでいく中で、日本同様に自衛隊だと若
者の人手不足が進んでいると聞いていますが、中国はどうなのでしょ
うか。軍隊にはある程度、若者が必要だと思いますけど、中国の軍隊
に人気はあるのでしょうか。

A：なかなかいい質問で、船をつくったり、買ったりできても、乗る人が
いないと仕方ありませんし、人も訓練を受けた人じゃないと意味がな
いですね。これは結構大変です。たとえば今、海上自衛隊の募集は大
変です。北朝鮮が弾道ミサイルを打つかもしれないので、イージス艦
がミサイルを抱えて日本海に行って、２週間も３週間もそこで待機を
強いられています。

　その間、乗組員は LINE さえできないのです。しかも、彼らはどこ
に行くかさえも家族に言えないし、彼女や彼氏にも言えないのです。
普通の学生からいきなりそういう生活にシフトするのは結構きついで
しょう。これは国民を守る崇高な任務だからやれと言われて、それだ
けでは人間はなかなか動かないです。「私は別な人生もあると思いま
した」と言って、やめてしまう人が多いのです。中国もかつては「日
帰り海軍」と笑われていましたが、今は船が大型化して、外洋型海軍
に変わっているので、同じように不人気になっています。

　陸軍の兵員も国境地帯の辺鄙なところに駐屯します。だから、均質
的な豊かな国民がいる国で軍隊を維持するのは非常に困難です。とこ
ろが、今言ったことがヒントになると思いますが、たとえばアメリカ
は移民がいっぱいいます。アメリカの所得格差はものすごいのですが、
軍隊に入れば、給料は保障される、学校にも行けて奨学金ももらえ、

健康保険は心配ないし、年金ももらえる。だから、アメリカでは、軍隊に入れば自分をアップグレードできるシステムになっているのです。だから、アメリカでは戦争をやるたびに、マイノリティの身分が上がるのです。

中国では平等な人権が制度上否定されています。中国人は農村戸籍と都市戸籍に分かれていて、生まれがどこかで国民の権利・義務が違います。かつて南アフリカに存在したアパルトヘイト（人種隔離政策）に似ています。人種ではなく、どこで生まれたかで得られる社会的チャンスや保障がまるで違うのです。

ですから、たとえば農村戸籍の人が解放軍に入ると、都市戸籍をとりやすくなるということになります。私は北海道の農村で生まれ育ちましたが、東京で進学したり就職したりすることが法律や制度で阻害されたことはありませんでした。しかし、私が中国の農村出身だったら、いくら北京や上海に移住して頑張っても、都市戸籍の人と同じサービスは受けられません。子供ができても、都市で進学させるのは難しい。でも、解放軍に入れば自分をアップグレードできるのです。

中国というのはおもしろい国です。普通は1つの国が、ある世界に属しています。第一世界は先進国、第二世界は2番手の中心国、第三世界というのは発展途上国なわけですが、中国の場合は1つの国の中に世界が3つ入っています。1つの国の中に異なる世界があるのです。北京、上海、広州、深圳は第一世界、2番手ぐらいの省が第二世界、奥地の交通の不便な省に行くと貧困地域が広がる第三世界です。だから、そういう人たちが経済発展の時期においては廉価な労働力として、輸出産業を支えたのです。言うならば、中国は国際分業と同じことを国内でできてしまう国なのです。

同じように、軍隊のようなきつい仕事をやってくれる人たちというのが、農村出身者を中心に結構います。しかも、人口は多いので軍隊の維持は可能です。国内の不平等な制度や格差の現実が軍隊を維持するのに好都合なのです。

Q：高原先生の講義で、中国の外交の伝統は基本的にリアリストだとおっ

しゃいましたが、アメリカは、宇宙軍の創設とか、中距離核戦力全廃条約（INF条約）からの脱退とかの行動は、中国をある種の安全保障のジレンマに陥らせるためにやっているのでしょうか。

A：非常によい質問です。「安全保障のジレンマ」とはリアリズムに対する批判です。安全保障のジレンマとは、安全を求めれば求めるほど安全でなくなっていくというジレンマです。たとえば一番よく言われるのが軍拡競争です。中国が軍拡をして、アメリカは自分の安全のために軍拡をする。そうすると、中国もそれに対して軍拡をして、結局アメリカは安全ではなくなるというジレンマです。

　中国は、アメリカに脅されたら手を引くというような劣勢から脱却したいし、できればアメリカをこの地域から追い出せるような力を持ちたい。アメリカが真剣になって対中軍拡競争を始めたら、中国は経済発展が少し陰っていても、それにつきあって軍拡しなければならない。中国が台湾を圧倒できるような軍事力をつくろうと思って頑張ったら、アメリカが中国を圧倒するような軍事力を強化するので中国のゴールはさらに遠のく。これは一種の安全保障のジレンマで、アメリカはそのためにやっているのですかという質問ですね。

　少しニュアンスが異なりますが、そうとも言えます。むしろ、アメリカは安全保障で中国を圧倒して引き離してしまえば、疲弊して軍縮交渉に応じるのではないかとアメリカは考えていると思います。今まではアメリカは軍事的に中国を圧倒していましたが、中国はハイペースでキャッチアップしてきました。たとえば宇宙の作戦能力において、米中はほぼ同じぐらい、あるいは中国のほうが上だと言われています。サイバーでもそうです。なぜかというと、宇宙の軍事化に関して国際法の制約があるので、アメリカはそれを破っているけれど、努めて破ろうとしなかった。他方中国は結構、真面目に破ってきたのです。アメリカはついに中国に対抗しようとし始めました。

　なぜかというと、「ネットワーク中心の戦争」と言いますが、アメリカは、1991年の湾岸戦争以降、自分が敵よりも早く相手を発見し、ターゲティングし、攻撃するという能力のお陰で、少数の兵力で多数の兵力を打ち破ってきました。これはほぼ軍事衛星を通じた通信に依

存しています。カーナビで有名になったGPSがわかりやすいです。だから、相手は、米軍がどこにいるかさえわからない状態で、殲滅されてしまいます。

これは実は宇宙の優位なのです。中国はここに目を付けました。実は衛星破壊実験を2007年にやって、その能力を実証しました。だから、有事になった瞬間に、中国がアメリカの軍事衛星、数十個を一気に撃ち落としてしまうと、米軍は全く作戦行動をとれなくなるのです。怖くて中国に近づくことさえできなくなります。中国はアメリカが一生懸命予備の衛星を打ち上げているうちに台湾を占領してしまえばよいのです。

だから、アメリカは今まで自分たちは国際法の関係上、宇宙の軍事化に関しては手を縛っていたけれども、その間に中国に追いつかれてしまったので、そういう制約を取り払って、宇宙の優位を取り戻そうという試みです。

INF条約は実際には核弾頭ではなく中距離弾道ミサイルのみを対象にしています。冷戦期ソ連がSS-20という中距離核ミサイルを配備しました。これは全西ヨーロッパを射程に収める脅威でした。アメリカは、この軍拡競争をやったらお互い大変なことになるからやめようとソ連に持ちかけました。米ソ首脳間でこれを結び、その後に冷戦は終わりました。要するに、INF条約は冷戦を終わらせた特徴的な、画期的な核軍縮条約です。撤廃条約ですから、アメリカは陸上配備の中距離核戦力を持っていません。

ところが、中国の核戦力で一番充実しているのが中距離核なのです。中距離ですから、アメリカに届かなくても日本に届きます。日本には米軍基地があります。日本の米軍基地と自衛隊の基地を全部破壊できるだけの核戦力を中国は先にそろえました。これは日中友好の観点からあまり言われなかったことですが、中国は日本から援助を受けながら、同時に日本を核兵器で破壊できる能力を増強していたのです。この事実を2000年代になってから日本の『防衛白書』が書き、中国は強く反発しました。でもこれは事実であって、いわゆる「人質戦略」と呼ばれていて、日本を核の人質にすることでアメリカを牽制する戦

略なのです。

　さらに、最近 DF-26（東風 26）という中距離弾道ミサイルが増えています。これは沖縄のみならず米軍基地のあるグアムまで潰す能力があります。そうすれば、西太平洋においてアメリカ軍は一切動けなくなります。つまり中国がそういう能力を獲得したら、米軍は抑止されます。中国は中距離核戦力をつくりたい放題です。他方アメリカは米露間の条約に制約されますから不公平です。ですからアメリカも INF 条約をやめて中国と対抗するよというメッセージになります。中国は経済発展を犠牲にし、アメリカとの良好な関係を犠牲にし、冷戦をやるようなものです。中国も苦しくなりますから、そこでようやくアメリカとの間の軍備管理条約交渉に乗ってくるかもしれません。アメリカはそれをねらって、いったん INF 条約を失効させているのだと考えられます。

（2018 年 11 月講義）

※おすすめの本

防衛省防衛研究所編『中国安全保障レポート 2014——多様化する人民解放軍・人民武装警察部隊の役割』（防衛省防衛研究所、2015 年）

ディーン・チェン著、五味睦佳監訳『中国の情報化戦争——情報戦、政治戦から宇宙戦まで』（原書房、2018 年）

テイラー・フレイヴェル著、松田康博監訳『中国の領土紛争——武力行使と妥協の論理』（勁草書房、2019 年）

梶谷懐・高口康太『幸福な監視国家・中国』（NHK 出版、2019 年）

II　経済

中華帝国と一帯一路

城山智子

城山智子（しろやま　ともこ）
東京大学大学院経済学研究科教授。専門は中国経済史、
アジア経済史。博士（歴史学）。ハーバード大学大学院
歴史学部博士課程修了。北海道大学文学部助教授、一橋
大学大学院経済学研究科准教授、同教授を経て現職。
主著として China during the Great Depression: Mar-
ket, State, and the World Economy, 1929-1937 (Har-
vard University Asia Center, 2008) は、中国語（《大
蕭條時期的中國：1929-1937》（江蘇人民出版社、2010
年））と日本語版（『大恐慌下の中国－市場・国家・世界
経済』（名古屋大学出版会、2011 年、第 28 回大平正芳
記念賞））がある。

はじめに

　私は経済学者ではなくて歴史家であるということを、まず自己紹介として申し上げます。私の専門的な知識やトレーニングは歴史学だからです。同時に、私は現在、経済学部でアジア経済史という授業を担当しています。私自身は中国経済史が専門ですが、そこでは中国だけではなくて、インドとか東南アジアも視野に入れた経済の歴史を教えています。なぜ歴史家である私が、こういうことを教えているかというと、今まで19世紀の半ばのアヘン戦争以降、中華人民共和国が建国される1949年までの間という比較的長いスパンで、中国の対外経済関係を中心に研究してきたからです。

　今回、私の講義のタイトルは「中華帝国と一帯一路」となっています。本書の考察対象は現代中国ですので、なぜ中華帝国を取り上げるのか、あるいはなぜ「一帯一路」との関係で取り上げるのかということを不思議に思われる方もいらっしゃるかと思います。

　まず、「一帯一路」の方から述べますと、本書の第I部では「安全保障」が、第II部では「経済」がテーマとなっています。そこでは、「安全保障」と「経済」は、一見、異なる事象であるとも捉えられますが、現代中国、特に「習近平時代」の中国では、この二つの関係性こそが、経済を考える上でも対外関係を考える上でも鍵となっているのです。「一帯一路」は政府がイニシアチブをとって国外での投資・開発を推進するという、経済政策であり、かつ対外戦略であるという意味で、こうした関係性の一角を成すものです。

　それでは、なぜ「一帯一路」について考察を加えるとき、中華帝国を参考軸とするのでしょうか。一つには、中国政府自身が政策を語るときに、その政策のアイディアの中心として中国の対外関係の過去のあり方というものがクローズアップされているということが挙げられます。レジュメに「言説としての歴史の利用」というふうに書いたように、「シルクロード経済ベルト」と「21世紀海上シルクロード」といったタームを使って形容される、歴史的な中国と周辺地域・国家との関係のあり方が、「一帯一路」という政策を語るときに中核を成すアイディアになっているのです。陸上

のベルト、あるいは海上のシルクロードに含まれる地域と中国は、実際に、長期にわたって経済的関係を持ってきました。交易がおこなわれ、人が移動し、それに伴ってお金も動いてきたのです。そのような実態に着目して、「一帯一路」という政策を支える歴史的言説に検討を加えることは、政策の正当性を吟味することにもつながるでしょう。同時に、そうした検証作業は、現在の中国政府が追求する対外経済政策を、歴史的な対外関係と比較検討することとも重なります。歴史的な比較から、現代中国の対外経済関係のどのような特徴を明らかにし、また、どのような問題点を指摘することができるでしょうか。これらの問いへの解答を探る中で、経済と外交、国内と国際、政府と民間といった「一帯一路」政策・戦略に内包されるいくつかの関係性について、中華帝国の時代に遡って、数百年の長期のスパンで考える、ということを、本講義でおこないたいと思います。

1 「一帯一路」構想とは

(1)「一帯一路」構想と歴史的言説

　現代中国経済のアナリストである関志雄氏は、「「一帯一路」構想は、中国が世界経済の中心的地位を占めていたシルクロードの再現を意識したものであり、中国の対外開放新戦略のコアと位置づけられている」と指摘しています（関志雄「動き出した「一帯一路」構想——中国版マーシャル・プランの実現に向けて」『野村資本市場クォータリー』 2015年春号、172頁）。2015年3月に中国政府が発表した「一帯一路」構想の序文を見ると、「二千年余り前、ユーラシア大陸の勤勉で勇敢な人々は、アジア・欧州・アフリカの各地の大文明を結ぶ貿易と人文交流の道を切り開いた」というような形で、シルクロードに関する言及がなされています。続いて「21世紀を迎え、「平和、発展、協力、ウィンウィン」の新たな時代を迎えた現在、復活力に乏しい世界経済と複雑に絡み合った国際・地域情勢を前に、シルクロードの精神を伝承・発揚することはとりわけ重要で価値あることと言える」というように、世界経済がリーマン・ショック以降、非常に厳しい状況にある中で、シルクロードに内在する精神を継承するのだと述べます。その歴史的な精神を現代にどういうふうに応用するかということについて、

「協議・共同建設・共有の原則を堅持し、沿線国の発展戦略の相互連結を積極的に推進するものでなければならない。中国政府は、「1ベルト、1ロード」実施という重大な呼びかけを推進し、古きシルクロードに新たな生気を吹き込み、新たな形式でアジア・欧州・アフリカ各国の連携をさらに緊密にし、相互に利益のある協力を新たな歴史の高みに持ち上げるため、『シルクロード経済ベルトと21世紀海上シルクロードの共同建設推進のビジョンと行動』を制定・発布した」とされます。

　このように序文を読んでも、この「一帯一路」という、周辺諸国だけではない広大な地域を巻き込んだ戦略を発表し、その正当性を示すときに、その歴史的な背景というのは非常に重要なものとされていることが分かります。

(2)「一帯一路」の地理的展開

　「一帯一路」の地域的な展開を確認しておきます。一帯＝ベルトに当たる「シルクロード経済ベルト」は、一本は中国から中央アジア、ロシアを経てヨーロッパ、もう一本は、中国から中央アジア、西アジアを経てペルシャ湾、地中海、もう一本は中国から東南アジア、南アジアからインド洋に至る、三経路から成るとされています。一方、一路＝ロードを成す「21世紀の海上シルクロード」というのは、中国沿海から始まる二本のシーレーンになります。そこでは一本が中国沿海の港から南シナ海を経てインド洋からヨーロッパに、もう一本が中国沿海の港から南シナ海をまた出て南太平洋に至ることになっています。

　全体として、それぞれベルトとロードで、五つの経路があるわけですけれども、そこで五つの分野、「政策面の意思疎通」、「インフラの連結」、「貿易の円滑化」、「資金の融通」、「民心の意思疎通」を図ることとされているのです（図1参照）。

2　海上シルクロードの歴史的様相

　それでは、「一帯一路」構想が言及している周辺諸国・地域との経済関係とそこでの国家の役割は、実際にはどのようなものだったのでしょうか。

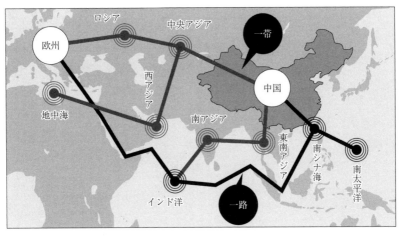

図1 一帯一路の地域図

出典：「一帯一路　中国提唱の広域経済圏構想」『日本経済新聞電子版』（2017年6月5日）、『日本経済新聞』
（2017年6月6日）

ここでは、海のシルクロードに着目して、見ていくこととします。

(1) 歴史の中の海上シルクロード

この講義 参考図書がありませんかというお尋ねをいただいて、東京大学東洋文化研究所の羽田正先生が編纂なさった『東アジア海域に漕ぎだす1　海から見た歴史』という本と、お茶の水女子大学の岸本美緒先生が出された『中国の歴史』という本を挙げました。この二冊の本から、四つの百年：① 1250-1350年（元朝）、② 1500-1600年（明朝）、③ 1600-1700年（明清交替）、④ 1700-1800年（清朝）のもとでのそれぞれの王朝と海上貿易および現地の人々との関係について見ていきます。

(2) 1250-1350年の海上シルクロード

元朝の時代の13世紀から14世紀にかけての東アジア海域の特徴は、「ひらかれた」というキーワードが一番適切であると捉えられます。「ひらかれた」という意味は、一つは、東アジアの海域が、陸に向かっても開かれていたし、あるいは南シナ海からさらにそこを越える海域とつながっていたということです。もう一つは、民族的、宗教的に多様な外来者、非常に

多様な複数のエスニックコミュニティが各地にハブを形成して、そのネットワークが海域交流の基盤を形成したということです。最後に、モンゴルも含めて、この時代の政治権力というのが、貿易に対して親和的であり、規制がそれほど厳しくなかったということも特徴として挙げられます。

(3) 1500-1600 年の海上シルクロード

　時代が下って明朝の時代になると、対外経済関係は以前に比べて厳しく制限されるようになります。あとでお話しする満州族王朝の清朝に比べても、漢人の王朝である明の国外への対応は「固い」という言い方をよくされます。清朝の対外的な開放性や対応の柔軟性に対して、明朝の内向きさと硬直性を対比させる形容となっています。明朝は正式な朝貢船を勘合符で確認する勘合貿易といった手段で、貿易を統制しようとしました。それでは、明朝がうまく管理しきれたのかというと、必ずしもそうではありませんでした。例えば日本人だけではなく中国人の集団も含む倭寇は、当然、そうした明朝の管理のもとでは不法な存在であったわけですが、むしろ東アジアの交易、経済の中では、彼らのほうが主流であったという側面もあります。管理を非常に厳しくすると、逆にそういう不法な領域が拡大してしまいますので、それを抑えるのは明朝に大きな負担となりました。そうしたことから、16世紀の半ばには、国家のほうが管理を緩め、南シナ海の貿易を解禁することとなり、厳しい管理のもとでの不法な貿易というのは、ひとまず鎮静化します。

(4) 1600-1700 年の海上シルクロード

　次の 1600-1700 年は、漢人王朝の明から満州族の王朝の清への転換期に当たります。東北の満州で、清朝の祖先になる女真族たちというのは、人参であるとか、毛皮であるとか、付加価値の高い品物の交易に活発にかかわっていました。そうした意味で、女真族は、貿易に対して親和的であり、まさに、貿易収入を軍資金にするような形で出てきた王朝であったとも言うことができます。一方、海のシルクロードとの関係でいうと、今の台湾につながる東南の沿岸では、鄭成功という商人・軍事集団が大きな勢力を持っていました。

北と南に二つの商人・軍事集団があった中で、北から満州族が台頭していって清朝が成立します。その最後に鄭氏の集団を駆逐するまで、清朝は海禁、貿易を統制していましたが、それが終わると同時に、もともと貿易に対しては敵対的ではありませんでしたので、海禁を緩めることとなりました。

(5) 1700-1800 年の海上シルクロード

最後の 1700-1800 年になると、鄭成功を排除した後に、清の康熙帝は民間の商船の海外出港を許可し、沿海部の要所に四つの海関を設けて海外貿易の管理に当たらせました。例えば日本の鎖国といったものに比べて、清朝の貿易管理は民間貿易に対してより開かれていたと考えられますが、さらに視点を南のほうに動かしていくと、東アジア全体としては比較的、貿易管理がなされていたのに対して、南シナ海以南になると、日本の江戸幕府とか中国の王朝に匹敵するような、強力な政治権力が存在しない中で、より自由な交易がおこなわれていたことが看取できます。東シナ海は、そうした南シナ海とも連動しており、経済的な重心はむしろ南シナ海のほうに動いていました。

3 朝貢と互市

(1) 政治外交と経済

海のシルクロードを例として、中国の歴史的な対外経済関係について見てきました。そこで、朝貢というのは、皆さん、高校の授業でもよくご存じだと思いますが、互市については、もしかしたらあまり聞いたことがないかもしれません。朝貢というのは、中国へ儀礼として貢物をするということによって、安定的な関係性を取り結ぶ、一種の経済外交のような役割を果たしていました。これに対して互市というのは、民間の貿易の管理の仕方でありました。

図2は、清朝の統治構造の図で、アメリカ人研究者のマーク・マンコールがモデル化したものです。このように清朝の統治構造というのは、必ずしも国境といった枠組みがはっきりと決まっているわけではなくて、中央

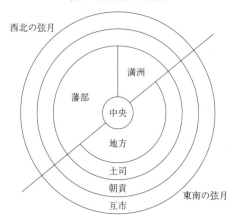

図2 清朝統治の概念図

西北の弦月

満洲

藩部

中央

地方

土司

朝貢

互市

東南の弦月

出典：Mark Mancall, "The Ching Tribute System: An Interpretive Essay," John K. Fairbank, ed., *The Chinese World Order: Traditional China's Foreign Relations* (Harvard University Press, 1968) 茂木敏夫「中国的秩序の理念：その特徴と近現代における問題化」『北東アジア研究』別冊第3号（2017年9月）

から徐々に地方、少数民族の地域、それから、その一番外側に朝貢と互市、すなわち公式の貿易と民間の貿易というのが位置づけられているということです。

　朝貢というのは、「東南の弦月」と言われるように、東シナ海、南シナ海の国々、地域、さらにヨーロッパも含んで、それらを対象としたものになっていました。さらに貢物を持ってきて儀礼をおこなうという意味で、政治と経済、外交と貿易を一体化させるベクトルでの関係でした。

　それに対して、清朝が江蘇、浙江、福建、広東の沿海四省の要所に四つの海関（税関）を設けて、そこでおこなうことを許した互市というのは、むしろ政治と経済の相互を乖離させる方向のベクトルであったというふうに捉えることができます。

(2) 政経の一体化と隔離

　この互市というシステムの出自を考えてみると、政治と経済を乖離させるような仕組みをつくろうという契機は、17世紀の対ロシアとの関係に遡ることができます。「一帯一路」のシルクロード経済ベルト（図1）のところでも、ロシアを通っていくルートがありましたけれども、歴史的にも重

要なルートでした。対ロシアとの国境線での関係のあり方、そこでの民間
商人と貿易をどういうふうに管理するのか、あるいは、もっと直接的に、
国境線をどういうふうに考えるのかというのは、既にこの時代から重要な
問題となっていました。先ほどの鄭成功を平定したのと近い時代、17世
紀の末にネルチンスク条約がロシアとの間で結ばれました。これは清朝が
比較的、近代に近いような意味で国境線を確定した最初の条約であるとい
うような捉え方もされています。しかし、当時、国内向けにはこの条約を
朝貢関係の枠組みとして処理していました。

　相手国と清朝との間で貿易システムに関する解釈が異なるにもかかわら
ず、実際には双方の商人による交易がおこなわれるという状況が続く中で、
1693年にロシアからの使節を迎えて、その親書を読んだ康熙帝は、ロシア
も含めて、「諸国が朝貢してくることは、中国にとって輝かしく誇るべき
ことではあるけれども、このような制度を続けていれば、将来それが紛争
の種になるであろう」というふうに危惧を表明しました。外交と経済を関
連づけ続けることへの危惧は、その後も受け継がれることとなります。結
局、清朝は、雍正帝の下で、1727年にロシア領シベリアと外モンゴルとの
国境上の町キャフタの名を冠したキャフタ条約を結び、国境地帯の通商に
ついては互市によって処理するということとします。

(3) 互市による貿易管理システム

　互市とは、もともとは15世紀の初頭、中国側に帰順したモンゴル族に
認められた、馬などを辺境で交易することを許すという仕組みでした。互
市の始まりは、陸のシルクロードにあったことが指摘できます。清朝があ
る地点を選び、そこで互市を行ってよいとします。その選ばれた地点を観
察すると、当時、北京から見たときに、非常に遠い、まさに辺境にあった
ことが分かります。キャフタも国境沿いですし、沿海で対外貿易をおこな
っていたところは、有名な広州をはじめとして、寧波とか福州とか、皆、
遠く東南部に位置します（図3参照）。今でこそ、沿海部は発達した経済
の中心ですが、当時は、交易を地理的に非常に遠いところまで遠ざけて、
権威や儀礼に伴う衝突はなるべく回避し、なおかつ、経済上必要な交易は、
その辺境で管理する事務として処理していくという仕組みをつくり出して

図3 清朝の版図

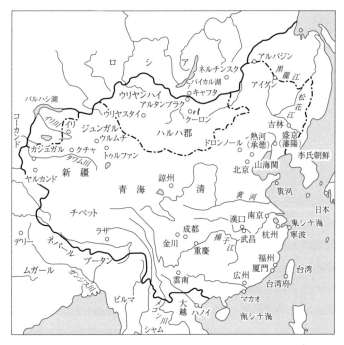

出典：石橋崇雄『大清帝国』（講談社、2000 年）

いたのです。

　交易には課税がなされました。有名な広東十三行などは、「西洋人と取引をしてよい」というライセンスをもらった特権商人たちで、その代わりに、交易の過程で必ず税を取って、それを納めるということになっていました。端的に言うと、清朝による貿易管理というのは、この請負徴税に限定されていました。例えば、公定価格であるとか、割り当てであるとか、そうした管理や統制はありませんでした。あるいはもっと積極的に、例えば重商主義といったような形で、同時代の西欧のように、国家が主導して外に出ていくということはなかったですし、そもそもそうしたアイディア自体がありませんでした。

4 ポスト中華帝国の対外経済関係

(1) 国家からの視点

　数百年にわたる海上のシルクロードの交易のあり方、交易のアクター、それらと中華帝国も含めた地域の政治権力との関係のあり方について見てきました。それを踏まえた上で、最後にポスト中華帝国の対外経済関係というのを見ておきたいと思います。

　先ほど自己紹介のときに申し上げました、私が研究しているアヘン戦争以降から中華人民共和国成立までの時代は、中国政府の公式見解では「百年の恥辱」と言われるような時代です。中国は相次いで、アヘン戦争以降、不平等条約を結んで、非常に政治的、経済的に不当に不利な状況に置かれることになったことが強調されます。こうした言説というのは当然、中華人民共和国の成り立ちとして、その前の政権、すなわち中華民国政府の失政を正すべく革命が起こって、中国共産党により一党独裁の政治体制が確立されたとして、正当性を主張するものとなります。では、実際に、清朝の末期から中華民国期の対外経済関係というのはどういうものだったのでしょうか。

　まず、政府から見たときに、この百年は確かにとても大変であったということは言えます。当時、中華帝国のアイディアの中には、国民のために税金を取って、それで公的なサービスを提供するといったような考え方もありませんし、そうしたシステムもないわけです。どうやって税を取るかといっても、特に太平天国の乱以降、主要な財源としての土地税をなかなか安定して取れなくなったこともあり、近代的な徴税システムを構築するのには大きな困難を伴いました。例えば、お雇い外国人が対外貿易の徴税をおこなう海関を管轄して、それが中央政府の非常に大きな財源になり、更に外国への賠償金支払いに寄与するというような、いわゆる、体面と実利が乖離するような事態も見られました。また、賠償金だけではなく外国から借款もしているというときに、国際通貨システムの中で中国だけは銀本位制であったため、当時、国際銀価格が下落したのに伴って、中国元の対外為替レートも大きく下がると、国家にとっては、金本位通貨建てでの

債務は大きな負担増となりました。

(2) 民間からの視点

そうした国家の視点を離れて、民間の方から考えてみるとどうでしょうか。先ほどから、開港前から貿易でも、あるいは人の移動の面でも、民間の商人あるいは移民というのが重要なアクターであったと指摘しましたが、19世紀半ばの開港というのは、彼らにとっても一種のチャンスでした。特に中国だけではなくて、例えば日本も開港しますし、シンガポールあるいは香港といったイギリスの自由貿易港も大きく開かれていくわけです。19世紀半ばの自由貿易と、技術の革新に伴い移動や流通が容易になるということを、ビジネスの拡大や生活条件の向上に結び付ける人々も出現しました。外に出ていくビジネスマンや商人もいますし、あるいは初めは労働者として出ていく人も多数います。彼らが家に送ったお金、すなわち、華僑送金は、一人ひとりの額は少額でも、全体として、この時代の大きな貿易外収支の収入源になりました。国外に出ていった華僑の中で非常に成功した人が、海外で華僑のコミュニティを広げ、故郷と移民先をつないで活躍するというケースも多数見られます。また、開港場やその中の外国租界は不平等条約の象徴とされますけれども、実際には、租界における法制度による所有権の保護といった、当初は外国人に許された特権を、中国人が外国人と協働してビジネスに利用するといったこともありました。

(3) 国家へのアンカーとしての対外経済関係

19世紀半ば以降、民間の商人・企業家・労働者が主体となって加速した中国の対外経済関係とその重要性を、当時の政治家や官僚たちは、認識していたと考えられます。例えば、私が研究している1930年代の中国政府の官僚たちは、国内外で中国元と外国通貨との取引に携わる人々や金融機関の、中国元に対する信頼を保つためには、中国の金融市場の対外開放性と通貨の安定性を守ることが極めて重要であると考えていました。その為には、紙幣を無制限に増刷する、或いは過度の借り入れをおこなうといった放漫な財政政策は、たとえ、対日関係での軍事費といった必要があるとしても、慎むべきであるとされていたのです。対外経済関係は、国家の政

策形成における裁量を制限する、アンカーとなっていたと指摘できます。

おわりに

　最後に、今回お話ししたことを、この連続講義の依頼を受けたときにオーガナイザーの先生方から挙げていただいた、四つのポイントに沿ってまとめておきたいと思います。

　一つは、「言説と実態」というポイントです。それは、今お話ししてきましたように、初めに読んだような政策の歴史的正当性をめぐる言説と、過去の実態の間には、ずれがあるのではないかということが言えます。

　そのずれとも関係しますが、第二のポイントとして「過大評価と過小評価」といった対比で考えると、歴史的な国家のイニシアチブというのは恐らく過大評価で、同時に民間のアクターの重要性が相対的に過小評価されているように思います。

　国家と民間といった対比を、第三のポイントである「連続性と断絶性」という時間軸との関係で考えると、まず、中国経済は長期にわたって継続的に開放的であったという連続性を指摘できます。現代中国経済のターニングポイントとなる 1978 年に始まる改革開放政策は、1950 年代からの 30 年弱の対外的に閉じた中国経済からの変革です。数百年間のスパンで中国経済の展開を見るならば、この 1950 年代から 70 年代ははごく短期の特異な時期であったことが分かります。また、歴史的に開かれた中国経済では、民間の商人あるいは労働者が、海でも陸でも主要なアクターでした。そうした連続性に着目するならば、現在「一帯一路」戦略で国家が主導して、海外に出ていく、というのは、実は歴史的に非常に新しい現象、すなわち断絶であるとも捉えることができます。

　最後に、こうした状況は、第四のポイントである「国際性と国内性」という二つの側面からは、どのように考えられるでしょうか。メディアなどでの「一帯一路」に関する報道では、中国が国外へ投資や開発を通じて進出するときに予想される、相手国・地域への中国の影響力の拡大や、その結果としての地政学上の変化を、中国の膨張、といった用語を使って強調することが多いように思います。経済と外交・安全保障が交差する「一帯

一路」政策の、中国から海外へという動向に焦点を当てた、観察と解釈と捉えられます。そうした、対象となる国や地域への影響と並んで注目されるのが、中国政府が対外経済関係に主体的に関与することが、国内の政治経済に与える影響です。発展途上国や政情不安を抱える国々の経済に関与することに伴う直接的なリスクのみならず、経済発展戦略に紐づけられた政策の影響が、中央政府だけではなく、関係する地方政府や国営・民間企業を通じて、社会経済全体に増幅した作用を及ぼすことも考えられます。対外経済関係を政治外交化することは、国内政治が国際経済の影響を受けることにもつながります。このように、国家が媒介となって、政治経済の国際性と国内性を連関させるのは、中国社会においては歴史的に新たな実験であることからも、「一帯一路」は、現代中国を展望する上で、重要な意味を持っているのです。

Q&A　講義後の質疑応答

Q：日本が「一帯一路」にもし組み込まれるとしたら、そのときのリスクというのは何でしょうか。

A：「日本が」と言ったときに、日本の何なのか、「中国が」と言ったときに、相手方は何なのか、日本の政府がどれだけどういう形でコミットするのかなどを、具体的に考えることが必要かもしれないですね。企業が自己責任というか、それこそ日本のインフラとか、建設業とか、そういうところで、何かリスクをとっても出ていきたいという判断もあるかもしれません。主語が何なのかということも考えてもらいたいということも含めて、大きなくくりになりますが、国家と民間という対比をとってみました。安倍首相の訪中直後ですが、「一帯一路」という言葉を使うと、その中身が結構分からないので、人によっては軍事的な構想も含まれているのではないか、安全保障上の懸念があるということで、日本政府としては「一帯一路」に協力するという文言は使わず、日本と中国の企業が第三国で協力することを支援します、という建前になっているそうです。

Q：明のころまで中国は世界の中でも超先進国ですよね。なぜそれが清の末期になって、アヘン戦争で負けたのか、何か技術的な停滞が起こってしまったのかも含めて、関心があります。

A：アヘン戦争で負けたというのは、それは一つには軍事的な技術の問題ですね。産業革命が進みつつあった西洋の技術と中国の技術、軍事技術の問題というふうに捉えられると思います。より広く、中国史の中では、明よりも前の宋代が、技術的なイノベーションのレベルとしては、頂点であったのではないかと言われています。それ以後、どうして中国が停滞してしまったのかということは、それは今でも大きな謎というか、まだ決着がつかない問題となっています。

　例えば、知的所有権の問題、つまり、イノベーションをした人にその果実が戻ってくるような知的所有権の発達が弱かったのではないかという話もあります。あるいは、ご存じのように、中華帝国は巨大な官僚制度に支えられていましたが、そこでの教育、選抜システムというのは科挙と呼ばれる大規模な試験でした。その内容というのは、国のイデオロギーであった儒教の経典を中心に覚える、あるいはそれで作文をするというようなことで、統治のイデオロギーと結びついた教育が、必ずしも近代的な技術革新に結びつくような知識や発見を促すものではなかったという指摘もあります。

　いろいろな説があって、それは中国と西洋を比べて、中国にはこれがなかったからだめだったという議論をする人もいるし、逆に西洋にはこれがあったからイノベーションが起こったのだという人もいるなど、いろいろな議論の立て方があります。特に中国の技術的停滞の問題として有名なのは、ジョゼフ・ニーダムというイギリスの有名な科学史の研究者がいて、彼がどうして中国のイノベーション、科学的な進歩が宋代を頂点として止まってしまったのかという問いを立てて、非常に大きな研究プロジェクトをおこないました。彼の問題提起は「ニーダム・クエスチョン」と呼ばれ、現在に至るまで探求が続いています。中でも中国の科学史、もっと大きく思想史まで含むような形で、ケンブリッジ大学のニーダム・インスティテュートというところでいまもたくさん研究がおこなわれています。興味があれば、ニーダ

ム・クエスチョン、ニーダム・インスティテュートについてぜひ調べ
てみてください。

※おすすめの本

羽田正編・小島毅監修『東アジア海域に漕ぎだす 1　海から見た歴史』（東
　京大学出版会、2013 年）

岸本美緒『中国の歴史』（ちくま学芸文庫、2015 年）

リチャード・フォン・グラン『中国経済史──古代から 19 世紀まで』（み
　すず書房、2019 年）

中国の台頭と世界経済の変容

丸川知雄

丸川知雄（まるかわ　ともお）
東京大学社会科学研究所教授。東京大学経済学部卒業、
アジア経済研究所入所。東京大学社会科学研究所助教授
を経て、現職。
主著に『現代中国の産業　勃興する中国企業の強さと脆
さ』（中公新書、）。『「中国なし」で生活できるか　貿易
から読み解く日中関係の真実』（PHP 研究所）『チャイニ
ーズ・ドリーム　大衆資本主義が世界を変える』（ちく
ま新書）『現代中国経済』（有斐閣）他多数。

はじめに

　2017 年にトランプ氏がアメリカの大統領に就任しましたけど、2018 年になって中国への経済的な攻撃を始めました。まず、通商拡大法 232 条を発動して、安全保障を口実として、鉄鋼とアルミの輸入に課税をしました。これは中国だけを対象としたものではありませんが、中国は小規模な報復をしました。

　次に、中興通訊という中国の通信機器メーカーがアメリカ企業と取引するのを禁止しました。この措置は大変効き目があり、中興通訊はスマホの基幹 IC が入手できなくなって潰れそうになりました。2018 年 6 月に中国の副首相が禁輸の撤廃を求めて交渉し、中興通訊は結局罰金に減刑されて何とか命拾いをしました。

　これでアメリカと中国の貿易戦争は回避されるかと思ったら、7 月 6 日にアメリカが通商法 301 条を発動し、中国がアメリカの知的財産権を侵害していることに対する報復として、アメリカの中国から輸入 340 億ドル分に対して 25% の税金を課すという措置を講じました。これに対しては中国も即日報復し、同じ額のアメリカからの輸入に課税しましたので、トランプは 8 月下旬に第 2 弾、9 月に第 3 弾と課税対象を広げ、ついには 2500 億ドル分の中国からの輸入に対して 25% の関税を上乗せするという大変なことになってしまいました。

　通商法 301 条は 1980 年代〜 90 年代にアメリカが日本に対する貿易戦争のなかでさんざん使った法律です。実際に日本に対して課税したのは 1 回だけで、それも数億ドルの規模です。それ以外は、アメリカが通商法 301 条を発動するぞと脅して、その都度日本が妥協することで課税が回避されるということが通例でした。いま起きている米中の貿易戦争はかつての日米貿易摩擦と似ているところがありますが、課税の規模が 3 桁も違います。

　こうしたアメリカと中国の衝突は不可避なんだという議論があります。アメリカの国際政治学者のアリソン教授が、古代ギリシャ時代から 20 世紀まで、覇権国に対して第 2 位の国が激しくキャッチアップしたケースを分析して、75% の確率で戦争になっているという議論をしていまして、そ

れを「トゥキディデスの罠」と呼んでいます。でも米中が貿易であれ武力であれ戦争になることは両国と関係の深い日本にとって大変困ったことです。日本が間に入って漁夫の利を得るという展開にはなっておりません。皆さんとともに、どうすれば米中の衝突を緩和できるのか考えていきたいと思います。

1　中国経済の現段階

(1)　中国の経済規模はアメリカと肩を並べている

　中国経済の急速な規模拡大がアメリカにとって脅威となっていることは図1を見ると実感できます。この図はアメリカのGDPを100としたときに、世界で2番目の国がどれぐらいであったかを示しています。19世紀終わりごろにアメリカがイギリスを抜いて世界トップになりました。第二次世界大戦が終わった1945年にはアメリカは2位のイギリスの5倍近い圧倒的な経済力を持つようになり、戦後の世界経済はアメリカを中心として回ってきました。

　1970年代前半に日本が西ドイツを抜いて世界第2位の経済大国になり、80年代になると猛然とアメリカとの差を詰めていきます。この時期がまさに日米貿易摩擦がもっとも激しかった時期です。中国のGDPは1990年の時点ではアメリカの6％、日本の8分の1にすぎなかったのですが、今世紀に入って急に伸びてきて、2018年には日本の2.7倍、アメリカの66％になりました。

　日本はピーク時にはアメリカの71％にまでなっていますが、振り返ってみればこれは円高が作り出した幻影にすぎませんでした。一方、中国の台頭はもっとリアルです。中国の経済規模は図1が示すよりも本当はもっと大きく、すでにアメリカを上回っている可能性もあります。

　これは私が勝手にそう言っているんじゃなくて国際通貨基金（IMF）や世界銀行もそう見ています。これらでは「購買力平価」で換算したGDPを計算しています。現在の中国の人民元と米ドルの為替レートは1ドル＝6.9元ぐらいですが、このレートだと中国の物が何でも安い感じがします。そこで両国でちょうど同じぐらいの物やサービスが買える為替レートがど

図1 世界第2位国のGDP（アメリカのGDPを100%とする）

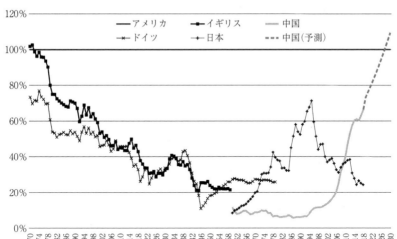

出所：World Bank, World Development Indicators, Angus Maddison, Historical Statistics of the World
　Economy:1-2008AD

　れぐらいかを計算します。世界銀行の計算では1ドル＝3.7元ぐらいとな
ります。これで米中のGDPを計算しなおすと、2018年時点で中国はアメ
リカよりすでに2割以上GDPが大きいということになります。

　他の国にとってもっと気になることは、計算上どちらの経済規模が大き
いかということよりも、どちらが貿易相手としてより重要かということで
しょう。2018年の中国の貿易額はアメリカより8%多く、貿易から見ても
中国はすでにアメリカを上回る存在感を示しています。国ごとに中国との
貿易とアメリカとの貿易とどちらが多いかを比べてみると、データが得ら
れる世界195カ国・地域のうち、136カ国・地域で中国との貿易の方が多
いという結果になりました。いろいろ見てくると中国の経済規模は現状で
すでにアメリカと肩を並べていると結論してよさそうです。

(2) 1990年の時点で止まっている日本人の世界経済観

　世界経済が大きく変化しているのに対して、日本人の世界に対する見方
がそれについていけていません。日本のマスメディアで記事を書いている
私と同世代や上の世代の人たちは日本経済が繁栄のピークにあった1990年

ぐらいのイメージが頭の中にこびりついています。そのため「G7」という
と反射的に「主要先進7カ国」という言葉が続いて出てきます。1990年時
点ではG7（アメリカ、日本、イギリス、フランス、ドイツ、イタリア、カナ
ダ）で世界のGDPの3分の2を占めていました。そこで世界経済の主要
課題を話し合う意味がありました。でも今やG7のGDPは世界の半分を
切っています。2019年6月末に大阪で開かれたG20のような場がより重
要になってくるはずです。1990年時点では中国の経済規模はとても小さか
ったので、そのイメージで今の米中貿易戦争を見ると、巨大なアメリカに
にらまれた中国はひとたまりもないと考えがちです。

　我々は過去のイメージに縛られるのではなく、むしろ将来を予測して行
動する必要があります。私は2030年までには中国のGDPがアメリカを抜
いているだろうと予想しております。また、その時点ではインドのGDP
も日本と同じぐらいになっているはずです。一方、G7は世界のGDPの3
分の1程度を占めるにすぎなくなります。

　世界経済の構造に関する認識も変えていかなきゃなりません。中国は確
かに経済規模は大きいけれど、安い労働力を使って安価なものを作って先
進国に輸出しているだけだ、というイメージがあります。中国は「世界の
工場」といわれるけれど、世界の下請工場にすぎない面が確かにあります。
重要な部品、例えば先ほど出てきたスマホのICなどはアメリカや日本か
ら輸入して中国は製品を組み立てて先進国に輸出している、というイメー
ジがあります。こうしたイメージは今でも間違っていないと思うんですけ
ど、ただ、もはや中国はそれだけじゃないということを強調したいですね。

　輸出先をみると2000年の時点では中国の輸出の半分以上がG7に向かっ
ていました。しかし、2015年にはG7への輸出割合は40%に下がってきて
います。一方、この間に輸出割合が20%から43%に増えているのが、私
がざっくり新興国と呼ぶ地域です。ここでは日本と香港を除くアジア、ア
フリカ、中南米、中東、ロシア・東欧、オセアニアを指します。中国の輸
出先は先進国（日本、北米、西欧、香港）から新興国に比重を移し、後者の
方が重要になりました。中国の輸入先も先進国の割合は2000年から2015
年の間に41%から30%へ下がり、新興国の割合が50%から63%に上が
ってきています。今後、世界経済のなかで新興国の比重が高くなっている

なか、中国が経済的な関係を深めているのも新興国です。そうした中国と新興国の間の関係は日本からだとなかなか見えにくいのですが、ボーっとしていると日本人が世界の動きから取り残される恐れがあります。

2　製品の輸出国から資本輸出国へ

(1) 発展途上国段階：1993年以前

　1980年代の中国はいちおう一通りの工業はあるけれど、どれも生産性が低くて、輸出できるものといえば石油、石炭、綿布ぐらいでした。一方、テレビや自動車、鉄鋼に化学肥料と、輸入したいものはいっぱいありましたので、どうしても貿易赤字になってしまいます。貿易赤字になるのは発展途上国では割と一般的な現象です。輸入しなければならないものはいっぱいあるのに輸出で稼げる外貨には限りがあるので貿易赤字になる。一時しのぎで外国から借金しますが、それが返せなくなって国が破産します。そういうこともかなりよく起こることです。

　中国も1993年まではたびたび貿易赤字になったわけですが、幸いにして破産したことはありません。1993年には貿易赤字でしたが、それを上回って余りあるぐらい外国からの直接投資が入ってきました。直接投資というのは外国の企業が中国で事業を行うためにお金を持ってくることです。借金みたいに返さなくてもいいので、途上国にとっては有難いことです。但し、外国企業に投資してもらうためには外国企業が儲かるような環境がなければならない。中国の場合、人口の多さからくる国内市場の潜在力、そして安くて豊富な労働力が外国企業にとっての魅力でした。

(2) 「新興工業国」段階：1994〜2011年

　1994年から中国は国際収支の構造から言って新たな段階に入ります。それを私は「新興工業国」段階と呼んでいます。1994年以降、中国は輸出が輸入を大きく上回ることが続き、毎年貿易黒字です。一方、外国企業の直接投資も相変わらずどんどん入ってきました。中国国民の所得が上がって国内市場の魅力が増す一方、安くて豊富な労働力を使って輸出向けの製品を作る拠点としても評価が高まり、外国の企業が次々と工場を設立しま

した。中国が「新興工業国」として世界の工場へ邁進していった時期です。

　貿易も黒字、外国直接投資も一方的に入ってくる、ということは中国に外国のお金がどんどん入ってくることになります。中国に入ってきた外国のお金は銀行で中国の人民元と交換されます。そうすると外貨の売り、人民元の買いが多くなり、人民元の為替レートが上昇します。中国政府としては輸出に有利な状態を保ちたいので為替レートが上がらないように、一生懸命に市場で外貨を買い入れます。買い入れた外貨は中央銀行の外貨準備となって、国家の外貨預金となります。こうして 1993 年には 212 億ドルだった外貨準備は 2001 年には 2122 億ドルに増え、2011 年には 3 兆1811 億ドルと、空前の規模になりました。

(3)「先進工業国」段階：2012 年〜

　2012 年から中国経済はさらに新たな段階に入ります。外貨準備があまりに多く積みあがったので、もっと積極的に外貨を使う方針に転換しました。中国から海外へ旅行に行く人がこのあたりからぐんぐん増えていきました。数年前に日本で「爆買い」が流行語になりましたけど、あの後も訪日旅行客は増え続けています。アフリカ大陸の南端の喜望峰においてさえ、中国人観光客が 6、7 割という感じでした。海外旅行が増えると国際収支表の上ではサービス収支の赤字が増えます。

　外国からの直接投資は引き続き入ってきていますけど、年によってはそれを上回るぐらい中国企業の対外投資が増えました。さらに、投機的な思惑で出入りする資金も増えました。外国に資本を輸出するのは先進国の特徴ですが、中国は国際収支の構造からみる限り 2012 年以降は先進国のような構造になっています。私はこれを、製品の輸出で稼いだ外貨を対外投資や海外旅行のために海外で使う「先進工業国」段階と名づけました。これは東日本大震災以前の日本の国際収支の構造と似ています。

　ただし、通貨の世界では中国はまだ先進国とは言えません。世界で通用する通貨といえば第一に米ドルで、ユーロ、ポンド、円がそれに続きますが、中国のお金である人民元はまだ中国国内でしか使えません。人民元はまだ国際通貨とは言えません。

3 「一帯一路」への期待と疑念

(1)「一帯一路」の意義

　「一帯一路」とは、いにしえの海と陸のシルクロードを現代的なインフ
ラで復活させようと 2013 年から中国が提唱している一大プロジェクトで
す。中国が「一帯一路」を言い出したタイミングがちょうど前節でみた国
際収支における先進工業国段階入りとほぼ同時であることは偶然ではあり
ません。中国がため込んだ外貨を他の途上国の発展のために積極的に使っ
ていこう、世界一の貿易大国としての責任を果たしていこう、という意思
を示したものだと思います。

　中国の一人当たり GDP は 2018 年には 9770 ドルになりましたが、アメリ
カの 6.3 万ドル、日本の 3.9 万ドルとの間にはまだ差があります。これが
1 万 2500 ドルを超えると高所得国の仲間入りということになりますが、現
状ではまだ中所得国ということになります。しかし、これに 14 億人近い
人口をかけますと、非常に大きな経済規模になります。これが人口 4000
万人ぐらいの国であれば自国の発展に意識を集中していても誰も文句を言
いませんが、中国はいわば人間でいえばまだ 14 歳ぐらいなんだけど、体
重が 300 キロになったようなもので、子どもなのに大人の振る舞いを求め
られます。

　世界で最も大人の振る舞いを求められるはずのアメリカが、トランプ大
統領のもとでまるで 3 歳児みたいに自国中心主義を打ち出してしまったの
で、なおさら中国への期待が高まるわけです。

　さて、「一帯一路」というのは本来はヨーロッパと中国とを 2 本のルー
トを結ぶということだったと思うのですが、実はヨーロッパと中国の貿易
におけるつながりはそれほど強いわけではありません。中国から輸入する
割合が高いのは近隣地域、すなわちモンゴル、ロシア、中央アジア、日本、
韓国、北朝鮮、東南アジアなどで、アフリカにも中国の割合が高い国が散
見されます。また、中国へ輸出する割合が高いのは、近隣ではモンゴルや
トルクメニスタン、アフリカではアンゴラ、コンゴ共和国、コンゴ民主共
和国、スーダン、シエラレオネなど、他にはオーストラリア、ペルー、チ

リ、ミャンマーなど世界中にあります。中国への貿易依存度が高いこれら
の国々に対して、中国が経済発展を手助けすることは、中国にとって市場
や資源の確保に役立つ可能性があります。

　例えば中国への資源輸出が多い国において、港湾や港に向かう鉄道を整
備することはその国の発展を促進するだけでなく、中国への資源輸出を
よりスムーズにすることにもつながります。こうして「一帯一路」は、ヨー
ロッパと中国をもっとつなげることよりも、中国との貿易関係が深く、中
国経済の影響を受けやすい国に対して、港や道路などのインフラの整備を
支援して相互の発展に寄与しましょう、という方向に軌道修正していると
思います。「一帯一路」の英訳も当初は "One Belt, One Road" だったの
が、最近では "Belt and Road Initiative" に変わってきているのもそうし
た軌道修正の反映だと思います。

(2) 疑念

　「一帯一路」に対してはいろんな批判もあります。よくある批判が、中
国が途上国を「債務の罠」にはめているというものです。スリランカがハ
ンバントタ港を中国から借金して造ったけど、借金が返せなくなったら、
港が中国の手に渡ってしまったと報道されています。実際のところ、港の
行政管理を担っているのはスリランカ政府が過半数を保有する合弁会社で
すし、港を運営する中国企業は近くに工業団地を造成してなんとか港の経
営を軌道に乗せようとしていますが、報道ではそういう細部はすっ飛ばさ
れて、あたかも中国が港を軍事利用するために罠を仕組んだかのように喧
伝されています。

　2018年10月にブラジルで大統領選挙があり、「ブラジルのトランプ」と
も称されるジャイール・ボウソナロが選出されました。ブラジルにはもと
もと左派のルーラ大統領時代に中国との関係を深め、BRICS（ブラジル、
ロシア、インド、中国、南アフリカ）で協力を強めていこうという流れにな
っていたのが、ルーラとその後継者のジウマ大統領が汚職で訴追されてし
まいました。ボウソナロは選挙期間中は反中国・親台湾の姿勢を鮮明にし、
「中国はブラジルを買おうとしている」と訴えていたそうです。ブラジル
は別に中国と領土紛争なんかあるわけもないし、なぜそんな遠い国で中国

への反感が出てくるのかよくわかりません。ブラジルからみると、日本とは 1960 年代から鉄鉱石の輸出や製鉄所への投資など様々なつき合いがあるのだけど、中国は近年ルーラ大統領とつるんで前のめりでブラジルへの関与を深めてきたのでかえって反発を買ったという側面があると思います。

中国はまだ自分は先進国ではないとみているので、対外投資に際してはビジネスを重視して利息はきちんととるし、インフラの建設工事も中国企業に受注させようと躍起になってきたようです。その結果、中国のせいで対外債務が増えたとか、インフラを作ったが現地の雇用促進には貢献していない、といった不満が世界各地で聞かれるようになりました。営利を追求する対外投融資と政府の援助とを腑分けし、経済基盤の弱いスリランカのような国では相手国の発展を総合的に考えるべきでしょう。

4　中国との貿易拡大が新興国に与えるインパクト

(1) 中国への輸出依存度が高い国々

中国が世界最大の貿易大国になったことで相手国に与える影響は非常に巨大なものがあります。その一例として鉄鉱石の貿易について述べます。中国はいま世界の鉄鋼生産の半分を占めています。世界の鉄鋼生産は 16 億トンですが、中国は 8 億トン以上作っています。

鉄の主たる原料といえば鉄鉱石と石炭です。もともとはどちらも中国国内の資源を掘って使っていたのですが、国内だけでは足りなくなりました。とりわけ、鉄鉱石は海外産の方が品位が高いので、世界中から鉄鉱石を爆買いするようになりました。その結果、世界の鉄鉱石の値段が 2005 年から 2011 年の間に 6 倍にはね上がってしまいました。

2012 年以降は中国の鉄鋼生産は 8 億トンあたりで頭打ちになりましたが、海外の方は中国がいっぱい買ってくれるというので鉱山の設備を整備したところ、中国の成長の勢いが鈍ったので、今度は鉄鉱石の値段が 8 割も下落しました。

中国側としては鉄鋼の過剰生産が懸念されたので、2015 年からは製鉄所の過剰生産設備の整理に乗り出しました。これは中国にとってはくしゃみ程度のことでしたが、鉄鉱石輸出国にとっては鉄鉱石価格が暴落して大打

表1　対中国輸出に対する依存度が高い国・地域

	総輸出に占める対中国輸出の割合					もっとも重要な輸出品	対中輸出に最重要品目が占める割合	他の主要輸出品
	2000	2005	2010	2015	2017			
北朝鮮	3.1%	35.5%	55.6%	82.2%	91.2%	石炭	23.7%	衣服
モンゴル	49.0%	51.3%	84.9%	83.5%	85.0%	銅鉱石	49.2%	
トルクメニスタン	0.2%	0.4%	22.4%	57.7%	82.7%	天然ガス	59.2%	
ソロモン諸島	12.8%	44.8%	64.3%	63.5%	65.9%	木材	86.9%	
香港特別行政区	34.5%	44.6%	52.5%	56.3%	54.1%	半導体・真空管	37.8%	
エリトリア	0.4%	1.6%	6.7%	32.0%	47.6%	野菜	28.7%	卑金属鉱石
アンゴラ	23.4%	35.3%	39.8%	43.2%	46.2%	原油	99.7%	
コンゴ共和国	10.3%	36.9%	24.7%	33.0%	43.0%	原油	91.5%	
コンゴ民主共和国	0.1%	11.4%	43.0%	39.3%	42.9%	非鉄卑金属	57.4%	
オマーン	30.5%	25.5%	29.3%	46.0%	40.6%	原油	87.2%	
スーダン	35.7%	59.5%	66.1%	35.7%	39.6%	原油	93.4%	
ガンビア	0.0%	0.5%	13.0%	32.0%	39.1%	木材	94.0%	
ミャンマー	6.3%	6.9%	5.5%	39.6%	38.9%	天然ガス	24.2%	砂糖
シエラレオネ	0.0%	0.9%	2.6%	22.7%	34.5%	鉄鉱石	72.4%	
ギニア	2.1%	0.2%	2.0%	1.5%	31.3%	アルミ鉱石	60.8%	
モーリタニア	0.8%	0.4%	39.7%	33.1%	31.3%	鉄鉱石	60.2%	
イラン	6.3%	12.2%	18.7%	30.3%	31.0%	原油	63.2%	
オーストラリア	5.4%	11.6%	25.3%	32.5%	29.6%	鉄鉱石	58.5%	
ラオス	1.8%	4.3%	27.3%	33.6%	29.5%	銅鉱石	35.6%	
ニューカレドニア	0.1%	6.4%	3.7%	32.7%	28.8%	銑鉄	63.6%	

出所：UNCTAD Stat, UN Comtrade

撃でした。

　アフリカのシエラレオネは輸出できるものが鉄鉱石以外にはあまりなく、中国への依存度も高かったのです。中国への鉄鉱石輸出額が減り、しかもエボラ出血熱の流行もあり、2015年のシエラレオネの経済成長率はマイナス20%になってしまいました。

　ブラジルも2015年、16年はマイナス成長になってしまいました。ブラジルではこれは鉄鉱石の輸出が鈍ったからではなくてもっぱら汚職問題に起因する内政の混乱のせいだといわれていますが、中国も多少は足を引っ張ったのではないかと思います。

　このように中国への輸出依存度が高く、中国経済の動きに強く影響される国が世界中で増えています。表1では2017年のその国の総輸出のうち中国向け輸出の割合が高かった上位20カ国・地域を並べてみました。ここに挙がっている国々の多くは貿易統計を自国ではまともに作っていない

ので、国連貿易開発会議（UNCTAD）の推計を使っています。また、中国にどのような品目を輸出しているかは、中国側の輸入統計からみています。

北朝鮮やモンゴルは隣国ですから中国への輸出比率が8〜9割にも及んでいます。トルクメニスタンは中国と隣接していませんが、パイプラインで中国とつながったことで天然ガスを中国に大量に輸出し始めたことが読み取れます。トルクメニスタンから中国への輸出の59％が天然ガスです。中国がトルクメニスタンからの天然ガス輸入をやめるとか言い出したら、大変なことになることがよくわかります。表1の「対中輸出に最重要品目が占める割合」の数値を見ますと、ここに挙げた国の多くが天然ガス、木材、原油、鉄鉱石といった特定の一次産品の輸出に特化しており、輸出先も中国に偏っていることがわかります。こういう国は、中国の景気がよくて一次産品の価格が上がっている間はハッピーですが、中国経済の成長が鈍化して一次産品の価格が下がるとあおりを食って経済が落ち込んでしまいます。

ブラジルはこの表には出てきませんが、ブラジルにとっても最大の輸出相手国は中国で、中国向け輸出の割合が22％。中国向け輸出のうち43％は油糧種子、すなわち大豆が占めています。大豆は中国で運ばれて絞られ、食用油を採るとともに、油かすは豚の飼料になります。

(2) 中国の輸出が各国に与えるインパクト

中国の輸出の93％は工業製品で、これは相手国の工業に対してさまざまな影響を与えます。特に中国と似たような発展レベルにある国、例えば南アフリカの場合、いろんな分野で中国製品との競合関係が出てきます。南アフリカはアフリカ大陸の中では飛び抜けて発展した工業国なのですが、家具、衣服、靴といった日用品では中国製品に勝てず、自国の製造業の衰退が起きています。

他方で、ブラジルや南アフリカのように鉄鉱石や金といった天然資源も豊富な国や農業が盛んな国は、鉄鉱石や大豆といった一次産品を中国がどんどん輸入するので潤っている面もあります。するとそれらの国々では一次産品産業ばかりが成長し、そのあおりを食って工業が相対的に競争力を失います。

(3)「中心・周辺構造」の再現

　こうしてブラジル、南アフリカ、インドネシア、タイといった、工業も発展しているが一次産品も豊富な国々が、中国との貿易関係の深まりとともに、中国への一次産品輸出を増やす一方で、工業は中国からの工業製品輸入が増えて相対的に衰退していくという現象が起きています。つまり、これらの国々はせっかく工業が発展してきたのに、かえって一次産品輸出国のほうへ押し戻されています。

　こうした構造は第二次世界大戦後の早い時期に国連で活躍したラウル・プレビッシュという人が指摘した「中心・周辺構造」を彷彿とさせます。プレビッシュは世界経済には中心と周辺があると指摘しました。中心とは工業が発展した国々のことで、当時はもっぱら欧米に工業が集中していました。周辺とはラテンアメリカやアフリカのような途上国地域を指し、これらは欧米に鉄鉱石や綿花や羊毛といった一次産品を輸出している。プレビッシュは一次産品の値段は長い目で見れば相対的に下がっていくので周辺であることは不利だといい、途上国を工業化することを提唱しました。いま世界の製造業の中心を中国が担うようになり、私の言う新興国がその周辺という位置づけになっています。この構造は果たして両者にとって幸せかを考える必要があります。

おわりに

　最後に、今後の世界をより広い視野から展望したいと思います。先ほど指摘したように、2018年の中国の一人当たりGDPは9770ドルで、世界銀行のいう高所得国の仲間入りをするまであと数歩のところまで来ました。中国が高所得国になった時には中国の経済規模はアメリカを抜くはずです。ただ、その後中国が一強になるのは難しいんじゃないかと思います。なぜなら、中国の人口は2030年ぐらいがピークでその後は減っていきます。人口の高齢化も進みます。一方、アメリカは2050年まで人口がまだ増えていくようです。アメリカは広大な国土に恵まれ、世界中のいい人材を集めて、まだ成長できるのに対して、中国は人口密度が高過ぎるので、個々人の豊かさの追求には限度があると思います。つまり、中国がアメリカを抜くと

しても、その後差を広げるのではなく、2つの超大国が併存する状況がずっと続くと思います。

その2つの超大国がけんかをし続けるのは大変困った事態です。トランプ大統領が一番問題にしているのは貿易赤字ですが、それは中国のせいではなく、アメリカの財政赤字が問題の根源だと思うんですね。かつてアメリカは日本のせいだといって日本をさんざん叩いたけれど、結局日本を叩いても問題は解決せず、今度は中国を叩いている。

アメリカの財政赤字は2017年には6600億ドルで、それはくしくもアメリカの軍事支出とほぼ同じ額です。だから、もし本当に貿易赤字をなくしたいのであれば軍事支出をゼロにしたらすぐになくせます。なぜこんなに軍事支出をしているかといえば、アメリカが世界中に軍隊を展開しているからです。そうした世界的な戦力をアメリカ一国の税収で賄おうとするから無理が出てくるわけです。かつてはアメリカの経済力が突出していたから膨大な軍事支出も平気でしたが、アメリカ経済が相対的にだんだん縮まっているのに相変わらず世界中に軍隊を展開しているから無理が生じているわけです。米中の貿易不均衡問題の根源を煎じ詰めるとそこに行きつくのではないでしょうか。

ではどうしたらいいのか。アメリカが自分の経済力にふさわしいレベルにまで軍事力を減らし、中国が経済力にふさわしいレベルにまで軍事力を拡大すればいいのかというと、それではかえって世界が不安定化するように思います。軍備拡張競争に陥らないようにしつつ、アメリカの負担を減らす知恵が必要です。

いまの世界を江戸時代の日本になぞらえると、いまはアメリカ藩が自藩からの税収で世界の安全保障をしているという状況にあります。この前近代的な状況を脱却し、世界全体を近代化し、一藩の努力ではなくて世界全体で安全保障をするような方向に向かうべきだと思います。現に国連PKOというものがありますが、これを世界全体の安全を守る組織に発展させていくというのはどうでしょう。その運営経費は世界各国が経済規模に応じて負担する。あまりにも理想主義に聞こえるかもしれないけど、貿易、国際金融、地球環境問題ではすでに超国家的な枠組で世界を統治する方向に進んでいます。残念ながらそういう枠組をことごとく敵視している

のがトランプ政権ですが。

Q&A　講義後の質疑応答

Q：貿易赤字の大きな要因が財政赤字というのはどうしてですか？

A：一国の国内総生産（GDP）を分配面から見ますと、GDP＝消費＋貯蓄＋税金となります。一方、支出面から見ますと、GDP＝消費＋投資＋政府支出＋輸出－輸入、となります。この2つの式を整理しますと、貯蓄－投資＝政府支出－税金＋輸出－輸入、となります。貯蓄と投資の額が固定されているならば、財政赤字（＝政府支出－税金）が大きくなれば、その分貿易赤字（＝輸入－輸出）が大きくなるという関係にあります。

　日本も財政赤字ですが、もともと貯蓄－投資が大きなプラスだから、貿易赤字にはなりません。でも、アメリカは投資と貯蓄があまり差がないものだから、財政赤字が大きいと貿易赤字になってしまいます。

Q：先生は「一帯一路」を国際的な枠組の中に抱き込むことを提唱していますが、アメリカはオバマ政権時代のエンゲージメント政策への反省から今の強硬な対中政策になっていると聞きました。先生は今でもエンゲージメント的なことが効力を持つと考えていますか。

A：私が言っている「『一帯一路』を国際的な枠組の中に抱き込む」というのはアメリカが抱き込むという意味じゃなくて、中国が自分で「一帯一路」戦略をもっと国際的なものにしたらいいんじゃないかということです。援助を一国でやったらどうしたって相手国に恩を売るという意味合いが出てくるわけです。中国は貯めこんだ金を援助や投資で還元すべきなんだけど、単独で投融資すると影響力を拡大しようとしているとか新植民地主義だとか批判されてしまう。その色彩を薄めるためには、国際的な枠組を通じて金を出したらよい。中国はアジアインフラ投資銀行を設立し、多数の国がそこに出資しています。こうした機関を通じてお金を出せば批判をかわせるでしょう。

Q：中国は共産党の一党体制でぐいぐい経済発展してきたところがあるのですが、今後政治体制が不安定になったら果たして経済大国として残ることは可能でしょうか。

A：まあ中国が３つに分裂したら世界一の経済にはなりませんね。共産党の一党支配は変革したらいいと思います。もしあなたが民主主義を信奉するのであれば、一党支配が崩れたら中国は終わりだというのではなく、民主化したら中国はますます発展するよ、というべきでしょう。中国に対して民主化していないからけしからんと圧力をかけるよりも、民主的な選挙という楽しみを享受できないのはつまらない、と嫉妬させたらいかがでしょう。

Q：僕が前に聞いた話だと、同じ鉄でも家具に使うような安価な鉄と、ベアリングとか船とかに使う良質な鉄があって、その良質な鉄というのは、日本とかアメリカがいまだに世界の技術のトップを持っている、と聞いたんですけど、中国の輸出産業では質的な部分に重点を置いているのかなというのが疑問に思いました。

A：一番高級な鉄鋼といえば例えば自動車の外側に使う鋼板が挙げられます。これは日本の数社とヨーロッパのアルセロール・ミタルなど作れる会社は限られています。でも中国でも、日本製鉄などの合弁企業で作っています。中国で一通りなんでも作っているのです。ただ、国の発展段階によって必要な鉄鋼は違います。中国のようにビルや高速道路や鉄道をどんどん建設している段階では鉄筋用の棒鋼など中低級分野の需要が膨大にありますので、無理して高級品に力を入れなくてもいいのですよ。

Q：途上国が中国経済の浮き沈みによって大打撃を受けるというような構造的な状況があると思うんですけれども、何かその緩和策はないでしょうか。

A：それは今日の重要なテーマですね。ぜひそれを中国に考えてほしいところで、例えば中国から投資をしたり、低金利で融資して、経済的ショックの影響を和らげることが考えられますが、究極的には他の途上

国にもっと工業を移転して、特定の一次産品の輸出に頼るような状況を他の国も克服できるように手伝っていくということが重要だと思います。

※おすすめの本

末廣昭・田島俊雄・丸川知雄編『中国・新興国ネクサス』(東京大学出版会、2018 年)

丸川知雄『現代中国経済』(有斐閣、2013 年)

梶谷懐『中国経済講義』(中公新書、2018 年)

第8講

デジタルチャイナ

伊藤亜聖

伊藤亜聖（いとう　あせい）

東京大学社会科学研究所准教授、経済学博士（慶應義塾大学）。主な研究内容は、中国の産業発展と対外直接投資活動、そしてアジア、新興国におけるイノベーションとデジタル化。

著書・共著に『現代中国の産業集積「世界の工場」とボトムアップ型経済発展』（名古屋大学出版会、2015年）、『現代アジア経済論』（有斐閣、2018年）、『中国14億人の社会実装』（東京大学社会科学研究所、2019年）。

はじめに——デジタルチャイナという問題領域

　第8講のタイトルは「デジタルチャイナ」となっています。あまり聞いたことがない言葉だと思います。平成から元号が変わるなかで、平成の時代、つまり過去30年の間に世界で生じた最も重要な変化とは何だろうか、と考えてみたわけです。平成を回顧する新聞や雑誌の特集も組まれてきました。それぞれ多様な答えがあり得るでしょう。自分なりに考えてみたときに、タイトルのようなアイデアが出てきました。

　30年間を振り返ってみると、1989年にマルタ会談が開催され、同年11月にはベルリンの壁が崩壊し、東西冷戦の時代が終わりました。社会主義陣営と自由主義陣営との戦いのなかで、代理戦争はあったわけですけれども、米ソの直接の対決というのは回避されていました。日本経済は1990年代初頭に不動産市場の過熱が崩壊し、その後は経済低迷だけでなく少子高齢化といった社会的課題に直面していた時代と言えそうです。世界を見ると、大事件として2001年9月11日の同時多発テロを指摘する人もいるでしょう。日本では2011年3月11日の東日本大震災がありました。こうした特定の事件を挙げていくこともできます。また具体的な事件というよりは、ある一連の現象を捉えることもできます。例えば環境問題はこうした現象の一例です。

　1980年代以降の現代史のなかで重要な現象を挙げたときに、私は二つの現象に注目しています。第一は、中国の経済的台頭です。本書のなかでも、例えば第7講の丸川知雄先生の講義で提示された経済規模や貿易面の各種データがそれらの点を示しています。そして第二は、情報通信技術の発達と社会への普及です。本講義では「デジタル化」と呼ぶことにしましょう。表現にはいろんな形があり得ます。計算能力を高める情報技術の発展と、情報の移転コストを下げる通信技術の発展は、それぞれに過去50年から100年の間にわたって続いてきたことです。けれども、とりわけこの30年、あるいは20年の変化は著しかったわけです。パーソナルコンピューターの時代がインターネットとともに生まれ、現在ではスマートフォンの時代になりました。この分野で基幹的サービスを提供する企業は巨大な

る富を生み出し、場合によっては国よりも多くの情報を抱えるパワフルな存在となっています。実際に私どもの生活は日々変わりつつあるわけです。

一つのデータを見てみましょう。平成元年（1989 年）時点と、平成 30 年（2018 年）の夏時点での企業の世界時価総額ランキングトップ 10 です。平成元年の時点では世界トップ 10 に日本企業が実に 7 社、入っています。今の感覚では驚くべきことではあるのですが、日経平均が 3 万 8000 円に到達し、10 万円に達するのではないかという議論があったほど、日本の株価はひたすら上がり続けていた時期に当たります。一方で、平成 30 年の夏の時点での数字を見ると、第一位からアップル、アマゾン、アルファベット（グーグルの親会社）、マイクロソフト、フェイスブックといった米国の IT 企業が並びます。そして第 7 位と第 8 位にアリババ・グループ・ホールディングとテンセント・ホールディングスという中国の IT 企業 2 社がランクインしています。

これはまさに中国の台頭ということも示しているし、同時にトップ 10 のうち 7 社が IT 企業、インターネット企業という変化も示しています。直感的には私の生活の中で日々感じることですけれども、30 年前と比較してみるとこれだけの差があるわけです。

政策的にも中国の台頭とデジタル化はともに重要な課題です。例えば 2018 年版の『通商白書』を見てみましょう。『通商白書』は経済産業省が毎年夏に刊行しているもので、経済政策に関わる官僚が熱心に議論し、今大事な問題は何だろうかと議論し、関連するシンクタンクにも協力を仰ぎながら、かなりのリソースを割いてつくっているものです。

第 I 部の経済情勢の分析と第 III 部の実施中の政策の紹介は、比較的毎年の内容がフォーマット化された箇所です。毎年版で異なる内容となり、彼らの問題意識が明確にあらわれるのが第 II 部です。『通商白書』の第 II 部を読み解いていくと、どんな課題がその当時、重要問題だと認識されていたか、よく理解できます。

そして 2018 年の夏に出た『通商白書』では、第 II 部第 1 章は「拡大するデジタル貿易」となっています。いわゆる財の貿易ではなくて、もはやデータという形で様々な資産あるいは価値を持つものが国境を越えて交換されていることに注目しています。これをどのようにしてルール化してい

くかということが今、例えば OECD（経済協力開発機構）でも WTO（世界貿易機関）でも議論せざるを得ない状況になっているわけです。そして第Ⅱ部第2章が「新興・途上国経済の台頭」です。ここではあらゆる新興国が議論の俎上に上がりますが、つづく第3章では「急速に変化する中国経済」として、中国経済に特化した分析を加えています。特定国を挙げているのは、全章の中でここだけです。そしてこの章では中国の IT 企業やベンチャー企業の話も出てきています。

　ここで今回、「デジタルチャイナ」をタイトルとした狙いがわかってもらえると思います。実はこの言葉は中国の政府あるいは政策文書の中に「数字中国」という言葉で登場する概念でもあります。例えば、2017年10月、習近平国家主席が4時間にもわたる演説をしたとき、中国のこれから5年、10年の政策を包括的に披露しました。その中でイノベーション型の国家を建設せねばならないということを最初に述べ、次にインターネット強国、交通強国、数字中国（デジタルチャイナ）の政策を進めると言及しています。実のところ、言葉の上では、デジタルドイツ、デジタルオーストラリア、デジタルアメリカ等々、いくらでも似たような言葉はありますし、作ることができます。しかしながら、上記の中長期にわたる現象としては、「デジタルチャイナ」の問題領域では、中国の台頭とデジタル技術の発展という二つの大きな論点が交錯しており、注目に値します。

1　技術革新とデジタル化

(1) 大分岐、大収斂、そして再分岐へ？

　では「デジタルチャイナ」の中身というのはどのように理解していけばいいのでしょうか。そもそも論として、デジタル技術、いわゆる情報通信以前に、技術革新と中国の近現代というのは密接な関係がありました。これは川島真先生や丸川知雄先生の講義（第1講、第7講）でも触れられた内容だと思います。

　振り返ってみると18世紀ごろのいわゆる産業革命の時期というのは、西欧において局地的に生産力、生産性が向上しました。その具体的中身として力織機、蒸気機関の登場が指摘されているわけです。この結果、生じ

たことが、局地的な生産性上昇と、地域間での生産性の格差拡大でありました。経済史家のケネス・ポメランツは「大分岐（Great Divergence）」という言葉で表現しています。

この分野でたびたび引用されるデータであるアンガス・マディソンの推計によってこうした変化が確認されてきました。世界総生産に占める各地域の比率を、西暦0年から2012年まで長期にわたって確認してみると、西暦0年から1500年ごろまで、各地域で様々な経済社会の取り組みと歴史の積み重ねがあったわけですが、生産性の格差を見ると、あまり差はなかったわけです。ところが19世紀に入って以降、ヨーロッパの生産額シェアが急激に拡大していくわけです。この背景にあったのが、技術と制度の革新でした。インド、中国、日本も含むアジアは急激にシェアを失い、1970年代以降に徐々に戻ってきています。第二次大戦の後、日本の経済復興、及び韓国、台湾、東南アジア、そして中国の経済成長が世界平均より早かったことから、こういった形になるわけです。

図1には各地域の生産性、一人当たりの産出というのがどれぐらいだったのかを示しています。非常に長期にわたる値なので、これから様々な修正が加わっていく可能性は十分あります。現状のデータでは、西暦1000年、1500年のころ、世界のいわゆる生産性の格差はあまりありませんでした。中世的世界において、豊かな地域、国と、あまり豊かでない地域との間に大きな差はなかったということです。先ほどのGDPで西暦1000年あるいは1500年ごろ、経済規模が大きい国というのは、すなわち人口が多い国です。人口分布と富の分布が一致していたというのが、中世の一つの特徴です。産業革命が始まって以降に、人口分布に不釣り合いなほど、特定地域に富が集中していく。これがまさに西欧、そしてアメリカの台頭という形でデータにあらわれるということになります。中国は近現代の時代に遅れをとり、それがようやく最近、1990年から2012年にかけて生産性の急激な向上が見て取れます。

直近のデータは世界銀行のホームページから確認することができます。皆さんは2017年時点の世界平均の一人当たりGDP、つまり世界で2017年の1年間に作り出された、一人当たりの付加価値額はいくらか想像できますか。世界平均の豊かさと言い換えることもできるかもしれません。日本

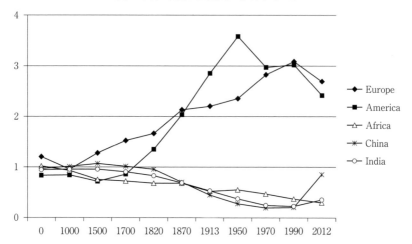

図1 世界の長期生産性推移（世界平均＝1）

凡例:
◆ Europe
■ America
△ Africa
✳ China
○ India

出所：ピケティ著『21世紀の資本』第1章補足資料より作成（http://piketty.pse.ens.fr/files/capital21c/en/xls/）

が年間3万8000ドルで、一人当たり400万円ぐらいの付加価値をつくり出していることになります。これに対して中国の2017年の一人当たりGDPは大体8800ドルでした。実はこれがほぼ世界平均に当たります。全世界の平均と中国の平均の豊かさが同じなんです。つまり世界平均の生産性を1とすると、この水準にすでに中国は戻ってきています。いうまでもなく、世界には、あるいは中国にも大きな格差がありますから、これはあくまでも平均の話ではあります。

　その上で、このような人口大国の生産性の向上は何を意味するのでしょうか。学者によっては「大収斂（Great Convergence）」という言葉を使います。つまり国レベルでの生産性の格差がなくなっていく、ということです。先ほどご紹介したとおり、産業革命期に生じたのが「大分岐（Great Divergence）」だったのに対して、近年、とりわけ第二次大戦の後に確認されつつあると言われているのが「大収斂」です。これが行き着くとどうなるかという議論はあります。仮にこのトレンドが行き着くとどうなるかというと、中世のころの姿に戻る。すなわち、地球上のどの国をとっても生産性の差はなくなるのではないかという仮説がありました。

　田中明彦先生は、『ポスト・クライシスの世界』（日本経済新聞出版社、

2009 年）という本で、次のような議論を展開しています。豊かな国から豊かではない発展途上国に技術はどんどん波及していく。追いかける側のほうが高い成長率になると仮定した場合、一人当たりの豊かさはどこかで収斂する。そしてこの時、世界の富の分布は、人口が多い国では経済規模が大きいという状況に至る。つまり中世に戻る。「新しい中世」とも表現される世界、つまり世界の富が再び人口分布に戻るのではないかということです。仮説としての「新しい中世」ということです。経済成長論では人口規模などの他の条件によってそれでも差が残るという「条件付き収斂（Conditional Convergence）」という把握がありますが、より大胆な仮説としては「新しい中世」があるというわけです。

さらに議論は進んでおり、二つの論点を挙げることができます。一つは、グローバリゼーションによる富の再分配の影響です。技術発展とグローバリゼーションの進展が、先進国の中低所得層の職と所得を減らし、もう一方で、途上国に職と富を作り出した効果が指摘されています。もう一つが「再分岐」の議論です。これは特に井上智洋先生の著作（『純粋機械化経済』日本経済新聞出版社、2019 年）で大胆に描かれています。彼によると、人工知能（AI）技術は、世界に満遍なく富をもたらすのではない。むしろ特定の国に富をもたらす。その結果、AI による生産性の向上は局地的に発生し、一部の AI 先進国と、その他の AI 後発国となり、生産性に大きな差が生まれる、というものです。

(2) デジタル化の進展

ここまでデジタル化という言葉を使ってきました。盛んにメディアや国際機関の報告書でも使われる言葉なのですが、実のところこの言葉には明確な定義はありません。もともとは情報通信技術（Information Communication Technology, ICT）という言葉で表現されていたインターネットの普及に代表されるインフラの拡充や、情報通信分野における研究開発や特許出願の重要性に注目したものでした。情報通信技術という言葉ですと、特定の技術や特定の産業において生じた変化という印象が強くなるのですが、目下の「デジタル化」で議論される内容は、さらに分野横断的な論点が大きくなってきていることを指摘できそうです。

　デジタル技術と関連して、過去10年以内に以下のような重要な変化がありました。

　第一に、人類、人の数よりネットワークに接続するコンピューター（いわゆるネットワーク端末）の数が多くなりました。シスコという通信機器メーカーの報告書によると2008年頃にネットワーク端末の数の方が多くなったとされています。同社の報告書によると、2010年の世界人口68億人に対して、すでに125億個のデバイスが世界にあるという状態になりました。2020年には500億個との予想です。人間と人間を介さない、いわゆるマシン・トゥ・マシンの通信が今まさに増えていっていて、それがいわゆるIoT（Internet of Things）、モノのインターネットの時代になり、そこから収集される膨大なデータを常時分析することができるようになりつつあります。

　この点で携帯電話の普及は一つの画期的な出来事だったのではないでしょうか。世界銀行のホームページに「人口100人当たりの携帯電話契約件数」というデータがあります。それによると、2016年に同指標が100台を超えました。つまり現状、全世界で人口約76億人に対して、76億台以上の携帯電話が契約されています。いわゆる情報通信機能が強化されたスマートフォンだけでなく、通話機能を中心とする携帯電話も含むのですが、こういった数字が出てくる時代になりました。

　いわゆる発展途上国に行っても、もはや携帯電話やスマホを持っているのは当たり前です。私は2018年夏にエチオピアのアディスアベバとミャンマーのヤンゴン及び地方都市のバゴーという場所に行きました。ミャンマーの地方にある縫製工場で働く女性の休憩時間の様子を見学する機会があったのですが、何をやっていたかというと、スマホを取り出して動画を見ていました。日本と何も変わらない、と思いました。アジアの中で、一人当たりの所得でいえば最も貧しい国の一つに当たる国でも、工場の労働者がスマホを買える。それで動画を見られるということは、動画を見るのに対応した4 Mbpsの通信環境があるはずです。世界中に広くスマートフォンが行き渡り、それらがネットワーク化されるというのは、確実に起きつつある現象です。

　デジタル化といったときに必ず指摘されるのはムーアの法則です。半導

体の性能が約2年で倍増するという予測を意味しており、現実に過去40年にわたり観察されてきました。この背景には半導体の性能を向上させるために必要とされる要件が、シリコンにより微細な加工を施すという意味で、明確に定義されたということが挙げられるでしょう。現状、皆さんのスマートフォンに入っているようなCPUは、大体5GHzレベルのクロック数となっており、1GHzでは1秒間に10の9乗、10億回計算するので、5GHzだと50億回の処理が可能になります。こうした計算能力の向上が、同一性能の製品の価格低下をもたらしてきた結果、先ほど言及したような携帯電話・スマートフォンの普及にもつながりました。現状、200米ドル台のスマートフォンでも十分にインターネットの閲覧、動画・写真の撮影までできるわけです。

　第二に、さらに能力に関しては、最近いくらでも事例があると思いますが、例えばグーグルの碁のソフトAlpha Goが世界最高峰の棋士に勝ちました。しかも次の年には、前年に世界最高峰の棋士に勝ったソフトに100戦100勝するソフトがつくられました。2017年のことです。深層学習と呼ばれる手法を使った人工知能の能力の向上は、その分野の専門家の予測をも大きく超えるスピードで達成されました。

　第三に、デジタル化が巨大な経済的価値も作りだしていますし、さらに経済や社会にも大きな影響を与え始めています。すでに紹介したように、企業の世界時価総額ランキングトップ10のうち7社がIT企業になりました。当然、政策的にも、どうやったらこういう活力を自国の成長に結びつけられるのかというのが重要な課題になります。日本政府はソサエティ5.0という政策を打ち出しています。多くの方は知らないですよね。内閣で閣議決定されている政策で、少子高齢化や地域社会が抱える課題を、技術を活用することで解決しようとする構想です。では、どうするのか。遠隔医療で、都市部にいる医者がビデオ通信で診療し、それがちゃんと保険がおりるような仕組みにする。これは技術的な解決策を見つけるだけではだめで、制度的な改革が必要になります。また巨大なIT企業の登場は、新たな独占を生み出しつつあるのではないか、という議論もありますし、個人情報を多く収集していることから、データプライバシーの議論も現在では重要な論点となっています。

2 デジタルチャイナの論点群

(1) 中国は大分岐とデジタル化をどう見ているか

それでは中国政府は上記のような大分岐やデジタル化をどのように認識しているのでしょうか。

第9講の高見澤磨先生の講義で中華人民共和国の憲法を詳しく読むと思います。中華人民共和国現行の憲法の前文に何が書かれているかというと、次のような表現が出てくるわけです。「中国は非常に輝かしい歴史を持つ国である。しかし1840年以降に半植民地と化した。これを打破するために毛沢東をリーダーとする中国共産党が立ち上がった」と。これが憲法前文に書かれているわけです。このアヘン戦争以来の彼らにとっての「屈辱の歴史」の背景には様々な要因があるでしょうが、無視できない一つの要因は、すでに言及した技術革新と制度的な革新に対応できなかった、ということです。現任の習近平国家主席は、2012年に「チャイナ・ドリーム（中国の夢）」というスローガンを掲げる展示会を視察して、次のような発言をしています。「過去を振り返ると、立ち後れれば叩かれるのであり、発展してこそ自らを強くできるということを全中国共産党同志は銘記しなければならない」と。

目下の米中摩擦の中でかなり指摘されている、アメリカから撤回せよという要求まで出ているのが、「中国製造2025」という政策文書です。その冒頭でもこういうわけです。「製造業というのは国民経済の基盤で、国家存立の根本である。産業文明が18世紀半ばに始まって以来、まさに製造業がなければ国家も民族も繁栄しない」。では、これからどうするのか。製造業を世界の最先端水準にまで発展させねばならない、ということになります。

ここでも18世紀以来、先ほどのいわゆる産業革命の波に中国は乗れなかったんだという問題意識が全面に出てくるということです。この後を読んでいただくと、具体的にどういった産業かということが——例えば、新材料産業、あるいは半導体産業が出てきます。

中国がなぜ産業革命のチャンスをつかめなかったのかという点について

は、ジョゼフ・ニーダムという技術史家の「ニーダム・クエスチョン」が非常に有名な問いとしてあります。中世の間、まさに四大発明とされるような、羅針盤、マッチといった発明が中国からたくさん生まれたわけです。しかし近現代に入ると欧州に抜かれてしまった。ニーダムの議論のおもしろいところは、中世には非常に発明ができていたにもかかわらず、なぜ近現代以降に中国はそれを、いわゆる現代科学の発展につなげることができなかったのかという話になります。一つの議論として中国では商人や技術者はいたものの、非常に官僚制度が強くて、社会にこういった技術が広く行き渡ることにならなかった、という解釈があります。

　逆にヨーロッパ側でなぜ生産性が向上したのかという点については、まさに経済史上の重大な研究課題の一つとなっています。企業家と技術者による新技術の開発が起きたわけですが、その背景には開発者への利益が保証されるような制度が整備されたことを強調する立場が一つあります。すでに言及したポメランツは、石炭の発見という自然地理的条件と、北米市場の拡大という2点が欧州の生産性向上をもたらしたという議論をしています。かなりの程度偶然的要素が果たした役割が大きかったという議論になります。

　1949年に中華人民共和国が成立して以降の時代を見てみると、1950年代から1970年代までは毛沢東をリーダーとする政治運動が激しく、また経済面では計画経済を導入したために市場メカニズムの機能が否定されました。上記の市場を前提とする現代的な制度の整備という観点からすれば、逆行するような時期でした。この結果、経営の効率化、そして技術革新や導入をけん引するようなインセンティブを欠いており、経済成長も停滞していました。その後、1980年代以降、いわゆる改革開放政策という形で、市場経済メカニズムを導入し、外国からの直接投資も受け入れて経済成長を実現してきたわけです。改革開放期に入り、民国期に実は制定されていたような現代的な制度、例えば企業法が整備されていくことになりました。すでに言及したように、世界平均の生産性との比較でいうと、産業革命以来の生産性の後発を、改革開放によってついに世界平均にまで戻したというのが現状です。

　では次はどこを目指すのか。すでに言及した「中国製造2025」や、その

後に発表された人工知能に関する政策を見ると、こうした新興産業・技術を発展させることによって、中国は生産性を大きく高めようとしていると言えるでしょう。

(2) 中国のデジタル化は本当に進んでいるのか？

では中国において「デジタル化」はどの程度進展しているのでしょうか。

まずインターネット人口を見てみましょう。2006年の約1億人から2016年にはインターネット人口が7億人に到達しました。要するに、10年間にわたって毎年およそ6000万人ずつ増えました。先ほど冒頭で紹介したようなアリババやテンセントといった会社は、まさに巨大なる中国のインターネット市場から生まれてきたということです。例えば先ほど言及した『通商白書』の2018年版でも、中国のEコマース市場の大きさに言及しています。

あるいは、最近中国に行くとQRコード決済が完全に普及・定着していることを体感します。私は2017年度に広東省の深圳市に住んでいたのですが、露店、レストラン、スーパー、タクシーと日常のあらゆる局面の少額決済がキャッシュレス化していました（図2）。いやいや、日本でもスイカがあるじゃないかという議論がありましたが、スイカを読み取るために専用の読み取り機が必要となります。では町中の焼き鳥屋さんが、居酒屋が導入できるのか、というと難しいわけです。中国では導入コストが初めは非常に低い方策というか、振り込みQRコードをコピーして貼るだけでできてしまうわけです。新興国では非常に応用可能性が高いわけです。

2018年に入って以降、日本でもキャッシュレス化の取り組みが動いてきており、日本の状況も変化しつつあります。ただ、日本のITスタートアップ業界の方にお話を伺うと、上海や杭州、そして深圳に行って、中国のベンチャーの取り組みを見ていると言うわけです。昔はタイムマシン経営といって、シリコンバレーに新しいビジネスモデルがあって、そのモデルを持ちかえってくるというパターンがあったわけです。いまだにこうした状況はあると思うのですが、ただ興味深いIT利活用の取り組みをしている地域として、中国も見ておこうという方が増えたことは指摘できるでしょう。

図2　スマホでの地下鉄乗車（左）、そしてセルフ支払いに移行した生鮮スーパー（右）

出所：筆者撮影

　このように見ると、中国のデジタル化は進んでいそうだけど、国際比較して本当にそう言えるのでしょうか。ほかの国々に目を向けるとインドネシアに Gojek というバイクタクシーを新しい都市インフラとするようなサービスが生まれています。タクシーだけではなくて、デリバリー、例えばフードデリバリー、宅配、お金の振り込みまでできるようになってきています。アフリカのケニアでは、M-PESA という仕組みがあって、銀行口座を持っていなくても決済ができるということが注目を集めているわけです。つまり、一人当たり GDP が豊かでない国でも、実はデジタルエコノミーというのは発展し得るんじゃないかということです。仮にそうなると中国が特別なのか、ということが論点になります。

　ここでいくつかのデータを見てみましょう。図3は、2014年と2017年時点でのインターネットを通じた決済経験者の比率（縦軸）と、経済的な豊かさを示す一人当たり GDP（横軸）を示したものです。ひとつひとつの点が国となっていて、右に行けば行くほど高所得国であることを意味しています。このように見ると、おおむね右肩上がりになり、やはり豊かな国ほど、例えば「インターネットあるいは携帯電話を通じた金融機関口座へのアクセス」という指標で見た場合にはデジタル化が進んでいるということになります。同時に、同一の経済発展水準でも、分散がある、散らば

図3 インターネット・携帯電話を通じた金融機関口座アクセスの比率（％、縦軸）と一人当たり GDP（横軸）

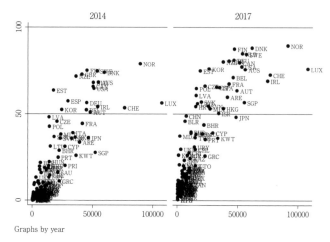

Graphs by year

出所：世界銀行 The Global Findex Database および World Development Indicators より筆者作成。

りがあります。

　例えば、世界で一人当たり GDP が一番高い国はルクセンブルク（LUX）です。この国のモバイルバンキング比率、使っている人の割合が６割弱という数字になっています。同時に、より所得の低い、例えばラトビア（LVA）が左側にあります。これらの国は、低所得ではあるけれども、この縦軸で測った場合には実はデジタル化している、というわけです。日本（JPN）は一人当たり GDP は約４万ドルで、インターネットを通じた支払いを使っている人は４割という位置にあります。ここで中国（CHN）は一人当たり GDP 8800 ドルですから、ずっと左のほうにあるわけですけれども、この世界銀行のデータによると、インターネットを通じた支払いを使っている人の比率は日本と同等です。意外にも平均的に豊かさに比例していない事例が少なくないわけです。

　縦軸は同じで、横軸を経済発展水準ではなくて、働き盛りの比率を示す人口構造としてみたり、起業手続きの数といった制度的に変えてみたり、他の指標、例えば人口規模や人口密度を検討することもできます。こうした指標を用いて、簡単な分析として、「インターネットを通じた支払い比率（Y）」を説明するためのモデルを推計することができます。ここでは

詳細は省きますが、国レベルの分析でいえば、「一人当たり GDP がＡ万ドルで、人口規模はＢ千万人で、人口密度がＣ百人 /1 キロ平米で、起業のためにはＤ件の手続きが必要な国の、モデル上で推計されるインターネットを通じた支払いの普及比率はＹ％ です」という推計ができるわけです。

　計量経済学の観点からすると、このような作業は逆の因果関係（Ｙがむしろ Ａに影響している）といった問題が発生するので、あくまでも仮の分析ということになります。ただこうした分析を 2014 年と 2017 年について実施してみると、理論値よりも実測値が高い国々、そして低い国々というのを見出すことができます。つまり、この国の様々な条件（A, B, C…）を考慮しても、なぜかデジタル化が進んでいる国、あるいはなぜかデジタル化が進んでいない国、ということになります。そして中国は理論値よりも実測値が高くなる、というのが私の現時点での推計結果です。経済発展水準や、人口規模、創業環境で説明できない要因がどうもありそうです。

(3) 中国 IT 企業の台頭と対外進出

　中国のデジタル化を考える上で、やはり先ほどから世界の企業価値ランキングの上位にも入ってきたテンセントとアリババには注目が必要になります。テンセントは香港証券取引所に、アリババはニューヨーク証券取引所に上場しており、そこから彼らの事業状況を見ることができます。彼らは 1990 年代の末に創業しており、2000 年代まで、両社に対する評価は高くなかったのが実情でしょう。テンセントは QQ というパソコン上で使うメッセージソフトとゲームを提供しており、そのメッセージソフトは便利ではあるけれども、若者が遊びで使うようなイメージが強かったわけです。アリババの一大収入源である通販サイト・タオバオは、それこそ偽物の宝庫で、偽物を覚悟で物を買うようなサイトでした。

　しかし彼らは 2010 年代に入り、急激に脱皮していきました。その勝因はいずれもモバイルインターネットへの移行に成功したことです。テンセントはウィーチャットというメッセージアプリで市場を確保し、ゲーム市場では莫大な売り上げを上げています。アリババは通販市場を押さえ、それを基礎としてアリペイで決済までを押さえました。現在ではいずれのグループもフルセットの関連サービスを揃えて激しく競争していますが、そ

の成り立ちと強みはかなり異なると言えるでしょう。両社は特に中国のスタートアップに積極的に投資をして育てていく、あるいは取り込んでいく、というようなことをやっています。

モバイルインターネットを使って何ができるのか、という点では中国企業は非常に積極的に活用していると言えるでしょう。技術的に可能になったことを社会に導入・普及・定着させていくプロセスのことを「社会実装」と呼びますが、中国の経済と社会が持つこの社会実装を進めるメカニズムについては、アリババやテンセントといった大企業が存在するというだけでなく、今後より多面的に検討していく必要がありそうです。

そして近年では、中国で生まれた元気な企業が海外に展開するという動きも活発になってきています。例えば投資データベースを使って、アリババ、テンセントが東南アジアの地域にどのぐらい投資をしているかを見てみると、この2016年から2018年にかけて、非常に多額の資金が東南アジアに投入されています。東南アジア最大の通販サイトの運営会社でラザダ（Lazada）という会社があるのですが、アリババはこの会社を買収しています。テンセントもインドネシアやシンガポールに投資をして、拡大を目指しています。

最近の事例でいうと、日本でも人気のアプリ・TikTokの事例があります。15秒程度の短い動画をシェアするアプリですが、直感的かつビビッドな表現を簡単にできるため、中学生、高校生を中心に人気となっています。この会社は北京のバイトダンスというスタートアップで、海外市場で非常に成功をおさめ始めています。どれだけ持続するかというのは実はこの業界はわからないんですけれども、そういうような企業も出てきています。

本書でもたびたび言及されているものに、「一帯一路」という中国と新興国、途上国との間の経済関係を深めようという構想があります。中国のデジタルエコノミーには非常に競争力と魅力があるので、デジタルエコノミーで中国と新興国をつなげていけるのではないか、という「デジタル一帯一路」という概念も公式に登場しています。中国政府は自国と途上国、新興国全般をデジタルエコノミーの手段を使ってつなげていこうということを考えているということです。

(4) 権威主義体制とデジタル化

　最後に検討したい論点が「権威主義体制とデジタル化」の関係です。例えば、中国で、先ほどからご紹介しているような会社、バイドゥ、アリババ、テンセントの成長に関して、あれは要するに中国にグーグルとかフェイスブックが参入できない参入障壁があるためだ、という議論があります。国内企業を保護した幼稚産業保護論的解釈だと言えるでしょう。

　しかしながら中国でグレートファイアウォールが本格化したのは 2000 年代末以降です。グーグルへの事業が本格的に中国大陸で禁止されたのは 2009 年から 10 年ごろです。またアリババは米国企業のイーベイと、テンセントはマイクロソフトの MSN メッセンジャーと競争をしていました。その競争の中でより中国人の指向と中国市場の環境にうまく対応できたのが両社だったという点も見逃せません。アリババは支払いを行っても商品が届かないリスクが高いという低信用問題に対応するために第三者決済という仕組を通販に導入し、テンセントはメッセージソフト QQ のなかに中国人が使いたがるようなグループメッセージ機能を強化したりしました。ただ現状でいえば、中国国内からの外国のメッセージアプリや検索サービスへのアクセスが制限されています。この意味では当然、中国の権威主義体制のもとでインターネットを使うというルールが現状では確立されています。

　世界的に見ても、2013 年ごろまではソーシャルネットワークサービス（SNS）が普及していくことで、世界の民主化が加速するのではないかという期待がありました。事実、「中東の春」、「カラー革命」と呼ばれたように、SNS を使ってデモをし、現状の体制を打倒する、あるいは政策変更を迫るということが発生しました。ところが、その後、何が起きたかというと、ケンブリッジ・アナリティカというデータ分析専門企業がフェイスブックのデータを使い、米国選挙の際に特定勢力への誘導を高めたとされる事例や、さらにそれがロシアからのサポートを受けたんじゃないかというような議論がされているわけです。また権威主義体制が SNS を使って言論の統制に活用するという事実が、この 3 年ぐらい、はっきりと見えてきています。特にニューヨークタイムズは中国の監視社会（surveillance society）について活発に報道をしています。この問題は第 3 講で平野聡先

生がふれている少数民族の問題とも関わっており、新疆ウイグル自治区で導入されている監視技術を開発しているのが、実はスタートアップ企業だったりするわけです。この意味で、監視社会の問題は中国のテクノロジーとイノベーションを見る上でも大事な論点です。

中国は「デジタルレーニン主義」であるという論文が出ています。ドイツのハイルマンという学者が"Leninism Upgraded: Xi Jinping's Authoritarian Innovations（改良されたレーニン主義：習近平の権威主義的イノベーション）"という論文を書いたことが話題になりました。最近ではヒューマン・ライツ・ウォッチが「デジタル権威主義」という報告書を出しています。俗説的には、ジョージ・オーウェルの小説『1984』に出てくるようなビッグブラザーが監視する社会が実現してしまっているのではないかということになります。

実のところ、2012年ごろまで、中国においても権威主義体制、政策当局は、加速的に増えるSNS上の情報を検閲するのは不可能だろうと考えられていました。TEDというサイトで、マイケル・アンティという中国のアクティビストが行った「中国の巨大なファイアウォールの陰で」という当時のプレゼンがみられます。中国国内での検閲と市民側の隠語などを使った抜け道での論評といったイタチごっこの様子が生き生きと示されています。しかしその後の5年間で明らかになったのは、政策当局側も、先ほどの計算能力の向上、あるいはその手段を手に入れて、増え続けるデータ、ビッグデータと呼ばれるものを、効率的にモニタリングする、検閲する、手を入れるということが実際にかなりの程度できるようになった、ということです。最近では検閲するだけでなく、ジャーナリストの高口康太氏の言葉を借りれば、「道徳的な信用スコア制度」、つまり「道徳的にやるべきでない」とされることを実行すると個人の評価スコアが減少していく、というような制度を導入することで、自発的に「向社会的」な行動を促す仕組みも模索されています。

権威主義とデジタル化というのは非常にマッチしてしまうものかもしれません。こう考えると、この問題は中国だけの問題ではありません。図4は、先ほどのデータを使って、縦軸は同じくインターネットと携帯電話を通じた金融機関口座へのアクセス、そして横軸に言論の自由及び報道の自

図4 インターネット・携帯電話を通じた金融機関口座アクセスの比率（%、縦軸）と政治的発
言権・透明性（%、横軸）

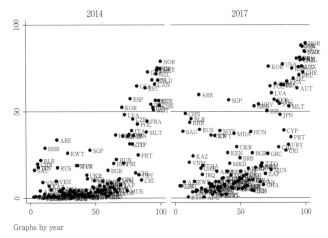

出所：世界銀行 The Global Findex Database および World Governance Indicators より作成。

由といった政治的自由の指数を取ったものです。右に行けば行くほど、
100 に近づけば近づくほど自由。左に行けば行くほど、政権選択の自由、
言論の自由、報道の自由、結社の自由がない国を示します。

　2014 年と 2017 年のデータを示しています。まず 2014 年を見るとおおむ
ね右肩上がりです。政治的に自由な国において、デジタル化が進んできた、
という姿です。右上の国々、すなわちデジタル化が進み、自由な国々とし
てノルウェー（NOR）、デンマーク（DNK）、スウェーデン（SWE）等があ
ります。しかしながら 2017 年を見ると、左側にも結構、点が昇ってきて
います。アラブ首長国連邦（ARE）、中国（CHN）、ロシア（RUS）、バーレ
ーン（BHR）、サウジアラビア（SAU）、これらの国では言論の自由も報道
の自由は制限されているんだけれども、デジタル化は進みつつある。Ｊ字
型の関係が確認できます。散布図から言えることは相関関係までです。因
果関係をどう説明できるかについては慎重な検討が必要になります。ただ、
少なくとも、政治的に非自由な国々においても、デジタル化は進んできた、
ということは観察されたわけです。2017 年時点ではU字型というよりは、
Ｊ字型です。もしかしたら、2020 年に再度調査がされたら、左側に位置す
る国々がさらにデジタル化を進めて、U字型になるかもしれません。この

点は政治学の領域ではありますが、我々がよくよく注意して検討するべき課題です。

　そうはいっても、中国のインターネット空間が完全に検閲されているわけではありません。一つの事例を紹介すると、498名が入っているウィーチャットのグループ上で、ある人が写真を貼りつけました。何が書いてあるかというと、米国のトランプ大統領と中国の習近平国家主席が会談し、90日の間、米中貿易摩擦を棚上げしましょうという合意がありました。その話が書いてあるのですが、この画像には「ウィーチャットはホワイトハウスの声明をシェアすることを禁じている。WeChat, We check!」と書いてあるわけです。香港メディアの報道をシェアしているわけです。ウィーチャットは米中摩擦の合意情報のシェアを禁止している、という情報がウィーチャット上でシェアされているわけです。写真なので検閲しづらいのかもしれませんし、あるいは放置しているのかもしれません。第4講の谷垣真理子先生の講義で議論されるような、香港の未来というのは、間接的には中国大陸での言論の幅にも影響がありそうです。

　中国人に世論がないわけではありません。むしろ中国人には強烈な意見があります。いろんな手段を変え、日々情報を交換しています。なので、言論の自由がないからといって、世論がないことを意味しませんし、また情報交換もされているわけです。わりとセンシティブな情報も実は日々、情報が共有されています。こうした状況をより設計されたアプローチでコントロールしようとするのが、現在模索されている信用スコアということになるでしょう。

おわりに

　今後、世界の一人当たりGDPが収斂するのでしょうか、それとも、また新たな形での分岐、すなわち再分岐が生じるのでしょうか。そのときに中国はどのような立ち位置になるのでしょうか。18世紀から19世紀の産業革命のチャンスを中国はつかめなかったわけですが、デジタル化と人工知能の発展というチャンスを中国は今まさにつかみつつあるのでしょうか。特にモバイルインターネットにかかわるサービス、企業、あるいは人々の

活用ぶりを見ると、中国が 2010 年代に実現した社会実装に驚かされますが、これらの動きがどこまで持続的かについてはより慎重な検討が必要です。

先にも述べましたが田中明彦先生は、もう 10 年以上に書かれた『ポスト・クライシスの世界』のなかで、一人当たりの所得の格差がなくなり、収斂していく可能性を検討しています。「新しい中世」に行き着くだろう、すなわち、人口分布と富の分布が一致する中世のような状況に再び戻るのではないか、という仮説を提起しています。

一方で、最近の書籍、例えばリチャード・ボールドウィン先生という国際経済学者の『世界経済　大いなる収斂』（日本経済新聞出版社、2018 年）という本は、収斂するというタイトルですが、よくよく読んでいくと、新興国の中でも成長できるところとできないところが分かれそうだ、という議論が出てきます。イアン・ブレマー先生（ユーラシアグループというシンクタンクの創設者）の『対立の世紀　グローバリズムの破綻』（日本経済新聞出版社、2018 年）という本があります。この本から私が読み取ったメッセージは、はっきり言えば再分岐説です。再び豊かな地域、国と、そうでない地域というのが再編成されるだけでなく、社会的・政治的に分断されていく。場合によっては一国の中でも分断されていく、という議論がされています。井上智洋先生の近著『純粋機械化経済　頭脳資本主義と日本の没落』（日本経済新聞出版社、2019 年）では、はっきりと中国が人工知能による生産性向上効果、すなわち「AI による大分岐」で勝者となるという見立てが打ち出されています。

ボールドウィン先生は国際経済学、ブレマー先生は国際政治、そして井上先生はマクロ経済を専門としています。上記の議論はいずれも非常に魅力的ではあるのですが、中国経済を研究している一人の研究者から見ると次の点は検討が必要でしょう。

第一に、中国も含めて「デジタル化」を計測し、測定可能な指標を用いて、国際比較を進めていく作業がまだまだ必要そうです。そしてその作業を経たうえで、人工知能を中心とする技術革新が経済成長をもたらす影響を考える必要があるでしょう。技術発展が労働市場に与える影響が議論され始めていますが、これらの議論は多分に米国の雇用データをもとに検討

がされています。無論中国のような途上国にもこうした技術革新は大きな影響を与える可能性があります。「AI×先進国」という問題領域で生じる問題と、「AI×発展途上国」で生じる問題については、それぞれ検討が必要かもしれません。

　第二に、政府の産業政策が新たなデジタル化と技術革新を果たしてどこまで支援できるのか、についてもまだまだ議論が必要です。日本においてもソサエティ5.0という構想がありますが、産業政策としての特定産業の支援というよりは、むしろ幅広くデジタル化に対応できるようなスキルを持つ人を増やそう、という取り組みが重視されています。では中国においてはこのようなエンジニアリングのスキルに関しての教育がどのレベルに達し、どこまで普及しているのでしょうか。また仮に発展途上国においても人工知能技術の普及によって総雇用が減少するような事態が発生した場合、限られた財政でベーシックインカムを拡充するというようなことは可能なのでしょうか。

　そして第三に、中国だけでなく、他の国々においても観察されつつある新技術の社会実装と、もう一方での監視社会化という現象を、どのように評価し、議論できるのでしょうか。これはもはや経済学の領域を超えていく論点になります。人工知能技術と憲法との関係や、市民社会との関係が議論されていますが、更に芸術の領域でも人工知能を活用した作品も登場してきています。

　異分野の研究者や専門家との共同での議論もしながらこうした議論が展開していくことが求められています。駒場キャンパスはこうした議論をするのに大変よい場所です。「デジタルチャイナ」の問題群が提示しているのは、非常に領域横断的です。中国研究者の間でも大いに議論が必要でしょう。今回の議論でも、他の多くの先生の講義の内容とつながってくるわけです。そして、さらに中国研究にとどまらない示唆があるはずです。ぜひ皆さんには現場にも足を運んでもらいながら、駒場キャンパスで幅広い知見を得て活発な議論をしてほしいと思います。

Q&A　講義後の質疑応答

Q：将来的に一人当たりの生産性というのが収斂していくという仮説がありました。仮にそのときには中国内の、例えば農村部と沿岸部の差というのも収斂していくのかというのが気になりました。またデジタル技術の活用でいうと、自分たちの祖母のような60代、70代がLINE PayとかPayPayとかを使っている未来が自分の中で描けません。中国はそれができたのでしょうか？

A：中世において一国レベルの生産性があるセクターの生産性、具体的には農業生産性に規定されていたわけですが、その状況下でも国内格差は当然ありました。新たな技術革新が、国レベルでは均質化した場合にもこうした可能性は残ると思います。まさに質問にもあるように、例えばデジタル端末の利用には世代差も生まれるでしょう。いわゆる「デジタル・ディバイド」と呼ばれる問題です。この現象は中国でも当然あり、インターネットを通じた支払いのデータを分析しても、やはり若年層ほど利用確率が高まります。しかしながら、中国の少なくとも都市部では高齢者もモバイル決済を使っている姿をよく見ます。これは年齢横断的に利用しやすい仕様（いわゆるユーザーインターフェース）を設計し、さらにマーケティング戦略においても、例えばお正月に帰郷した際に、子供や孫が祖父母の世代にアプリをダウンロードして、起動してあげる、そしてその作業をするとボーナスがもらえるようにする、といった取り組みがされています。

Q：ウィーチャットの支払い機能であるWeChatPayでも、当局からの差し止めや介入が簡単に入ってしまうという、チャイナリスクがあるのではないでしょうか。この種のリスクがある場合、企業の海外展開には妨げになるのではないでしょうか。

A：妨げになる可能性は確かにあると思います。アプリへの介入というのはなかなか明確に観察しにくいのですが、広い意味でのチャイナリスクが先鋭化しているのが目下の米中貿易摩擦の問題でしょう。米国政府は中国のベンチャー投資機関から米国のAIスタートアップへの投

資が進んできたことを非常に問題視しています。この結果、データサイエンスを含む機微技術分野への投資審査の厳格化という対応が進んでいます。中国の IT 企業の対東南アジア投資を見ると、株式の過半数を取得することで子会社化するというアプローチだけでなく、20%程度の出資をすることで成長力を獲得するというアプローチもあります。東南アジアの政策当局側にも中国の巨大 IT 企業に情報をすべて取られてしまうのではないか、という危機感はあるので、この点もケースバイケースで見ていく必要がありそうです。

※おすすめの本

井上智洋『純粋機械化経済——頭脳資本主義と日本の没落』（日本経済新聞出版社、2019 年）

梶谷懐・高口康太『幸福な監視国家・中国』（NHK 出版、2019 年）

田中明彦『ポスト・クライシスの世界——新多極時代を動かすパワー原理』（2009 年）

ニーダム・ジョセフ『文明の滴定——科学技術と中国の社会』（法政大学出版局、1974 年）

ブレマー・イアン『対立の世紀——グローバリズムの破綻』（日本経済新聞出版社、2018 年）

ポメランツ・ケネス『大分岐——中国、ヨーロッパ、そして近代世界経済の形成』（名古屋大学出版会、2015 年）

ボールドウィン・リチャード『世界経済　大いなる収斂——IT がもたらす新次元のグローバリゼーション』（日本経済新聞出版社、2018 年）

廉薇・辺慧・蘇向輝・曹鵬程『アントフィナンシャル——1 匹のアリがつくる新金融エコシステム』（みすず書房、2019 年）

III 法と社会

中国の憲法改正

高見澤　磨

高見澤　磨（たかみざわ　おさむ）
東京大学東洋文化研究所教授。専門は中国法、博士（法学）。東京大学大学院法学政治学研究科博士課程満期退学。東京大学教養学部助手。立命館大学国際関係学部助教授、東京大学東洋文化研究所助教授などを経て現職。主著に『現代中国の紛争と法』（東京大学出版会）、共著に『叢書 中国的問題群3　中国にとって法とは何か　統治の道具から市民の権利へ』（岩波書店）などがある。

はじめに

第9講では、1で2018年改正を概観します。また、3では今回の改正を含む中華人民共和国における憲法の原理を抽出します。これらを見ると、日本国憲法を小学校以来学んできた人にとっては異質なものを感じるかもしれません。

しかし、2で見る清末以来の近代における憲政を求める動きや中華人民共和国における憲法制定・改正などからは、憲法に対する願いや敬意を感じることもできます。

そうした願いや敬意を立憲主義として表現することができるか否かは検討を要します。立憲主義を辞書や教科書で調べれば、権利の保障と権力分立とを基本原理とする国家及び憲法に対する考え、というような説明があるはずです。権力分立を基本原理とする、という点においてすでに中華人民共和国は立憲主義の範疇にはないことになります。全国人民代表大会を頂点とし、他の国家機関はこれに隷属する仕組みであり、そうしてこそより民主的であるという原理に立っているからです。また、全国人民代表大会を構成する全国人民代表と呼ばれる代議員は複数政党制に基づく直接選挙で選ばれてはいません。中国共産党（以下、共産党）の領導のもとでの間接選挙で選出されています。

本講義では「領導」という耳慣れない言葉を使います。日本では指導と訳すことが多いようです。中国語で領導とは上に立つ者が命令して下にある者を従わせたり、前を行く者が後から続くものを導いたりすることを言います。中国語の「指導」とは、情報を与えてある方向に導くことで、上下・前後の差は建前上ありません。

1920年代末以降の中華民国や1949年から1980年代〜1990年代の国民党による民主化までの台湾においては、国民党の領導が行われ、中華人民共和国においては共産党の領導が続いています。このような政治体制では、党の政策を国家的秩序とするための道具として憲法を含む法が位置づけられることになります。

「公安」という中国語も使います。これは日本語の公安ではなく、警察

に近い概念です。

1 現行憲法と今回の改正

中華人民共和国の現行憲法は、1982年12月4日に公布、施行されました。但し、すでに1988年4月12日、1993年3月29日、1999年3月15日、2004年3月14日、2018年3月11日の5回の改正を経ています。2004年の改正で憲法第33条第3項として「人権」の語を加えた例もありましたが、4回目の改正までは市場メカニズム導入の広がりによる手直しが基本でした。1982年憲法制定時には、計画経済メカニズムを主としつつ市場メカニズムを徐々に導入して経済を活性化させるという方針であって、憲法もそのように定められていました。今回のテーマである2018年改正の主な点は、全国人民代表大会のもとに新たな国家機関として国家監察委員会を設けたこと、胡錦濤時代の思想として「科学発展観」（科学的発展観）を、現在の習近平時代の思想として「習近平新時代中国特色社会主義思想」を前文に掲げたこと、国家主席に連続して任ぜられる場合には従来は2期までとされていた規定を廃止したこと、などを挙げることができます。このうち最後のものについては、日本のメディアでも改正の前後にとりあげられていました。これと現任の習近平の思想を前文に掲げたこととあわせて、習近平による権力集中を読み取った人も多いでしょう。これらのほかにも検討すべき改正点があります。順に見ていきましょう。

(1) 国家監察委員会及び地方各級監察委員会の新設

中央には国家監察委員会を、また地方各級（省、自治区、直轄市、自治州、県、自治県、県と同格の市、大きな市の区）にもそれらの監察委員会を新たに設けたことは、反腐敗への強い指向の現れです。

国家監察委員会は、全国人民代表大会の下に置かれる国家機関であり、行政を担う国務院、裁判を担う最高人民法院、検察を担う最高人民検察院、統帥を担う中央軍事委員会、元首とほぼ同じ任を担う国家主席と並ぶ中央の国家機関です。

従来も共産党員が関係する重大案件は共産党紀律検査委員会の領導のも

とで検察・公安が動いてきました。国家監察委員会という機関を設置したことは、既存の制度の解釈・運用ではなく、明文の規定を定めてそのとおりに行いたいという習近平政権の特徴が現れているのかもしれません。また、監察を重視する中国の政治的文化的伝統も感じます。中華民国憲法は1947年1月1日に公布され、12月25日に施行されました。1949年以降も台湾においては現行の憲法です。三権ではなく五権の憲法で、そのひとつが監察権であり、監察院という国家機関が置かれています。歴代王朝も監察機関にあたるものをもっていました。権力者が部下を信じ切らないところに中国の知恵や文化があるのかもしれません。人間はミスをしたり悪いことをしたりするものという現実を制度の中に組み込むことに長けています。私たちの身のまわりでこのような制度を構築すると息苦しい感覚を覚えるかもしれません。

　憲法改正直後の2018年3月20日には、憲法改正に合わせて、監察法が制定、公布、施行されました。以下、簡単に紹介します。

　第2条では、監察における共産党の領導がうたわれています。職務に関する違法な行為に対しては裁判機関、検察機関、その他の法の執行部門が相互に協力しつつ、また相互に制約することが定められています（第4条第2項）。協力や制約の要となるのが共産党ということになります。国家監察委員会も地方の監察委員会も主任1名、副主任若干名、委員若干名で構成され、それぞれが属する人民代表大会によって任免されます（第8条、第9条）。また、上級の監察委員会は下級の監察委員会を領導します（第10条）。地方自治という考え方はとられていません。監察の対象となる人々は、共産党機関、人民代表大会、政府、監察委員会自身、人民法院、人民検察院、中国人民政治協商会議、民主党派と呼ばれる共産党以外の8つの政党、工商業聯合会事務局、公務員法の適用または参照がある人々、公共事務の受託先、国有企業管理者、基層の大衆的自治組織の管理者など多岐にわたります（第15条）。人民解放軍と人民武装警察部隊とについては、中央軍事委員会が本法に基づいて監察のために別に定めます（第68条）。違法な行為が疑われる事件の調査の過程で汚職の可能性があれば、身柄の拘束ができます（第22条）。罪を認め、罰を受けることも認める場合には、寛大な措置がとられます（第31条）。人民法院、人民検察院、公安機関、会計

検査機関が汚職摘発の糸口をみつけた場合には、監察委員会に管轄を移します（第 34 条）。

(2) 共産党の領導についてのさらなる強調

憲法第 1 条第 2 項は、もとは「社会主義制度は中華人民共和国の根本制度である。いかなる組織または個人にも社会主義制度を破壊することを禁じる。」でした。この 2 つの文の間に「中国共産党の領導は中国的特色を有する社会主義の最も本質的な特徴である。」が挿入されました（修正案第 36 条）。従来は前文第 7 段落に共産党の領導という文言があり、また、第 1 条第 1 項の「中華人民共和国は労働者階級が領導し、労農同盟を基礎とする人民民主独裁の社会主義国家である。」という文言のうちの「労働者階級が領導し」についての解釈から共産党の領導を導き出していました。共産党は労働者階級の前衛政党であり、労働者階級が領導するということは、共産党が領導する、という意味であると考えてきたのです。

しかし、今回の改正で、この解釈は不要となりました。また、「社会主義の最も本質的な特徴」と言っているのですから、共産党の領導という政治制度に反対することは、社会主義制度を破壊することなので、禁じられることになります。この禁を犯せば、刑法 105 条に定める国家政権転覆罪や国家政権転覆煽動罪となる可能性があります。最高刑は前者なら無期懲役、後者なら 5 年以上の有期懲役の刑罰が用意されています。

とは言っても、今回の改正が無くても、そのような制度だったのですから、明文で定めておきたいという政権の傾向を感じることができます。

(3) 憲法改正全般

現行の中華人民共和国憲法改正においては、憲法修正案第○○条「○○条の○○を○○に改める」というように示します。この修正案が全国人民代表大会で認められると、そのように憲法の文言が変わります。1988 年の改正のときからの通し番号で、前回の 2004 年の改正までで憲法修正案第 31 条まで来ていました。今回の改正は第 32 条から第 52 条まであるので、全部で 21 の修正です。

前述の、国家主席に連続して任ぜられるのは 2 期（10 年）までという文

言（憲法 79 条第 3 項）を削除したのは、修正案第 45 条です。

　国家監察委員会の設置による改正は、修正案第 37 条（憲法第 3 条第 3 項）、修正案第 41 条（憲法第 62 条）、修正案第 42 条（憲法第 63 条）、修正案第 43 条（憲法第 65 条）、修正案第 44 条（憲法第 67 条）、修正案第 46 条（憲法第 89 条）、修正案第 49 条（憲法第 103 条第 3 項）、修正案第 50 条（憲法第 104 条）、修正案第 51 条（憲法第 107 条第 1 項）、修正案第 52 条（憲法第 3 章に第 7 節監察委員会を新設し、監察委員会についての規定を憲法第 123 条から第 127 条として 5 箇条を新設、従来の第 7 節は第 8 節に、また、従来の第 123 条から第 138 条の 16 か条は、第 128 条から第 143 条に番号を後ろにずらしました）です。国家機関を新たに設置したので、関連するところを改める必要がありました。

　胡錦濤の「科学発展観」は、修正案第 32 条により憲法前文第 7 段落に追加されました。同じ段落における「和諧美麗」（調和がとれ、美しい）、「社会文明」、「生態文明」という文言の追加もこれに含まれるかもしれません。このように見ると、「科学発展観」（科学的発展観）とは、社会問題や環境にも配慮した調和のとれた発展を目指すということのようです。「和諧」という文言は修正案第 34 条で第 11 段落に追加され、また、修正案第 38 条で憲法第 4 条第 1 項に追加されています。

　「習近平新時代中国特色社会主義思想」は、修正案第 32 条で憲法前文第 7 段落に追加されました。同じ段落において「社会主義国家」を「社会主義現代化強国」に改め、中華民族の偉大な復興という文言を追加したこともこれに含まれるかもしれません。中華民族の偉大な復興という文言は修正案 33 条で第 10 段落にも追加されました。修正案第 35 条では第 12 段落に「改革」、平和的発展の道の堅持、「互利共贏開放戦略」（共栄やウィンウィンの開放戦略ということでしょうか）、人類運命共同体を構築することを推進する、といった文言が追加されました。

　修正案第 39 条では、憲法第 24 条第 2 項に「社会主義核心価値」を国家が提唱する旨追加されました。「社会主義核心価値」とは、富強、民主、文明、和諧、自由、平等、公正、法治、愛国、敬業、誠信、友善の 12 の概念からなるものです。2012 年秋の中国共産党全国代表大会（日本では党大会とも呼ばれます）で提唱されたものです。胡錦濤にとっての最後の大会

であり、その大会で習近平が次の指導者に選ばれました。形式的には胡錦濤の持ちネタとなりそうですが、実際に提唱されるようになったのは習近平政権のもとです。これは2017年3月に制定された民法通則第1条にも規定されています。民主、自由、平等、公正、法治、誠信といった言葉は法学や政治学でも使う言葉であり、これが共産党の文書にも憲法や民法にも用いられることには積極的な意義があるかもしれません。他面で、共産党が用いる意味と文脈とで用いることが求められると、独創的な法学や政治学の研究、あるいは実務やメディアの活動はかえって制限を受けるかもしれません。2013年以降に起きていることを見ると、後者の傾向を見いだすことができます。

　修正案第32条で憲法前文第7段落の「社会主義法制」を「社会主義法治」に改めたことは、1文字の改正ですが、考察すべきことがらです。「法制」も「法治」も中国語ではいずれもfazhiという発音記号になります。「法制」には基本的にはふたつの用例があります。法制度一般を指す場合と旧ソ連で提唱された社会主義適法性の原理の中国語版とです。後者は、社会主義国にあっても国家と法とは必要であり、国家機関、公務員、市民は法を遵守しなければならない、というものです。当たり前のことのようですが、社会主義法またはマルクス主義法学という分野における学説の作法として、高度に発達した社会主義即ち共産主義の時代に至ると統治の道具としての国家も法もいらなくなり、それでも秩序が維持されるすばらしい世界が訪れるという未来を想定することになっています。商品交換の規範としての法という組み立て方をする場合もあります。生産力が進み、必要なものは必要なだけ手に入るので商品という概念自体がなくなり、法もなくなるという未来が想定されます。いずれにしてもその手前の段階では、法は必要であり、それを遵守することが大切であるということになります。

　1982年憲法は1999年の改正で第5条に社会主義法治国家となることを加えました。但し、中国語でいうところの「法治」と日本の法学教育における「法治」とが同じであるかどうかは検討する必要があります。また、日本のメディアも「法治」という言葉は使うものの、明確な定義があって使っているわけではないようです。もしドイツ流の法治国の原理として用いるならば、それには形式的と実質的との2つの用法があります。前者に

おいては、国家行為には立法機関によって定められた法の根拠を要すると
いうものです。この基準でいうならば、中国は基本的にはそれを満たして
います。習近平政権は熱心であると言えるでしょう。後者の用例の場合に
は論者が何を内容に盛り込むかで結論が変わります。もし権力分立や複数
政党制を内容に盛り込むならば、その瞬間に中国は法治の国ではないこと
になります。

　中国では「法治」に Rule of Law を英訳として与える場合が多いのです
が、これについても検討を要します。イングランド法史に現れた Rule of
Law を基本に考えるならば、法廷において正義と救済とを求めることがで
きるような制度を想定することになります。法曹の社会的地位が高いとい
うことが前提となります。そうなるとやはり中国はそうではないことにな
ります。今日では国際開発機関は融資の条件として Rule of Law の確立を
求めますが、その場合にはそこに込められるものによって結論が変わりま
す。また、中国には歴史上、法家と呼ばれる人々や法家思想と呼ぶべき思
想があるので、それとの連続性も検討する必要があります。

　このことに関連して、修正案第 40 条では、憲法第 27 条に第 3 項を追加
して「国家任務遂行人員は職に就くときには法律が定めるところにより、
憲法宣誓を公開の場で行わなければならない」としました。また、修正案
第 44 条は、国家監察委員会新設への対応のほかに、憲法第 70 条第 1 項で
全国人民代表大会に置かれる専門委員会として、従来あった法律委員会を
憲法及び法律委員会に改めました。修正案第 47 条は、憲法第 100 条に第
2 項を追加して「区を設ける市の人民代表大会及びその常務委員会は、憲
法、法律、『行政法規』及び当該省または自治区の『地方性法規』に抵触
しないことを前提として、法律の定めるところに基づいて『地方性法規』
を制定し、当該省または自治区の人民代表大会常務委員会が許可をした後
に施行することができる」ことを定めました。区を設けるような大きな市
の人民代表大会やその常務委員会に「地方性法規」制定権があることは従
来も認められてきました。憲法は現在判決の根拠条文とすることはできま
せんが、それでも大切であるということを示すこととあわせてすでに述べ
た明文の規定を求める傾向をここでも見て取ることができます。

　前の段落で出てくる言葉を少し説明しておきます。法律という言葉には、

法一般を指す場合と全国人民代表大会またはその常務委員会で〇〇法という形式で制定されるものを指す場合（日本の法学では、形式的意義における法律という言葉で教わります）とがあります。前の段落では後者で用いられています。『行政法規』とは、国務院が制定する法令の総称です。『地方性法規』とは省・自治区・直轄市の人民代表大会またはその常務委員会や憲法100条第2項で定めるような大きな市の人民代表大会またはその常務委員会が制定する法令の総称です。いずれの「法規」も〇〇条例、〇〇規定、〇〇辦法やその他の形式・名称で制定されます。大きな範囲のことを定めるときには条例、細かなことを定めるときには辦法、その中間は規定という形式を使います。

2　歴史

(1)　近代（憲政への道）

　近代西洋型の法の継受を含む国制全般の改革の動きは19世紀末から起こりますが、清朝が政治課題として認識するようになるのは、1901年1月29日（光緒26年12月10日）変法（新政）の上諭に始まります。義和団事件の動乱を逃れるため北京を脱した宮廷による政策転換です。また、1902年にはイギリスとの通商航海条約改正交渉があり、その中で、西洋流の法制度を整備すれば治外法権を撤廃する旨の発言をイギリスから引き出すことに成功し、9月5日（光緒28年8月4日）に締結された清英通商航海条約にはそのことが明文で定められました。この改革には立憲君主制への転換が含まれていました。1905年には科挙が廃止され、これ以降は法学を含む新しい西洋式の学問を学ぶ学校に進むことが立身出世の道となりました。1906年には預備立憲の上諭が出され、立憲君主制に向かうことが宣言され、官制改革も行われました。1908年には、帝国議会や地方議会を設置するために資政院章程や各省諮議局章程が制定されました。こうして出されたのが、憲法大綱（8月27日、光緒34年8月1日）です。大日本帝国憲法を参照したものです。

　しかし、1911年10月10日（宣統3年8月19日）に湖北省武昌で反乱があり、ここから清朝は崩れていきます。11月3日（9月13日）には臨時憲

法として十九条信条が清朝から発されましたが、勢いを覆すことはできませんでした。12月13日（10月23日）に革命軍と清朝側とは停戦し、皇帝は宮殿の中でのみ敬意を払われ、国全体は共和制へと向かうことになりました。こうして1912年1月1日（宣統3年11月13日）の中華民国成立を迎えることになります。

　こうした流れは高校のときに世界史で学んだかもしれません。なお、上記は西暦で表記した上でカッコの中で当時の中国の暦での日付も入れています。清末の史料の日付には注意して下さい。

　中華民国になると、臨時憲法として「約法」が制定されるようになります。1912年3月11日の中華民国臨時約法が制定されました。1914年5月1日には袁世凱により中華民国約法が制定されます。1923年10月10日には曹錕により中華民国憲法が制定されますが、政治的混乱の中で制定されたものですので、憲法史においては憲法の数に入れてもらえないこともあります。

　国民革命を進めた国民党においては、内戦期の軍政、内戦終結後国民党の指導のもとで国作りを行う訓政、それを経て憲法に基づく政治が行われる憲政という構想がありました。1928年に一応の全国統一をなしとげた国民党政府は、10月3日に訓政綱領を制定します（1929年3月19日追認）。その後1931年6月1日に中華民国訓政時期約法が制定されます。1930年代には憲法草案が完成し、検討の段階に入っていたのですが、残念なことに1937年以降日本による本格的な侵略があり、憲法の制定は第二次大戦終結後となってしまいます。1947年1月1日に中華民国憲法が公布され、同年12月25日に施行されました。これでやっと憲政の時代になったのですが、1947年には国民党側と共産党側とで激しい内戦が行われていました。この時点では国民党側が優勢だったので憲政への移行が目指されたのでしょう。また、政治的に優位に立つことも考慮されたのかもしれません。

　しかし、1948年になると国民党側は攻めあぐね、あるいは、劣勢に立つようになります。1948年4月18日には動員戡乱時期臨時条款が制定され5月10日に施行されました。

　戡とは、うち勝つという意味です。乱にうち勝つということで、内戦の時期にはこれを乗り越えるための動員体制をとるべく憲法の施行を一部停

止できるという措置です。憲政の時期は4ヶ月ほどで終わってしまいました。

国民党政府のもとで中華民国は1940年代までにひととおりの法整備を終えていました。いわゆる六法に関しては、憲法、民法、会社法（中華民国は民商統一法典ですので、日本の六法にいう商法のかわりに会社法を挙げておきます）、民事訴訟法、刑法、刑事訴訟法が制定されました。しかし内戦の中で、中国共産党側は1949年2月22日に中国共産党中央「国民党の六法全書を廃棄し、解放区の司法原則を確定することに関する指示」を発しました。「国民党の六法全書」というのは譬えであって、中華民国法のことを指します。まだ中華人民共和国成立前のことですが、中華民国法は全廃し、共産党側の根拠地（解放区と呼んでいました）では、民政移行していればその政府が、そうでなければ人民解放軍の軍政がしかれますが、そこでの法令が法となる、というものです。そうは言っても、内戦中のことですから、十分な立法は行われません。その場合には、「新民主主義の政策」が法のかわりとなる、というものです。中華人民共和国では国家制定法がない場合には「政策」が法源となってきましたが、その始まりでもあります。

1949年5月20日には台湾省に戒厳令がしかれます。

こうして憲政の道は閉ざされました。中華民国法は1949年以降は台湾現行法となっていき今日に至ります。大陸側では中華人民共和国が1949年10月1日に成立し、中華人民共和国法が形成されていきます。

なお、台湾では、1980年代から90年代にかけて国民党のもとでの民主化が行われ、1987年7月15日には台湾省戒厳令が解除され、1991年5月1日には動員戡乱時期臨時条款の終了宣言がなされました。こうして台湾において中華民国の憲政が復活しました。台湾としての台湾という問題も検討すべきことですが、今後の課題とします。

(2) 中華人民共和国

中華人民共和国成立を前にして、その準備として、中国人民政治協商会議が開催されました。中国共産党を中心としながらも、それに賛同する各界の人々が集まってこの会議が形成されました。このようなあり方を統一

戦線といいます。1949 年 9 月 29 日には中国人民政治協商会議協同綱領が制定され、正式な憲法が制定されるまでの臨時憲法となりました。その上で 10 月 1 日に中華人民共和国成立が宣言されました。

　その後 1954 年 9 月 20 日に最初の中華人民共和国憲法が制定されました。その前年の 1953 年からは第一次五カ年計画が始まっていました。この五カ年計画策定時においては、直ちに社会主義国になることを目指すのではなく、3 次の五カ年計画、計 15 年かけて社会主義化するという長期の過渡の時期を想定したものでした。ここでいう社会主義化とは、都市部商工業は国有・国営または協同組合の企業となり、農村部においては協同組合型の農場を形成して、これらに国民経済を担わせるというものです。いきなりはこのようにはしない、ということが考えられていました。1954 年憲法もまた、多様な所有形態や経営形態を正面から認めたものでした。

　ところが 1956 年には急速な社会主義化が行われました。この急激な根本政策の転換の原因や背景は今後さらに研究されていくでしょうが、朝鮮戦争により動員体制の必要性を強く認識したことや、台湾をめぐるアメリカとの戦争の可能性や、ソ連におけるスターリン批判による動揺への対処などが考えられます。憲法が想定しない経済政策の根本的な変更があったのですから、憲法を改正するか、政策転換をやめるか、どちらかのはずですが、政治的にはこうしたことを不問にしておくということもあり得ることで、そのようになりました。結局文化大革命の末期に、文化大革命の政治的影響を強く受けて 1975 年 1 月 17 日に 2 つめの中華人民共和国憲法が制定されました。しかし、1976 年に毛沢東が死去、文化大革命を推し進めた人々が逮捕されて実質的に文化大革命が終結、翌年には共産党により正式に終結の宣言が出され、1975 年憲法は全面改正を運命づけられました。こうして 1978 年 3 月 5 日に制定されたのが 3 つめの中華人民共和国憲法です。1954 年憲法を基礎としつつ文化大革命の影響も残り、1978 年 12 月に中国共産党の中央委員会で今日にもつながる改革・開放の方針が採られると、1978 年憲法も全面改正を運命づけられました。1979 年 7 月 1 日及び 1980 年 9 月 10 日に部分改正され、また、1980 年には全面改正のため起草委員会が設けられました。こうして 1982 年 12 月 4 日に制定されたのが現行憲法です。

3　統治原理と「公民」の権利

　2018 年に改正された現行憲法だけではなく、1954 年憲法以来の、さらには中国人民政治協商会議共同綱領のうちにも見られる統治原理は、(1) 権力集中型民主主義（＝民主集中制＝権力分立の否定）、(2) 中国共産党の領導（＝複数政党制の否定＝中国共産党領導下の多党合作としての統一戦線）、(3) 単一制国家（＝連邦制・国家連合の否定）の３つであり、また、(4) 人類普遍の人権ではなく「公民」の権利（または市民の権利）を基本とすることです。以下、2018 年改正後の現行憲法に則して見ていきます。

(1)　権力集中型民主主義（＝民主集中制＝権力分立の否定）

　憲法第３条は、以下のように定めます。なお①②③というのは日本流には第一項、第二項、第三項ということです。憲法の条文自体には番号はふられていません。段落が変わることで示されます。中国語では第一款、第二款、第三款といいます。

　第３条①中華人民共和国の国家機構は、民主集中制の原則を実行する。
②全国人民代表大会及び地方各級人民代表大会は、すべて民主的選挙によって生み出され、人民に対して責任を負い、人民の監督を承ける。
③国家行政機関、監察機関、裁判機関、検察機関は、すべて人民代表大会によって生み出され、人民に対して責任を負い、この監督を受ける。
④中央及び地方の国家機構の職権の区分は、中央の統一領導のもとに、地方の主動性、積極性を充分に発揮する原則に従う。

　日本では、日本国憲法を前提に、小学校の社会科以来、立法・行政・司法または国会・内閣・裁判所という三角形を習ってきたはずです。このようにして相互に牽制しあうことによって自由が守られると教わってきました。他方、中国憲法の考え方は、全国の人民の代表が集まる全国人民代表大会は、そうであるからこそ最高の国家権力機関であり、他の国家機関を束ね、それでこそ民主主義が示されるというものです。旧ソ連のソビエト制度（ソビエトとは会議体を示すロシア語です）を継受したものであり、また、パリコミューンを祖とするものです。さらに源流をもとめるならば古

代ギリシアの民会にまで遡ることができるでしょう。地方自治は憲法上の原理としては認められず、これも全国人民代表大会によって束ねられます。

(2) 中国共産党の領導（＝複数政党制の否定＝中国共産党領導下の多党合作制）

1で見たようにこの点を従来よりも強調したのが 2018 年改正です。

前文第 7 段落は、「中国各族人民は、ひきつづき、中国共産党の領導のもとにあって、マルクス・レーニン主義、毛沢東思想、鄧小平理論及び三つの代表という重要思想、科学的発展観、習近平新時代中国特色社会主義思想の手引きにより、人民民主主義独裁を堅持し、社会主義の道を堅持し、(中略)、我が国を豊かで強く、民主的で、文明的で、調和のとれた美しい社会主義現代化強国としていき、中華民族の偉大な復興を実現する。」とします。

第 1 条①中華人民共和国は労働者階級が領導し、労農同盟を基礎とする人民民主独裁の社会主義国家である。

②社会主義制度は中華人民共和国の根本制度である。中国共産党の領導は中国の特色ある社会主義の最も本質的な特徴である。いかなる組織または個人にも社会主義制度を破壊することを禁じる。

と定めます。第 2 項については 1 で触れました。

第 1 条第 1 項は、中国では国体を定めたものとされます。国家の階級的本質とそれを前提として権力が誰のものかを示すのが国体規定です。この定めによれば、中華人民共和国の国籍を有する人の大部分は「人民」であり、ごく少数の人民の敵がいて、人民の中では民主主義が実行され、人民の敵に対しては独裁が行われます。人民には労働者階級に属する人々と農民に属する人々がいて、領導者は労働者階級であり（その前衛政党である共産党は領導者の領導者となります）、農民はその同盟者として位置づけられます。こうした考えは、1990 年代以降市場メカニズムを全面的に導入し、私営企業も認められるようになると本来ならば見直しが必要となるはずです。しかし、共産党の領導という制度自体の再検討や再構築を必要とするので、1982 年憲法は、部分改正でしのぎ、根本的な問題についての対応は先延ばししています。

(3) 単一制国家 (＝連邦・国家連合の否定)

単一制国家というのは聞き慣れない言葉ですが、連邦制や国家連合 (複数の国家が対等に連合した上で1つの国家としてふるまう制度です) の反対語です。故に、日本も単一制国家です。但し、日本では日本を連邦国家にしようととなえても犯罪にはなりません。中国では国家分裂の罪に問われます。

憲法では、我が国各族人民という言い方が多用されます。漢民族と 55 の公定の少数民族とをあわせて中華民族というものを想定し、それのみが民族自決の主体、すなわち主権国家を形成する主体と考えます。各民族は民族自治の主体としてのみ認められます。前文の第 11 段落には「統一の多民族国家」という文言があります。

第 52 条は「中華人民共和国市民は、国家の統一及び全国各民族の団結を護る義務を有する。」と定めています。

中国に地方自治がないことはふれました。したがって中国には地方自治体はありません。地方政府という言い方をします。中国憲法で認められている自治は以下の三種類です。

最も大きい自治は、特別行政区の高度な自治で、香港及びマカオがその主体です。独自の立法権や自らの最高裁判所を持っています。香港特別行政区基本法とマカオ特別行政区基本法とが、中華人民共和国法として定められています。解釈権は全国人民代表大会常務委員会にあるので、何が自治事項かの判断権は北京にあります。しかし香港においては、法学者や法律家の提唱する法理によって自治事項の判断権を可能な限り香港側に留めようとし、また、香港の自治を守ろうとする市民運動や学生運動も盛んで、綱引きが行われています。

中華人民共和国の立場では、いずれ台湾も特別行政区になってほしいと思っています。台湾には、自らを中国人と位置づける人も自らを台湾人と思う人もいます。憲法学上のことではありませんが、皆さんが中国本土の人や香港・マカオ・台湾の人とつきあうときには、いろいろな考えや立場の人がいることを心にとどめてください。うかつな一言で誰かを傷つけたり、商談がストップして迷惑をかけたりすることを避けるためです。

特別行政区の自治には劣位しますが、民族自治区域の民族区域自治がこ

れに続きます。そのほかに基層住民の自治が認められています。

(4)「公民」の権利・義務と「人権」

中国憲法では、日本国憲法ならば国民と呼ぶべきところで「公民」の語を用いています。

第33条第1項は、「およそ中華人民共和国国籍を有する人は、中華人民共和国『公民』である。」と定めます。

『公民』という中国語は、日本語に訳すのが難しいものの1つです。もし国民と訳せば、中国は国民国家か、という問いに答えなければなりません。市民と訳せば、中国は市民社会か、という問いに答えなければなりません。そのまま公民と訳せば、日本語としてわかりにくくなります。

中国では「公民」の権利を定めています。中国という政治共同体の一員（公民。その限りで市民という訳も可能です）であることによって権利の主体となるという考え方を前提とした概念です。人間であることによって当然に権利の主体となるのではない、という考え方でもあります。日本国憲法では、全て国民は〇〇の権利を有すると書かれていても、国籍が特段に重要でない限りは、日本国籍をもたない人でもそこに含まれると考えます。人権という概念が基本となっているからです。中国も2004年の改正では、第33条に第3項を加えて、「国家は、人権を尊重し、及び、保障する。」としました。しかし、これが普遍的な人権概念を正面から認めたものかどうかは検討を要します。

中国における人権の考え方は以下のようなものです。人権は国内管轄事項であり、他国の要人が中国の人権問題をとりあげるのは内政干渉となり、また集団的人権（国民・民族としての生存発展の権利）は伝統的な個人の人権に優位します。このことは国際人権という考え方を否定または制限するもので、やはり政治共同体の一員としての市民の権利という考え方の延長線上にあるものです。

おわりに

1では2018年改正の紹介をしました。2では清末以来1982年憲法制定

に至るまでの歴史を概観しました、3では中華人民共和国の憲法の原理を整理しました。権力分立や普遍的な人権の尊重を基礎とする日本国憲法を学んだ人にとっては異質なものを感じたことでしょう。

　しかし、日本でも大日本帝国憲法第1条で「大日本帝国ハ万世一系ノ天皇之ヲ統治ス」と定め、第3条で「天皇ハ神聖ニシテ侵スヘカラス」と定め、第4条で「天皇ハ国ノ元首ニシテ統治権ヲ総攬シコノ憲法ノ条規ニ依リテコレヲ行フ」と定めていましたが、憲法全体を立憲主義的に解釈し、運用する努力が行われてきました。

　中国においても、本講義では紹介しませんでしたが、憲法学を含む法学や法務においては、法を以て公権力を制約し、市民の私権を保護し、適度に公権力行使を支え、私権の濫用を防ぐ、というバランスをとる努力も行われています。

　歴史的には、大日本帝国憲法時代に我々の先輩たちが行った努力を振り返り、また、比較法的には、中国の文脈に立って中国の同僚たちの努力に敬意を払うことで、異質に見えるものの中に対話の可能性を見いだすことができます。それは現実と切り結びつつ次の展開に対応することにつながります。そのような目で日本や中国の憲法を通読してみてください。

Q&A　講義後の質疑応答

Q：中国では憲法はどの程度知られていますか？　また、どの程度肯定的または否定的にとらえられていますか？

A：知識という点でいえばそこそこは知られています。学校教育や地域・職場の動員による学習活動の中で勉強します。しかし、自らの価値観や哲学・信仰と結びつけて認識しているかどうかはわかりません。

Q：憲法は立法や司法にどのような働きをしていますか？

A：全国人民代表大会（その常務委員会を含む）の立法は憲法に基づいて行われます。但し、違憲立法審査権は法院にはありません。全国人民代表大会常務委員会が解釈を行います。

　　　また、現在の最高人民法院の解釈では、判決の際の根拠条文として

憲法を挙げていません。いわゆる憲法の私人間適用もありません。但し、判決には理由を書かなければいけないので、理由を書くときには憲法の条文やそこから導き出される理念が言及されるようです。

Q：共産党は領導的地位にあって思うように政治を行うことができるはずなのになぜ法治をうたうのですか？　また、提案したことが全て審議を通過して立法がなされるならば、それは法治という体面があるのみではないですか？

A：選挙を経て権力者となっているのではない弱みがあります。政策の正当化の道具として法治（国家行為には根拠となる法が必要であるという意味の法治）が必要になります。

Q：権力集中型国家機構と共産党領導の政治制度とが、くつがえる可能はありますか？

A：政策の当面の正当化の道具は立法とその法に基づく行政と司法です。政治体制を長く維持するには成功を連続させる必要があります。その連続が滞ったときに政治変動の可能性があります。但し、周辺（日本を含む）への影響を考えると変動が緩やかに起こることが望ましいです。実際に起こるときにはそのように都合よくはいかないという覚悟も必要でしょう。

Q：監察委員会を設けたとしても腐敗は防げるのでしょうか？　監察委員会自体が腐敗した場合にはどうなるのでしょうか？

A：監察委員会も、それを領導する共産党紀律検査委員会も、そのもとで働く検察も公安も腐敗してしまったら、それは政治システム全体として終わるときです。但し、中国にも危険や不利益を承知で声を上げる人もいます。あるいは政敵や気にくわない人に打撃を与えたい人もいます。こうした清い水や泥水の作用でなんとかなると思っています。但しこのことについてのエビデンスはありません。

※おすすめの本

1、2018 年改正直後には国家主席連続選任制限規定が削除されたことが着
目されました。新聞でもとりあげられましたが、それ以外では以下の 2
つを参照して下さい。

鈴木賢「鄧小平憲法から習近平憲法への転換」『法律時報』（90 巻 5 号、
2018 年）

福島香織「習近平憲法修正で広がる中国リスク」（『学士会報』（930 号、
2018 年））

2、憲法の日本語訳については次の 2 つを挙げておきます。前者は 2018 年
改正の前の 2004 年改正を反映したものです。後者は 2018 年改正が反映
されたものです。前者については訳注も読んで下さい。

高橋和之編『新版　世界憲法集』（第 2 版）（岩波文庫、2012 年）

畑博行・小森田秋夫『世界の憲法集』（第 5 版）（有信堂、2018 年）

3、憲法を含む中国法全般については、次の 3 つを読んで下さい。一番目
のものは清末から現代までの通史です。誤字脱字や数字の間違いがある
ので注意して読んで下さい。二番目のものは、学部生向け教科書です。
三番目のものは大学院用の教科書として企画したものです。二番目のも
のを読んでもっと学習したいと思ったら読んで下さい。

高見澤磨・鈴木賢『中国にとって法とは何か　統治の道具から市民の権利
へ』岩波書店、叢書 中国的問題群 3、2010 年

高見澤磨・鈴木賢・宇田川幸則・坂口一成『現代中国法入門』（第 8 版）
（有斐閣、2019 年）

高見澤磨・鈴木賢編『要説 中国法』東京大学出版会、2017 年

4、「おわりに」で日本の近代について少しだけ触れました。このことに興
味があったり、中国の近現代を憲政という観点から知りたいと思うなら
ば次の 3 つをおすすめします。三番目のものは辛亥革命 100 周年企画で
す。

高橋和之編『日中における西洋立憲主義の継受と変容』（岩波書店、2014

年)

中村元哉編『憲政から見た現代中国』（東京大学出版会、2018 年）

髙見澤磨「辛亥革命から中国法史 100 年を考える」日本現代中国学会『現
　代中国』（86 号、57-66 頁、2012 年）

5、上記 1 〜 4 のほかに本講の準備では以下のものを用いました。三番目
　のものは暦の対照表です。皆さんが歴史研究をしたり、出版編集に関わ
　るようになったら、暦ごとに年月日が違うという当たり前のことに注意
　してください。

陳荷夫『中国憲法類編』（中国社会科学出版社、1980 年）

北京大学法律系憲法教研室・資料室編『憲法史料選編』（全 5 輯）北京大
　学出版社、北京大学教学参考書、第 1, 2 輯 1982 年、第 3 〜 5 輯 1981
　年

鄭鶴声編『近世中西史日対照表』（中華書局、1981 年）

翁松燃編『中華人民共和国国憲法論文集』（中文大学出版社、1984 年）

都市化政策と農民

——「県域社会」の視点から

田原史起

田原　史起（たはら　ふみき）
東京大学大学院総合文化研究科准教授。専門は農村社会
学、中国地域研究。一橋大学大学院社会学研究科博士課
程修了。博士（社会学）。新潟産業大学、東京大学大学
院総合文化研究科専任講師を経て現職。
主著に『中国農村の権力構造』（御茶の水書房）、『二十
世紀中国の革命と農村』（山川出版社）、『日本視野中的
中国農村精英』（山東人民出版社）、『草の根の中国』（東
京大学出版会）。

はじめに

　私は中国の農村社会を研究しています。自分の農村研究のやり方というのは、全国にまたがる複数の「根拠地」つまり定点観測の基地になる村を築いて、同じ村を何度も繰り返し訪問し、農村社会の構造にたいしてミクロな視点でアプローチすることです。直接的な観察対象は「村落」という小さな地域社会ですが、同時に、村落は閉ざされた小宇宙ではなくて、村落の住民が出たり戻ったりと、常に移動を繰り返し、外部世界と関係をもっています。皆さんは「出稼ぎ」や「農民工」などの言葉は聞いたことがあると思うのですが、農民は農外就業の機会を求めて大都市に出たり、また帰ってきたりと季節的な移動を繰り返しており、非常に自由で流動的な側面をもっています。出稼ぎというのは、一家全員が村を去っていく挙家離村とは違って、生活の基盤は農村に置きながら、現金収入の部分で最大化を目指すために都市で農外就業する行動です。ともあれ、村落社会にフォーカスしていると、村落生活の一部分として、そういう移動のパターンもみえてきます。今日の講義では、そういう農民の移動の過程がどういう意味をもっているのか、とりわけ中国政府が現在、全国的に進めている都市化政策とどのようにかかわっているのかという話をしてみたいと思います。

1　偏った農村への認識

　図1はノートン（B. Norton）というアメリカの経済学者の書いた現代中国経済にかんするテキストの表紙です。きらびやかな都会に建築中の高層ビルがあって、空中の足場に誰かが座っていますが、これは誰だかわかりますか。どういう人でしょうか。この人は何をしていますか。はい、もちろんこれは建築中のビルで働いている労働者です。

　よく中国の現状が語られる際に、華やかな都市の発展の陰に虐げられた悲惨な農村があり、そこから出てきた農民工といわれる人々は、苦しい3K労働に耐えている、ととらえられることがあります。このカバー写真

図1　大都市の建築現場で働く農民工

は上海の景色ですが、この写真が暗に伝えたいことというのは、おそらく
都市と農村の格差であり、発展する大都会と遅れた農村というものを、高
層ビルと農民工のコントラストで表現した、そういう写真だと思います。

　こういう写真のアングルに沿う形で、現代中国の社会問題が論じられる
際、メディアや学界も含めて、都市＝農村間の特に経済的な格差というこ
とがよく大問題として取り立てられるわけです。ただ、客観的な数字に表
れるそういった経済格差の存在は、それ自体が「問題」なのか、あるいは
少なくとも農民自身の感覚に沿ったものなのかと考えてみることもまた可
能ではないかと思います。図2は、このノートンのテキストに掲載された
都市と農村の経済的な格差を示したものです。1978年、改革開放が始まる
ときには都市市民の収入は農民の約2.5倍。そこから格差はいったん縮小
した後にまたぐっと上がって、近年は3倍を超えるくらいにまで拡大して
いるというわけです。こういう統計数字をみると、農村住民は「なぜ都市
の連中は俺たちの3倍も稼いでいるのか」とさぞ悔しがっているのではな
いか、というふうに我々も思いますよね。しかし、そうした想像は本当に
正しいのかということです。

　そこでこの講義を始めるにあたって、皆さんに4つほどの問いを投げか
けておきたいと思います。そしてこれらの問いを念頭におきながら、これ

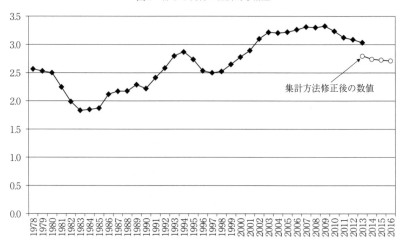

図2 都市と農村の経済的な格差

出典：Barry Naughton, *The Chinese Economy: Adaptation and Growth*（*2nd edition*）, Cambridge, Massachusetts and London, MIT Press, 2018, p. 144.

からのお話を聞いてもらいたいと思います。

　第一に、農民の日常的な不満の中心を構成しているのは、都市と農村の経済的な格差なのか。よく中国農民が絡んだ暴動や陳情事件などがメディアで報道されたりすると思うのですが、その背景には、図2に示されたような格差があるのかどうか。

　第二に、こうした経済格差にみられる都市と農村の問題の元凶は、よく指摘される通り、戸籍制度なのでしょうか？　皆さんも聞いたことがあると思いますが、毛沢東時代以来の現代中国には都市戸籍と農村戸籍の区別が存在してきました。「市民」と「農民」が戸籍で分けられていて、都市住民は職場を意味する「単位」で、農村住民は人民公社のもとで、それぞれ異なるシステムで統治されていました。その結果、生まれたのが都市＝農村の二元構造（城郷二元結構）です。人口の流動化にもかかわらず、この二元構造は現在でも確固として存在しているようにみえます。では、中国の都市と農村の間にいまでも格差や断絶が存在している主な原因は、本当に戸籍制度なのでしょうか。

　第三に、いま現在、何が人々を農村から都市へと向かわせているのか、その内在的な動機は何だろうかという問いです。農民はただ都市の豊かさ

に憧れて、漫然と都市を目指しているのでしょうか。

　第四に、都市化をめぐる政府の意図は何なのか、という問いです。都市と農村の二元構造は毛沢東時代に政策的措置によって形成されたものですが、近年はその二元構造・格差の是正を目指して、都市と農村の発展を一体化する（城郷発展一体化）という都市化政策が進められています。ここでひとつ、問題になるのが、農村と「一体化」させられるべき「都市」とは何なのか、ということです。はたして政府は、北京や上海のような大都市を農村と一体化させようとしているのでしょうか。

　以上の4つの問いを念頭においてもらい、講義の最後にこれらに立ち戻って一緒に考えてみたいと思います。

2　中国農村の軌跡

　最初に、本講義の背景となる中国農村の歴史的背景を、ごく簡単に確認しておきましょう。

　人民共和国の成立前、中国の農村には土地を多くもっている人もいれば、まったくもっていない人もいて、階層構造はでこぼこでした。そのでこぼこだった階層状況を変えたのが1950年代初頭です。まず土地改革をやって、土地を多く所有しており、自分の労働によって生活していなかった「地主階級」の土地を、下層の貧農や雇農に分配していったわけです。これにより、土地所有のレベルはそれ以前よりもかなり平均化されました。この段階では、土地はまだ私有制です。その後、1955年前後に農業の集団化というのをやります。集団化すると土地は私有制ではなく、すべて集約してしまい、みんなのもの、つまり集団所有の土地になりました。これは中国の農村にとってはとても大きな出来事でした。

　さらに人民公社というものが1950年代の終わりにつくられ、1960 ～ 70年代にかけて存続していきます。人民公社制度の役割の一つは、農民を農村から逃がさない、ということでした。農民が都市に用事で出かける際にも、公社幹部の紹介状が必要で、食糧配給切符が無ければお金があっても食糧が買えない、ましてや住宅なども配分されないということで、農民が都市に逃げ込んだとしても生きていけないシステムになっていました。い

っぽう都市のほうは「単位」システムで、政府機関、工場、学校などで構成され、政府の直接的管理と手厚い保護のもとに置かれていました。先に述べた通り、このシステムを脇から支えたのが、1958 年に導入された戸籍制度でした。

　毛沢東時代を通じて、都市の人口は全体の 20％程度、農村の人口は 80％くらいにコントロールされていました。まだ戸籍制度を完備していなかった 1950 年代を通じて農村から都市に流入してしまった人口は、1961 年以降、故郷に追い返すような措置も採りましたし、文化大革命 (1966-76) の時期には「下放」というかたちで都市の若者が 2,000 万人ほど農村に送り込まれたりもしました。総じて、農村から効率よく収奪した資金と商品化食糧を用いて、工業化の担い手となる限られた数の都市部住民を養いつつ、重工業化と軍備のための資本蓄積を最大限に行う、そのような国家目標にしたがって、都市と農村の二元構造が形成されていったということです。

　1980 年代初頭に人民公社は解体されていきます。このときに、みんなの土地だった農地を、所有権は集団に残したままで、使用権だけを各世帯に分配しました。このときのやり方は非常に平均主義的で、家族の人数に応じてその村の戸籍をもつ村民全員に配分するというものでした。村の全耕地面積を村民の人口で除して、たとえば 1 人 1 畝（1 畝は約 6.7a）となった場合は、3 人世帯であれば 3 畝、5 人世帯なら 5 畝というかたちで分配していきました。つまり、1949 年の建国以前はでこぼこだった村内の階層構造が、1980 年代初頭にはいわば「リセット」されたかたちになりました。中国農村の改革は、いわば「どんぐりの背比べ」状態からの再スタートになったのです。これは大事なポイントです。

　その後、農民の都市への移動自体は自由になり、2000 年くらいからいわゆる「農民工」というかたちで、内陸農村の津々浦々で、沿海部の大都市に向けての出稼ぎが普遍化し、大きな潮流となってきました。この農民工の大量発生といま述べた農地の平均分配措置との間には、実は大変深い関連性があります。つまり、みんな実家の農村に平均的な規模の土地をもっているから、安心して出稼ぎに出るわけです。多くの場合は親世代が実家の農地の世話をして、基本的な食糧を確保し、子世代が出稼ぎに出る、と

いう家庭内分業のかたちをとります。しかも「どんぐりの背比べ」からの
スタートですから、村内の身近な他人と競い合うようにして出ていくよう
になりました。実家の農地は、都市の職場を解雇された際などには「保
険」として働くので、出ていった農民もそうした不測の事態に遭遇した際、
あるいは実家の方で人手が必要な場合には随時、帰省するという流れが形
成されました。中国の都市にスラムが形成されないのは、農民が皆、帰る
場所をもっているためです。

　2005 年の終わりには記念すべき事件があって、それは何かというと、人
民公社を解体してから戸別農家にたいして課されていた農業税や、農業税
に付加して徴収されていた各種の「費用」が全面廃止になったことです。
つまり、農民世帯からは所得税に相当する税金がいっさい徴収されなくな
ったということです。それまでは農村から都市に向けて税のかたちで資源
が吸い上げられていたのが、2006 年を境に、政府は農民優遇政策として
様々な補助金や社会政策のかたちで資金を分配するようになってきた。つ
まり、都市＝農村間の大きな資源の流れがそれまでとは逆になったのが、
2006 年だったのです。

3　都市＝農村の一体化──農民のロジック

(1) 農民の家族戦略

　ここまでの簡単な歴史的背景を踏まえることで、現在の中国農民の行動
ロジックはかなりわかりやすくなると思います。このロジックを「家族経
済戦略」(family economic strategy) と呼んでみましょう。この戦略は、簡
単にいえば、世帯のなかの世代間分業を通じて、安定の確保と利益の最大
化を同時に追求しようとするものです。まず、家族のなかの親世代、40 代
から 50 代、60 代の人たちは、前述のごとく各世帯に均分された小さな農
地を経営している。この農地経営の第一目標は家族の安全と生存の確保で
す。少なくとも小さな農地を耕して自分たちの食糧さえつくっておけば飢
え死にすることはありません。小農経営をもとにした多くの地域の農業の
あり方は、こうした生存確保の農業であり、産業としての発展を追求する
ようなものではありません。

　いっぽうで家族のなかの若い世代は何をするかというと、基本的には大都市に出稼ぎに出ます。田舎にいて遊んでいても仕方がないからです。小さな農地の経営は親世代がやれば十分なので、学校を卒業した後の子世代は余剰労働力となります。同時に、「出稼ぎ」が出稼ぎたるゆえんは、その移動が永久的なものではなく、季節的な回帰性をもつ点にあります。つまり、大都市に出て行って終わりではなくて、旧正月や農繁期、老親の世話、あるいは出稼ぎを続けて現金が貯まったので家を新築する際に自ら新築作業に参加するためになど、あらゆる機会に出稼ぎ者は帰省します。しばらくしてから再び出稼ぎに行くか、あるいは実家に留まっているかの選択は非常にフレキシブルです。家で何か必要があるときには家にいて、その他の余った時間には大都市で出稼ぎをして、より望ましい将来の生活、つまり家を建てるためや子供の教育費のために現金収入を稼ぐわけです。こうして、農民は大都市と農村の間をぐるぐる回っているのです。

　農地経営と出稼ぎはいわば車の両輪のような関係です。中国農民の強みは、2008年の世界金融危機で、都市の工場が操業停止や定員削減を行い、労働者が解雇された際にはっきり現れました。労働者の多くは農民工ですが、解雇された農民工は慌てることもなく、実家に帰って休息し、実家での農作業や用事をこなしつつ、淡々と次の出稼ぎに備え待機することができました。全体からみれば、世界金融危機は中国社会に何の混乱も生じさせなかったのです。

　このような認識からいえば、出稼ぎに伴う現在の農村から都市への人口移動は、恒久的な「移住」（migration）というよりは、人的な「環流」（circulation）の一部分ととらえた方がよいように思います。つまり、「移住」というと、一度きりの移動で農村から都市へ人口が移り住む、という印象を与えますが、現在の中国の状況はそうではなくて、実は農民は都市と実家の農村の間をぐるぐると環流しているのです。ほんらい、挙家離村ではなく「出稼ぎ」であることの意味は、人々が季節的に循環することにあるのですから、これは当然のことです。

　図3は、農村家庭が家計からどれだけの支出を行っているか、その時系列的変化を示しています。このグラフは、図2でみた都市農村ギャップの与えるイメージとは全く違うと思います。これをみてみると、改革開放が

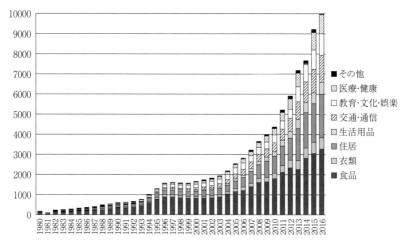

図3　農村住民の消費支出（元／人）

凡例（上から）：
■ その他
▨ 医療・健康
□ 教育・文化・娯楽
▨ 交通・通信
▨ 生活用品
■ 住居
▨ 衣類
■ 食品

出典：田原史起『草の根の中国——村落ガバナンスと資源循環』東京大学出版会、2019年、24頁。

始まるころから農民世帯の支出はゆるやかに伸びて、1995年あたりから5年間ほど伸び悩んだ末、2000年前後から急速に拡大しているのが一目瞭然です。これだけ現金支出が拡大していることは、明らかに出稼ぎの浸透による現金収入の獲得の結果によるものとみるべきです。農村住民にとり、2000年以降の15年間、あるいは20年間というのは、年ごとに消費のレベルが上昇していき、物質的な豊かさを継続的に実感できた時代であったということです。同期間に都市住民との収入格差が拡がったことなど、農村住民はほとんど意に介さなかったはずです。

　支出よりもさらに即物的な観点で農民の実感を考えてみます。図4は耐久消費財保有数の変遷です。100世帯当たりの数なので、100世帯で100もっていたら1世帯で1つもっているということになります。

　たとえば自転車保有台数のピークは1995年くらいです。これ以降、自転車は古い交通手段になっていき、徐々に減少しています。自転車の次はバイクです。バイクもどんどん伸びて、2012年ころをピークに減少に転じています。その代わり、こんどは自動車がすでに3軒に1軒くらいまで普及してきています。私の調査地の一つに江西省の余干県がありますが、そこでは最近になって、農民工が春節に出稼ぎ先の浙江省からマイカーを運

図4 農村住民の耐久消費財保有数（100世帯当たり）

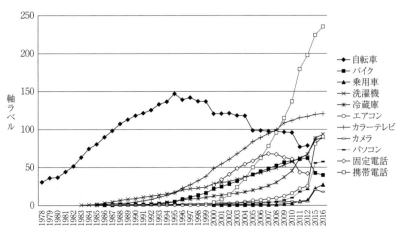

出典：田原前掲書、25頁。

転して帰ってくる現象が普遍化してきました。ごく最近まではほとんどな
かったことです。それから携帯、スマホの保有率の伸びは目覚ましく、あ
とは、日本でも昔「三種の神器」といわれたように、洗濯機や冷蔵庫、そ
れからエアコンなど家電製品もどんどん増えてきています。

　こういった耐久消費財、それから特に家屋の格式は「豊かさ」の指標と
して見えやすいですよね。そうすると身近な他人との引き比べが始まりま
す。「隣の家が冷蔵庫を買ったのに、うちはまだもっていない」とか「あ
の家は車を買ったのに、うちはまだもっていない」とか、「みんな4階建
ての家を新築したのに、うちは3階建てだ……」と、そういうところで格
差が気になってくるということです。

　ところが、農民にとって出稼ぎ先の大都市というのは、同じ国内のこと
ではあっても現実感に乏しい。農民工の多くは大都市で働いているのです
が、現地の市民との交流は非常に限られています。都市は働くだけの世界
で、たとえば建築業界などが一番よい例ですが、一緒に出稼ぎに来た連中
とほとんどの時間、一緒にいて働くというスタイルなので、都市の実態と
いうのはあまり見えないのです。ましてや、農民工は都市と農村の格差を
示す統計資料を見たりもしませんから、都市は憧れの対象ではあっても、
自身との「引き比べ」の対象ではありません。私が農村のフィールドでい

ろいろな人とお喋りをしていても、「都市の連中と私たち農民の間の格差
が問題だ」というような発言はまず、出てこないのです。

　逆に、隣近所の農民同士の間での「引き比べ」は限りなく多く、誰がど
れだけ補助金をもらったのに自分はもらっていないとか、そういうコミュ
ニティのなかでのギャップが強く意識されるということです。そういう意
識構造は、前述した 1960 年代、70 年代に形成された二元構造に関係して
いる。都市にいるのは特権的な人々ということで、それと自分たちを比べ
る習慣がないかわりに、農民の内部では絶対的に平等・公平である必要が
ありました。だから現在でも農村内部、自分の村内部での格差のみに目く
じらを立てるのです。

(2) どこに家を買うか

　以上のような行動ロジックは、中国社会の都市化の動向とどのようにか
かわってくるでしょうか。ここで注目されるのが、若い農民の居住地選択
の志向性です。

　農民世帯は「家族経済戦略」の展開の結果として、貯蓄が増えてくると
たいていは家を新築するのですが、その際には、どこに建てるか、あるい
はどこで新居を購入するか、が問題となります。沿海部大都市に建てるの
か、それとも内陸大都市に建てるのか。それとも、自分の住んでいる省の
省都に建てるのか。それとも、省の下にある市の中心地か、あるいは小都
市である県城か。一般的にいって、大都市や省城は地価が高く、農民工の
収入ではとてもマンションは購入できません。これらの大都市で出稼ぎを
したとしても、その就業地点に家を買うことは非現実的なのです。

　ではどのレベルの都市に買うかというと、現実にみられる事例としては
地元の市レベルの中心都市というのはあり得ると思います。しかし、市レ
ベルよりももっと現実的なのは県城で、その下の郷や鎮になってくるとも
っと普遍的になってきますが、いまだに一番多いのは自分の村のなかに家
を新築することです。なかでも最も普遍的なのは、自分がもともと住んで
いた敷地内で建て替えるというパターンです。

　変化の趨勢という観点から考えると、今後、ますます増えてくるだろう
現実的な農民の移動と居住地選択の経路としては、村から出ていって大都

図5 甘粛省西和県の県城（2016 年）

市で働き、故郷の農村との間の行ったり来たりを繰り返しながら、あるタイミングで実家のある県の中心地である県城に家を買うというパターンです。

　ただ、小都市である県城に家を買うことはゴールではありません。一般的にいって、マンション購入後も若い世代の農民は引き続き大都市で働かなければいけない。県レベル経済の発展度合いは全国でばらばらで、内陸部農村では県城に出たといっても稼ぎの良い仕事がない地域も多いので、そこに家を買っても、まだ引き続きぐるぐると大都市との間で環流を続ける必要があります。

　県城で家を買う農民が出はじめていることは、私の現地調査事例からも明らかです。図5は私のフィールドの一つである、甘粛省西和県の県城の写真です。旧来の市街地の北端と南端が再開発されて、マンション群が建っています。それを主に県内の農村から省外の大都市に出て貯蓄した人たちが購入し、居住しているそうです。また図6は、河南省新野県内の農村部の写真ですが、ご覧の通り家屋の壁には県城のマンションの広告がでかでかと貼られています。ここからみれば、新野県でも一定数、農村の人が県城に家を買うことが増えてきていることがわかります。

図6 河南省新野県内農村部 (2013 年)

(3) なぜ県城に人が集まるか

　では、農民はなぜ県城にマンションを購入するのでしょうか？　どうや
ら、この選択に大きな影響を与えているのが学校の存在です。子供をどこ
の学校に通わせるかというのが農村の保護者の関心事になっているのです。
その際にポイントになるのが、公的教育の「質」に関する人々の認識です。
日本では、都市の学校でも農村の学校でも、公立学校であればそれほど巨
大な格差は感じられないと思いますが、中国の場合は、都市の学校は優れ
ているのにたいし、農村の学校の先生はちゃんと教えないとか責任をもた
ないとか、そういうネガティブな認識をもっています。確かに全体的な傾
向として、教育程度が高い若年の教師は都市部の学校に移る傾向があり、
農村部の学校には年配の教師ばかりが滞留しがちです。

　とりわけ山西省というのは、全国的にみてもわりと県城に人口が集まり
やすい傾向があるように思われます。なぜ県城に人が集まるかというと、
県城の学校は教育の質がよいと思われているからです。私が一度だけ調査
を行った同省の芮城県では、村レベルの学校には、ほとんど児童がいなく
なっています（図7）。その子供たちはどこに行ったかというと、県城の学
校に通っているわけです。そういう児童がどんどん増えてしまって、この
県では村から小学生がいなくなっています。親も子供に付き添って県城に

図7 児童がほとんどいなくなった山西省芮城県農村部の小学校（2015年）

行ってしまって、県城の学校に一極集中の状態になっています。誰もが地元の村の公立学校を信頼せず、子弟を小都市である地元県城の学校に行かせたがるので、県城では生徒数の増加を受けて、私立を含む新しい学校が創設される場合もあります。図8は前にみた甘粛省西和県の県城に新しくできた小学校の写真です。

　教育を目的として県城に出てきた農村戸籍の保有者は、マンションを買って住んでいる人もいるし、親が付き添って県城に部屋を借り、子供の身の回りのケアをしながら就学させたりします。後者のタイプは「陪読」（子供の都市での就学に付き添うこと）と呼ばれています。ここから、若い世代の農民工、30代くらいで子供が小学生というような人たちは、子供にとって好ましいと思われる教育機会を与えるために県城に移り住む、というのが一つの典型的な移動のパターンとして浮かび上がってきます。

4　都市＝農村の一体化──政府のシナリオ

(1) 県城のもつ意味

　ここで少し角度を変えて、都市化を進めようとする政府側のシナリオは何なのか、について考えてみます。中国の都市というと北京、上海、広州、

図8 新しく開校した甘粛省西和県県城の小学校（2016年）

杭州、武漢、西安や重慶、成都などの大都市を思い浮かべると思いますが、中国の都市には階層がたくさんあります。これは別にちゃんとした分類ではないのですが、大ざっぱに分類してみると沿海部の巨大な都市と内陸部の大きな都市、それから平均的な省都、それから市の中心地、さらには県城のレベルがあります。中国語で都市は「城市」と呼ばれますが、ここからわかる通り、ほんらい中国の都市とは、城壁で囲まれた町を指しています。城壁をもたない町は「集鎮」と呼ばれ、たとえ人口が多くても、都市というよりは農村部の中心地という位置づけになります。そうしたなかで、城壁をもっている都市の一番下のレベルと考えていいのが県城です。昔は全部が城壁で囲まれており、その城内には皇帝から派遣された科挙官僚である知県や地元出身の胥吏、県内の大地主や手工業者が居住していました。県城は、皇帝権力が直接的支配を及ぼす最末端であり、国家による農村統治の最前線であり続けました。

　こうした経緯から、農村や農民にとって最も身近な都市というのは、地元の県城ということになります。最末端の都市と周囲の農村がワンセットになった地域的まとまりは「県域社会」と呼んでいいと思います。ちなみに、「県域経済」という言葉は中国でもしばしば使われているのにたいし、「県域社会」という言葉はさほど流通している概念ではなく、私が独自の

意味を込めて使っている面もあります。

　ともあれ、中国の都市化を考えるうえでは、この県域社会というユニットがとても大事であろうということです。県というのは歴史的に安定した単位であって、古代から現代まで、およそ1,500～2,000くらいの数で推移しています。そういう意味では中国社会の「細胞」のような存在と考えてよいと思います。一部の県には秦の始皇帝まで遡れるような古い歴史があります。

　県はまた、社会経済的な単位でもあります。平原ではなくてやや起伏のあるような地形の地域の場合、周囲の山地から河川が流れ出し、何本かが合流しつつ流れ込んでくる平野部に県城が発展していくというふうに、水系にそって県という地域が形成され、人々の話す方言や文化の面でもある程度の一体感が存在しています。

　さらに、面積でいえば中国全土のうち92％くらいが県域社会で占められています。人口でいうと75％くらいになります。こうした割合の高さからしても、県は中国社会の細胞のような位置づけとして考えていいということです。県城は、周囲の農村部に散らばる300程度の村を統括しています。県域社会の平均的な人口規模は50万人といったところです。

(2) 都市化のシミュレーション

　それでは、都市化政策というのは一体、何をやろうとしているのか。この点をシミュレーションで説明してみましょう（図9）。中国の人口をざっと14億人とします。これを都市と農村の常住人口でとらえると、都市に住んでいる人口が7億、農村が7億前後になります（A）。ところがこれを戸籍の区分でみると、農村戸籍の保有者が9億程度、都市戸籍保有者が5億程度ということになります（B）。ではこの2億のギャップは何なのかというと、そのほとんどが、農村出身でありながら都市部に常住している農民工だとみなすことができます（C）。農民工はいま2億6,000万ともいわれていてこのシミュレーションよりも多いわけですが、ともあれ戸籍と居住地のギャップはほぼ農民工の数に相当します。

　さらに、中国全土の県城に住んでいる人口を大ざっぱに見積もると1億くらいになります。さらに、県城より上のレベルの大・中都市に住んでい

図9　中国の人口構造と県域社会

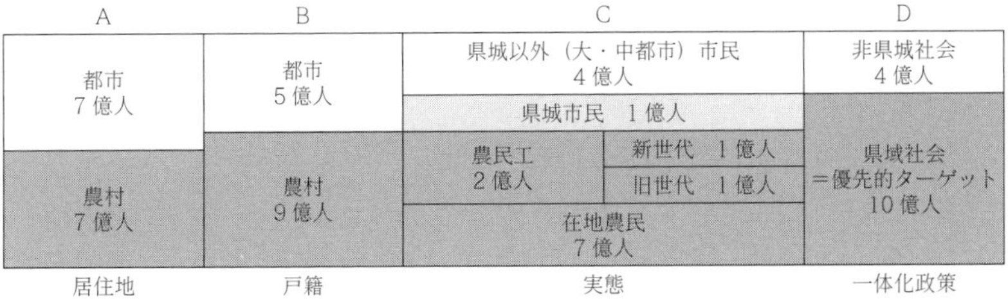

A	B	C			D
都市 7億人	都市 5億人	県城以外（大・中都市）市民 4億人			非県城社会 4億人
		県城市民　1億人			
	農村 9億人	農民工 2億人	新世代　1億人		県域社会 ＝優先的ターゲット 10億人
農村 7億人			旧世代　1億人		
		在地農民 7億人			
居住地	戸籍	実態			一体化政策

る人々が4億くらいいるだろうということになります。農民工は大まかに新世代と旧世代に分かれ、旧世代は自身も農村の体験が豊富で農作業にも従事したことがあり、どちらかというと農村が自分の家だと考えている。新世代というのは、農業の体験もあまりない。1980年代生まれ、90年代生まれといわれたりしますが、最初から農業に縁がなく、中卒くらいですぐに出稼ぎを始めた人たちで、都市生活に比較的強い憧れを抱いており、都市に永住を希望するもなかなか実現できないような人たちです。

　いま中国政府は「都市＝農村の一体化」と大まかないい方をしていますが、実のところ、県城とその周辺の農村との一体化、というのが本音の部分にあるシナリオではないかと思います。この政策のターゲットはざっと10億人の規模になります。いっぽう、残りの4億人は一体化政策においてはターゲットの外にいる、いわば特権的な人々でありつづける、ということになります（D）。

　県城と周囲の農村を一体化して公共サービスのレベルを同じくらいにする。それは教育であるとか医療であるとか福祉であるとかそういうことで、県城市民並みの対応にする。県というのは細胞ですから、この措置によって細胞が安定すれば中国社会全体の安定につながるということです。

　ところが、県域社会の農民たちに県城よりも大きな都市に定住されてしまうと困ります。これら都市の人口が一気に膨れ上がり、政府が投入すべきコストが非常に高くなってしまう。また先にみた通り、農民の側からしても、大都市はまず不動産が高価すぎ、そこで新居を構えることはとても難しく、生活コストも高い。一番、現実的な妥協点としては地元の県城に定住することです。県城と農村はわりあいに近いですから、親世代は農村

に残っていて、子供世代は県城のマンションに住み、質の良いと思われる教育を子弟に保証し、週末には老親に孫を見せるために帰郷するといったこともできるわけです。こういったパターンは、教育や老人福祉の観点からしても、政府としては低コストで社会の安定を実現する手段ともなります。したがって、県城と農村の一体化というのは、政府当局側の都市化政策の本音の部分にかなり近いのではないかと考えられます。

B. ノートンの表現によれば、毛沢東時代には「反都市化」(de-urban-ization) 政策が採られていました。その基本的な発想は、すでにお話しした通り、都市人口を 20%以下に抑え、農村人口を 80%に保ち、農民を都市には移住させず、極力、農村に留めておくという考え方です。それでは現在の一体化政策はどういう発想なのか。農民がどんどん大・中都市に定住することを支援しようとしているのでしょうか。私の考えでは、政府のシナリオは農民を極力、小都市に食い止め、そこに定住させることだと思います。ノートンも指摘する通り、かつては農民によるすべての都市への移動が制約を被っていたのにたいし、現在では大・中都市へのアクセスのみが制限を被っているのであり、小都市すなわち県城への移住はむしろ政府の描く都市化政策の青写真となっているわけです。

おわりに

最後に、冒頭で提起しておいた 4 つの問いに立ち戻って、ここまでの議論を整理してみましょう。

第一に、農民の日常的な不満の表出は、都市と農村の経済的な格差に起因するのでしょうか。そうではない、というのがここでの答えになるかと思います。農民は、都市と農村の格差よりも、むしろ隣人たち、コミュニティのなかの身近にいる人たちとの格差や公平な扱い、ということに関心があるのです。今日はお話しする時間がなかったのですが、たとえば甘粛省西和県のフィールドでは、いろいろな不満が農民の口から漏れていました。一番多いのは最低生活保障金（「低保」）の配分に絡んでです。政府から貧困世帯に配られるお金で、制度が始まった当初は対象金額が少なかったのですが、いまは枠も金額もかなり増えてきました。村の誰にその枠を

割り振るのかという判断は、村のフィルターを通して、つまりある程度、村幹部の裁量で決まります。そうすると、「あの家はもらったのにうちはもらえない」という不満がどんどん出てくる。村幹部に「関係」のある人間に枠を与えているというふうに村民らは見ているわけです。そういう村内の世帯同士の引き比べや隣村との引き比べなどの結果が、様々な不満として現れてきます。メディアで報道される陳情や暴動などの事件も、その全てとはいわないまでも、かなりの程度まで、身近な他人との引き比べに基づく不公平感が発端になっていると思います。他方で、都市の人間と自分とを比べて不満をもつ、そういう農民にはほとんどお目にかかったことがありません。

　第二に、都市と農村をいまも分け隔てている元凶は、よくいわれるように戸籍制度でしょうか。農民側の視点からみた場合、これもまた違うような気がします。大都市に農民が家を買い、「市民」として溶け込んでいけない理由というのは、戸籍制度がそれを妨げているというより、不動産価格や生活コストが高すぎるからです。だからこそ、県城くらいのレベルなら出稼ぎの収入で購入可能な範囲ということで、県城に家を買う農民が増えているのです。したがって、県城市民と県域内農民の一体化・融合にかんしては、地域にもよりますが、実態としてすでに始まっていると思われます。もう一つ、中国の戸籍制度というと、農民は都市戸籍に憧れ、農村戸籍を放棄したがっていると思われがちですが、現在の農民は農村戸籍をしっかりつかんで手放さないのです。なぜかというと、いろいろな農村優遇政策は農村戸籍の保持者でないと享受できないからです。さきほどの最低生活保障もそうで、農村戸籍がない人はそもそももらえません。それ以外にも、食糧作物を栽培すれば１畝当たり数十元を支給される食糧直接補助制度があります。これは食糧安全保障の観点から政府が奨励しているわけですが、そういったあらゆる優遇政策の恩恵も、農村戸籍を放棄してしまえば失われてしまうわけです。

　第三に、何が人々を農村から都市への移動に駆り立てるのでしょうか。新世代の農民工は、自分自身の学歴が高くない分、次世代の教育をかなり熱心に考えます。子供が小学生くらいで、農村の教育サービスの現状に不信感を抱いている。そういうなかで、現状が許す限り獲得可能な最善の教

育資源を求めて、一部の農民は県城に向かっていく動きがあるということです。ですから無目的に都市に向かって動くというより、子供の教育のためという目的がある。言い換えれば、中国農民が自己の家庭を発展させるために次の世代にかける期待と情熱が、現在の県城の都市化の一原動力になっているといえるでしょう。

　最後に、都市＝農村発展の一体化で農村と一体化される「都市」とは何かです。これについて、政府はなかなか明示的には述べてはくれませんが、本日繰り返し論じてきた通り、それは小都市、もっと限定していえば各県（県級市）の県城であろうということです。ですから、北京や上海で就労している農民工を北京市民、上海市民に「昇格」させるなどの一部の議論はナンセンスというべきで、そういう話はまったく本質から外れた空論ということになると思います。中国社会の研究に携わる私たちは、その「細胞」としての県域社会の重要性にもっと留意していくべきだと思います。

Q&A　講義後の質疑応答

Q：村のなかでの格差は気にするけれど、都市とは世界が違いすぎて気にならない、というようなお話があったのですが、農村の水準を少しずつ上げていって都市のほうが見えてきてしまったら、格差に関心がいって混乱が起きたりしないでしょうか。逆に放っておいたほうが統治はやりやすいのではないですか。なぜわざわざそこを都市化によって蒸し返そうとするのでしょうか。

A：都市化政策というのは、農民優遇政策の一環です。農民優遇政策は国内社会の安定のためにやるべきこと、やらざるをえない第一優先課題とされています。ここでも大事なのは、農民をどのレベルの都市で引き受けるかということで、もしも大都市で就業している農民工をそのまま大都市で受け入れて一体化しようとすると、そこではさすがに農民工自身にも市民との格差が意識されるかもしれない。いっぽうで、県城と農村の一体化ではもともとの格差は相対的に小さいですから、比較的容易なのです。農民が、小都市である県城に居住して県域社会を単位として一体化させるのは一番フィージブルというか、成功しや

すい。だから政府は農民に、小都市に来てほしいといっているのです。

Q：いまの質問に関連して、農民が県城に出てきたら、いろいろ交流が増えるなかで、こんどは市レベルの中心地が視野に入ってきて、そこへの移住を考えるのではないかと思うのですが、県レベルと市のレベルとはどの程度、隔離された世界なのかを教えていただけますか。

A：県と市のあいだには、断絶というようなものはなくて、より大きな都市ということでゆるやかに連続している感じだと思います。山東省の調査地などでは、蓬莱市（県級市）の農民たちのなかには煙台（地区級市）で家を購入する人も実際にいます。ただ、その場合でも市の中心部の不動産はものすごく高いので、市の端っこのあたりにマンションを買うそうです。このように、山東省のような沿海部の先進地域では都市と農村の融合が実態として進んできています。中国全体ではまだ先端的事例ですが、意識の面でも農村的なもの（豊かな自然や人とのつながりなど）にたいする評価が高かったりする。この点、内陸地域であればあるほど、都市と農村のギャップは大きいので、県城と農村の落差も大きくなる。都市＝農村一体化の前提条件というのは、地域によってかなり多様だと思います。

Q：県城が重要だということがわかったのですが、県城というのはどのくらいの規模のものなのかイメージできないので、具体的に教えてください。

A：すでにお話しした通り、県の平均的規模は50万人くらいです。そのうち都市戸籍を保有する県城の人口は毛沢東時代には5〜10％の水準だったと思います。そうだとすると、県域人口のが50万人のうち、せいぜい5万人くらいが都市人口になるので、これが旧来の県城の規模感になると思います。

Q：少し別の文脈で「留守児童」の話を聞いたことがあります。親は出稼ぎに行って、子供は祖父母の家で預かってもらって、地元の学校に行っているそうですが、県城に出ていくという先生の話とは食い違って

くるように思うので、そこのところを説明していただければと思います。

A：子供の教育を動機として農民が県城に出て子に付き添うか、それとも子供を農村に残して両親とも大都市に出稼ぎに行ってしまうかの選択には、地域的な差異も大きいのではないかと思っています。前者の例として私が事例として見聞したのは甘粛省や山西省などで、これらはどちらかといえば農民が必死になって出稼ぎをする地域ではありません。逆に出稼ぎが盛んで留守児童が多いのは内陸の南方で、具体的にいうと四川省、湖南省、江西省、貴州省のあたりです。こうした差異が私の単なる印象以上の根拠があるものなのか、また根拠があるとしてそれはどういう理由によるのか、興味深い点ですが、まだまだ検証の余地があります。

※おすすめの本

Fei, Hsiao-tung, *China's Gentry: Essays in Rural-Urban Relations*, Chicago: The University of Chicago Press, 1980

賀雪峰『城市化的中国道路』（北京、東方出版社、2014 年）

Kipnis, Andrew B., *From Village to City: Social Transformation in a Chinese County Seat*, Oakland: University of California Press, 2016.

斯波義信『中国都市史』（東京大学出版会、2002 年）

田原史起『草の根の中国——村落ガバナンスと資源循環』（東京大学出版会、2019 年）

私のフィールドでの経験
——エスノグラフィーによる現代中国研究

阿古智子

阿古智子（あこ　ともこ）
東京大学大学院総合文化研究科教授。専門は現代中国の
社会変動。大阪外国語大学外国語学部中国語学科卒、名
古屋大学国際開発研究科修士課程修了、香港大学教育学
系 Ph.D.（博士）取得。在中国日本大使館専門調査員、
姫路獨協大学助教授、学習院女子大学准教授、早稲田大
学教養学部准教授を経て、現職。
主著に『貧者を喰らう国―中国格差社会からの警告』
（新潮選書）、『超大国中国のゆくえ―勃興する民』（新保
敦子と共著、東京大学出版会）

はじめに

　エスノグラフィーとは、日本語で「民族誌」ともいいます。「エスノ (ethno)＝民族」「グラフィー (graphy)＝記述」というように、もともとは特定の民族集団の生活、親族、伝承、宗教などあらゆる側面を記述することを意味しましたが、現在では民族だけでなく、一般的な社会組織や集団も記述の対象になっています。研究対象となる人々の生活空間に長期にわたって入り込み、観察やインタビューによって人々の行動様式を明らかにする、文化人類学や社会学で発達した研究手法ですが、医学、心理学、経営学でも取り入れられています。

　エスノグラフィーにおいて研究者（自己）は、研究対象となる人々や集団（他者）と出会い、自己と他者を模索する作業を繰り返します。つまり、研究者と研究対象の関係性とそれに関わるコンテクストを常に意識しながら、研究のテーマとなる事象や問題にアプローチするのです。統計資料や質問紙など量的データを利用する調査とは異なり、いわば、研究者自身が調査のツールとなり、自分の五感を頼りに観察を重ねます。すなわち、事象に対する判断基準は研究対象と交わるなかで設定するのです。仮説や分析の枠組みは、調査を進める過程で形成し、絶えず修正・更新を繰り返します。

　このように研究者自身の感覚や価値観が大きく影響するエスノグラフィーには、「科学的な」手法ではないという批判があります。たしかに、予め変数や仮説を設定し計算式にしたがって分析する方法であれば、データ処理に関する恣意性は排除できます。しかし、調査を進めるにしたがって見出される概念や既定の変数で表せない要素を分析に含められず、重要な視野を見落としてしまう可能性があります。エスノグラフィーは研究者が事象全体を包括的にとらえる手法であり、量的研究とは異なる意義を有していると言えます。

　エスノグラフィーの主な手法は参与観察ですが、それは、なんらかの形で研究者が研究対象と関わり、それに関する言葉、情景、雰囲気などを見聞きし、記録していくということです。エスノグラフィーはそうした作業

の過程全体を表す言葉でもあるし、調査によってできあがったもの（分析・整理したテクストや映像等）を指すこともあります。

エスノグラフィーは実証的、批判的な手法とは対極にあり、解釈学的アプローチをとります。つまり、研究対象の人々や集団がもつ視野を読み取ることを目的とします。研究者は研究対象に近づき、彼らが何をどのように見ているか、どうしてそのような考え方をするのか、行動をとるのかを理解しようとします。可能な限り固定観念や偏見を排除した上で研究対象の視野を理解するために、研究開始時には明確な仮説や分析枠組みを設定しません。できる限り自然な状態で参与観察するために、複雑な現象を単純化し、限られた変数に基づいて分析することは避けるようにします。調査の過程で見出した視野をつなぎ合わせながら分析枠組みを立てていきますが、それは途中で破棄してもかまわないのです。何度も確認と修正を繰り返し、より納得のいくイメージを表現していきます。

1　エスノグラフィーと中国でのフィールドワーク

エスノグラフィーでは、研究者が五感をフルに働かせてフィールドワークを行うことが重要です。研究者は自分自身が調査の道具となり、研究対象である人や組織と関わりを持つなかでさまざまなことを感じ、考え、理解するのですが、そのなかで、常に自覚的に自らの立つ位置を確認する必要があります。

では、研究者である「私」は、中国でどのような位置に立っていたのでしょうか。まず、私の経歴を説明します。私が中国語の勉強を始めたのは大学1年生になってからです。中国語をやっている人はわかると思いますが、四声の勉強から始めました。大学4年の時に日米学生会議に参加して議論を重ね、将来は国際的な仕事がしたいと考え、大学院に進学して途上国の社会問題を勉強することにしました。アメリカに行くことも考えたのですが、名古屋大学の国際開発研究科に進むことにしました。

名古屋大学では修士論文を書くために、援助団体のメンバーとして中国の農村に入ったのですが、私がいつも不満に思ったのは、中国の役人が常についてくることでした。地元の人たちは、役人が周りにいると本音で話

しづらいようでした。

　もっと自由に調査ができないかなとずっと考えている時に、兵庫県に本部がある団体に関わるようになり、中国で学校をつくるために、さまざまな資金の申請を手伝いました。例えば、郵便貯金の利子の20%を寄付する郵便局のボランティア貯金の助成金を申請しました。私は大学院の修士課程で、開発プロジェクトの立案、評価、モニタリングの方法などを学んでいたので、申請や評価の書類をつくったり、現地でプロジェクトが計画した通りに実施されているかをモニタリングしたりしました。

　プロジェクトを手伝いながら書いていた修士論文の最終段階の調査では、一人だけ１カ月半、湖南省の村に残りたいとお願いしました。小学校の先生の宿舎の部屋の一つを使わせてもらいました。

　私たちが学んでいるのは「普通話」という標準語ですが、農村調査では方言がわからず、苦労しました。でも、学校の先生は学校で標準語を教えているから、方言を標準語に通訳してもらいながら聞き取り調査をやりました。

　その後、香港大学に留学しました。最初は学者になるつもりはなかったのです。いまも私はオーソドックスな学者っぽくはないと思います。常にプロジェクトをやり、その中からさまざまなものを吸収し、書くことにつなげるというタイプの人間です。奨学金をもらって香港に留学した時に、エスノグラフィーを指導教官から学び、これは自分に向いているなと思いました。古い文献に埋もれて、学問的に意味のあることを発掘することが好きな人もいるけれど、私は現場で聞き取り調査を行い、それを理論的な分析につなげることが好きなのです。

　香港大学のコースワークが終わり、まだ博士論文は書き終えていなかったのですが、奨学金も切れるので仕事をしなければならないということで、北京の日本大使館の専門調査員に応募し、運よく採用してもらいました。日本大使館の経済部では、草の根・人間の安全保障という小規模の援助を多数実施していました。私はその仕事の担当者ではなかったのですが、現場に入るきっかけが欲しかったので、関わらせてもらうことにしました。調査をしようと思っても、外部から来た人が突然質問しても、「この人は何？」と思われるだけでしょう。アウトサイダーには情報を教えようとし

ないし、お互いにメリットがないと、やりとりは進まないものです。

　そういう意味で、援助を通じて現場に行くというのは好都合でした。一緒に学校をつくったり、井戸を掘ったり、そういうことをする人間は歓迎してくれるわけです。でも、そこで特定の利害関係ができてしまうので、何が見えて、何が見えないかということは十分に検証しなければなりません。この後に出てくる事例には、私が担当したプロジェクトを通して行ったものもあります。

　香港大学の博士論文では上海の中学校と高校をフィールドにし、1年かけて参与観察を行ったのですが、その時は「中国のお父さん、お母さん」の家でホームステイさせてもらいました。二人とももう亡くなりましたが、日本との戦争の時には戦火の中で家が焼かれ、文化大革命で紅衛兵の攻撃対象になるなど、中国の激動の歴史を生きてきた人たちです。上海第六女子中学の校長先生だった時に、北方から南下してきた紅衛兵にひどく攻撃されたお母さん・邵愛玲先生は、BBCのドキュメンタリーシリーズ「ピープルズ・センチュリー」のインタビューを受けています。

　私が邵先生に最初に出会った時、顔面神経痛のため、彼女の顔はひきつっていました。紅衛兵に顔面をひどく殴られた影響が残っていたのでしょうか。でも、彼女は晩年、アメリカ在住の娘さんがいる関係から海外との交流を進め、日本人である私を実の娘のように世話してくれました。私は自分の母親が中学の時にガンで亡くなったので、高校生の時にはもう母親がいませんでした。邵先生には、成長の過程で生じたさまざまな悩みをよく聞いてもらっていました。

　農村では大抵、普通の農家に泊めてもらいます。友達の家とか、友達の友達の農家に泊まります。夏には、蚊が200匹ぐらいいるような部屋の中に、蚊帳をつるして寝るというようなことも体験しました。トイレは穴が掘ってあるだけで、ふたを開けると蚊がぶわっと出てくるようなところでした。「南方週末」という新聞社の記者と湖北省の村に行った時、彼女は民家には泊まりたくないと、県の中心部の旅館に泊まることになりました。「南方週末」はスクープを連発する調査報道で有名な新聞だったのですが、そんな会社に勤めていて第一線で取材をしてきた人でも、「この環境には耐えられない」と言っていました。

先日、ある研究者に私のフィールドワークの経験を少し話したのですが、その方に「阿古さんはそういうセンサーでものを見て、選び取っていたんだね」と言われました。同じ地域に入っても、入る人が違えば、見えてくるもの、描かれるものは全く違います。それがこのエスノグラフィーという手法なのです。さまざまなバックグラウンドを持つ人間が入るわけで、関心を引かれるものは異なります。

「私」の自己紹介をしてきましたが、なぜそれが必要かというと、エスノグラフィーでは、調査者によって選び取るものが異なるからです。例えば、統計で男女の比率を見るとか、所得を比較するというのは誰がやっても同じですね。でも、エスノグラフィーでは、同じ風景を見ているはずなのに、描かれるものが全く異なったりもします。

これまで焦点を当てたテーマから、私は社会的に弱い立場に置かれている人たちに関心があるのだと思います。どちらかというと権力に対抗する人たちというか。だからといって、「権力対反権力」というふうに二項対立で見ているわけではないのですが、声をあげても聞いてもらえない、社会的に弱い立場にいる人たちを見てきたのだと思います。でも、見方を変えると、彼らはとても強いのですが。

2　フィールドワーク

(1) 北京の上訪村

では次に、私が行ったフィールドワークについて紹介していきましょう。最初は、「上訪村」（図1）についてです。「上訪」は中国語で、「上に訪問して、陳情する」という意味です。中国の司法は独立しておらず、公正な裁判が行われないこともあります。地方の裁判所で訴訟さえ受理されないこともあるため、人々は北京まで行って異議を申し立てます。

2000年代の前半頃、北京南駅周辺の上訪村をよく訪れました。陳情受付所がその周辺にあるのです。中国では陳情など受け付けないだろうというイメージもあるかもしれませんが、面白いことに、全国人民代表大会（議会）にも、最高裁判所にも陳情受付所があります。裁判所だったら、陳情を受け付けないで、地方の裁判所に訴訟を受け付けるよう指示すればよい

図1　上訪村

と思うのですが。

　上訪村の壁には、「私たちの家族はひどい殺され方をしたのに、適切に調べてもらっていません」とか、「環境汚染がひどいことを訴えているけれども、地元の役人は腐敗していて原因を調べてくれない」とか、陳情者たちが自らの主張を書いて張り出していました。

　文字が書けても、高度で専門的な文書を自分では作成できない人も多いですから、政府機関に提出する文書をつくってくれるお店がずらっと並んでいました。テント小屋が立ち並び、陳情者たちが生計を立てるために廃品回収で集めたゴミが積み上がっているスラムの中に、全国各地からきた陳情者が暮らしていました。

　徐々に陳情者たちが立ち退かされていき、一部のエリアは瓦礫の山と平地に変わっていきましたが、まだ露天で料理をつくったりして、陳情者がたくましく生活している様子が見られました。上訪村からは、高層マンションがそびえ立っているのが見えます。陳情に来る人や貧しい人、北京の戸籍を持っていない出稼ぎ労働者は、裕福な北京の人たちと壁一枚隔てて暮らしているという状況です。

　上訪村には、「早く立ち退いてくれたら利益が大きい」というような張り紙もありました。ある女性の夫は病院で「手術を受ければ治る」と言わ

れ3回も肝臓の手術を受けたのですが、夫は亡くなりました。彼女は最初から治らないことがわかっていたのに、医師の実験台のようにされたのではないか、病院はただ手術代で利益を上げたかったのではないかと疑っていました。彼女は領収書など集められる限りのものを集め、陳情を続けていました。

　疑いがある時に、裁判ができるならそれで白黒をつけたらよいのですが、訴訟が起こせない人たちには行き場がなく、陳情するしかないのです。例えば、医療過誤などについてもカルテなどを公開してくれない。日本でも薬害エイズ事件などありましたが、中国では日本以上に情報公開が進んでおらず、行き詰まってしまう人も多いようです。

　陳情受付所の周辺などに、黒塗りの車が並んでいることがあります。車の周りを強面の人たちが歩いていたりして、何だろうと思ったら各地方から来ている役人でした。自分たちの地域出身の陳情者が多いということになると、自らの出世に支障が出るわけです。地元の問題を地元で処理できていないから陳情者が北京に流れてくる。陳情者の存在を中央政府に知られたくない役人たちは、陳情者に帰るよう説得する。

　説得するだけならよいのですが、暴力的に無理やり連れ帰ったり、許可も取らずに設置された「黒監獄」（ヤミ監獄）などで拘禁したりもしていました。しかし、納得できない陳情者は、故郷に連れ戻されてもまた北京に戻ってくる。行ったり来たりしている間に、精神的に問題を抱える人もいました。

　冤罪を訴え、親子で陳情受付所に毎日通っている人もいました。2004年から2005年頃、街頭で横断幕を広げてアピールするような人さえいたのですが、今は監視カメラが増え、外でおおっぴらに主張するのは難しくなっています。経済成長の速度も落ちてきていますので、中国政府は社会が不安定になることを非常に恐れています。陳情者が首都である北京にうろついているとなると、それはこの国が不安定だということを象徴していますから、何としても陳情者を地方に連れ戻したいのでしょう。

　オリンピックの前には上訪村の周辺は再開発が進み、北京南駅もリニューアルされて立派な建物に変わり、上訪村に住んでいた人たちは他の地域へと移っていきました。

(2) 北京の農民工

　次に紹介するのは「農民工」です。この言葉はとても矛盾しています。「工」の意味する「工人」は工場などで働く肉体労働者ですね。農民の労働者？　中国はいまも社会主義の国なので、労働者と農民が中心の国であるはずですが、実際には、労働者も農民も底辺に追いやられています。

　毛沢東の時代、すべての農民が人民公社に所属していました。農民たちは子どもを人民公社の学校に送り、病気になれば人民公社の病院に行って、そこで一生暮らしていました。農村から都市に移住することはほとんどない。しかし、結婚、解放軍への入隊、大学進学などで、農村から抜け出す人もいました。

　一方、労働者は工場で働いていますから都市部で生活しています。すべての人が「単位」に所属し、その中にある学校や病院を利用しました。ほとんどのことが単位の中で完結するのです。毛沢東の時代、農村と都市は完全に切り離され、人々が両者を行き来することはほとんどありませんでした。違う仕事をやりたいと思っても簡単にはできなかった。大学を出れば、農民の子どもでも農業とは異なる仕事が国から分配されました。

　改革開放の時代になって、農村の人たちが都市に出稼ぎに行くようになりました。農民工＝農民の戸籍を持っている人が都市で労働者になる、ということですね。農民というのは戸籍なのです。戸籍というと、日本では生まれた時や結婚した時に登録しますよね。例えば、私の本籍は大阪の北区堂島ですが、結婚した時に夫の本籍の三重県に変わりました。そういう本籍とは別に住民票を引っ越す時に移しますね。私には息子がいて、家族3人で東京の中野区に住んでいますから、住民票は中野区にあります。それによっていろいろな住民サービスを中野区で受けています。

　中国ではこんなふうにはいかないのです。戸籍があるかないかで、受けられる社会サービスに大きな差が生じます。なぜなら、社会保障が全国で統一されておらず、条件のよい地域と悪い地域の差があまりにも大きいからです。例えば、四川省の貧しい農村の人たちが上海の戸籍を取得すれば、全員が生活保護をもらえるほどの水準です。

　ですから、戸籍の制限を外すと、所得の低い地域の人たちが社会保障の条件のよい地域に流れ込んでしまうかもしれません。日本に外国の貧しい

人たちがたくさん来て、日本の基準で生活保護を受給するというなら、日本としては困りますよね。中国は一つの国なのですが、医療保険、生活保護、教育、大学入試の合格者数など、地域によって差が大きいですので、国の中で線を引いておかなければならないのです。

そのような状況の下では戸籍制度は完全には撤廃できないのです。特に上海や北京など、経済的に恵まれていて社会保障の条件がよい大都市の戸籍は非常に価値があります。北京や上海で長年働いている人も、身分は出稼ぎ労働者の農民工のままであり、北京市民、上海市民にはなれないのです。農民工でも受けられる社会的サービスがありますが、全体のほんの一部です。

農村から都市に出稼ぎをする人が出始めた頃は、子どもと奥さんは農村に残ることが多かったのですが、徐々に家族で一緒に出てくる人が増えてきました。私が調査した北京の市場では、親と一緒に出てきた子どもが事故で指をなくしていました。保育園は定員があるし費用もかかる。親が働いている間、保育園に通わず、家や親の職場に放置されて、勝手に遊ぶ小さな子どもたちもいるのです。危険があってもそばに大人がいなければ、子どもはわからないですよね。

一度、北京の出稼ぎ労働者の子どもたちが集まる学校でフィールドワークをしようと、知り合いに連絡し、仲介してもらいました。最初の日、知人の紹介してくれた人が学校にはたまたまいなかったのですが、私はそれでも勝手にいろいろな人に話を聞いてしまったのです。話を聞かせてくれた人に私は自己紹介をしていなかったので、「あの人は誰だったんだ」ということで不安が広がってしまっていて、次に行った時に校長先生に怒られました。なぜ事前に説明しなかったのかと。でも考えてみれば、お茶を飲んで少し話したぐらいで、そう不安がる必要はないですよね。不安が広がったのはその当時、その学校の周辺で子どもが不審者に誘拐される事件があったからでした。私も不審者だと思われたようです。

農民工が集まるエリアには、無許可営業の診療所なども多数見られます。この写真（図2）は産婦人科のクリニックですが、看板を見ると、性感染症の診察や、中絶もここでやっているようです。農村では女の子は要らないということで、性別を調べて中絶することが多いと聞きました。最近は

図2　無認可営業の産婦人科クリニック

農村でも女の子1人でいいという家が増えていますが、どうしても男の子を望む家もあるようです。胎児の性別を調べて中絶することは違法ですが、無許可営業の診療所ではやってくれるのです。他に、避妊のためのリングを装着する手術などもしてくれます。一人っ子政策を実施していた時代ですから、そのような需要もありました。

　この診療所は部屋が2つぐらいしかなく、こんなところで処置ができるのかなと思わせられます。専門的な施設とは思えませんね。このような場所では、感染症が広がる可能性もありそうですが、農民工はこうした診療所で診てもらうことが多い。普通の病院は高いし、長時間待たなければならない。中国では、病院で診察してもらうために特別なコネを使わなければならないこともあるので、出稼ぎの人たちにはアクセスしづらいのです。

　農民工の多い地区は、ゴミや汚水の処理ができていない場合が少なくありません。歩いていると異臭がすることもあります。北京市民の戸籍を持っていない人たちが多い地域の社会サービスは、北京市政府も後回しにしているのです。

(3) 陝西省米脂県での婚礼

　私が中国の話をすると、聞いている人を暗い気持ちにさせてしまいます。

なぜなら、私が主に見ているのは、深刻な問題を抱えている地域や人々だからです。しかし、困難な状況にある農村の人たちも変革に向けて活動を続けています。ここでは、陝西省の米脂県で行ったプロジェクトについて紹介します。

実は米脂県では、私自身が結婚式をさせてもらいました。文化的なつながりを考え直すために企画したのですが、まずは、結婚式の話が持ち上がる前に行った有機農業のプロジェクトについてお話しします。なぜ有機農業かというと、深刻化する環境汚染に対応し、経済活動を活性化するためです。

当時よく話題になっていたのが「砂漠化」。土が乾き、砂がぶわっと吹き上げて、砂塵が大気を汚してしまう。いまは PM2.5 が問題になっており、大気中に重金属なども含まれるようになっているのですが、砂漠化の現象は黄土高原で深刻化しました。昔は青々とした森林が広がっていたのですが、土壌の質が変わり、砂漠化を引き起こすようになりました。その一番の原因は何だと思いますか。

人間です。人間が増えると環境が急速に悪化する。かつて黄土高原には木がたくさん植わっていたのですが、多くの人が移り住み、森林を田畑に変えると、水土流出が起こり、土壌が乾燥した状態が続き、砂嵐が吹き荒れるようになりました。

対策として中国政府が当時やっていたのは「退耕還林」という政策でした。田畑を耕すのをやめて、森林に戻すということですね。この地域で主に育てているのは、ジャガイモとかモヤシの原料になる緑豆とかですが、そういう畑を森に変えなさいという命令が出たわけです。でもそうすると生活に困りますよね。ですので、換金作物を植えようということで、リンゴを植えたのです。

しかし、どの家もこぞってリンゴを植えたので、リンゴの価格が暴落して売れなくなってしまいました。私が最初にこの村に行った時には、腐ったリンゴが村のあちらこちらに落ちていました。リンゴの価格をさらに下げないように、一部を市場に流さず村に放置していました。加工品をつくる設備もないし、多くのリンゴが腐ってしまいました。

そこに日本の民間団体が入り、有機栽培のリンゴを育てて付加価値をつ

けましょうということになりました。そして、ジャムなどの加工品もつくる計画を立てました。私が日本大使館にいた時ですが、日本政府の草の根・人間の安全保障で一部の費用を助成しました。

　最終的に、このプロジェクトはあまりうまくはいきませんでした。日本でも有機農業を軌道に乗せるのは容易ではありませんから、こんなに交通の便が悪く、流通にもお金がかかるところで成功させるのは難しかったのです。リンゴを加工する設備をつくるのにもお金がかかりますし、市場から遠いのでつくったジャムなども安い価格では売れない。でもその後、有機農業だけでなく結婚式をやろうとなったのは、なぜなのでしょうか。

　その頃私はちょうど入籍したばかりでしたが、結婚式をやっていませんでした。中国では 2003 年、SARS という病気がはやっていました。ご存知だと思いますが、唾液が飛ぶだけでもうつると言われていて、人が集まるパーティなどをやらないようにと言われていました。私もウェディングドレスなどを着て、みんなの前に出るのは好きではなかったし、やらなくていいやと思っていました。そうしたら、農村の伝統的な式をやってみたらとお声がけいただいたのです。しかしなぜ、結婚式を有機農業にプラスしてやったのでしょう。

　プロジェクトのために外部からお金を持ってくるでしょう。でも、お金があるだけでは、人がうまく動かせないですよね。例えば、私が定点観測している湖北省の農村では、水利事業に対する援助が原因で村同士がけんかになりました。自分たちの持っている土地が水源から近いか遠いかで、水利事業の必要性は変わってきます。でもシステムは、地域全体の水利体系を考えてつくるものです。湖北省の農村は、家族間、地域間の連携ができていませんでした。

　ここで私たちがもっと強化しようと考えたのは、社会関係資本です。つまり、人間のつながりを発展させ、それを地域社会を活性化する資本として活用しようとしたのです。社会関係資本というのは、地域の人たちが連携していろいろなものをつくりあげていくための基盤を提供してくれます。

　だからプロジェクトを実施する際には、地域の特性を分析することが重要です。例えば、若い人たちが出稼ぎに行ってなかなか帰ってこない地域の社会関係資本はどんな状況であるのか。地域の文化や自然を見直すよう

なきっかけをつくれば、もしかしたら若い人たちも戻ってくるのではない
かと考えました。日本で言う、村おこしとか町おこしのような、そういう
事業をやるために、単に農業だけではなく、文化と結びつけようと考えま
した。この地域の特徴ある文化ということで、伝統的な結婚式につながっ
ていったのです。

　この地域は、山の斜面をくり抜いて家をつくっています。ヤオトン（窰
洞）と言います。斜面を洞窟のように掘り、その中に住んでいらっしゃる
のです。冬はすごく寒いのですが、ヤオトンの中には、カン（炕）という
オンドルみたいなものがあって、台所で火をおこして温かくなった空気が
カンの下に伝わるようになっています。カンの上では食事をしたり、布団
を敷いて眠ったりもします。冬も部屋の中はとても暖かい。夏は涼しくて
過ごしやすいです。

　ヤオトンの入口には飾り窓のような丸い扉があり、赤い切り紙（剪紙）
が飾ってあります。名人が切り紙を即席でつくってくれたのですが、ハサ
ミひとつで細かい模様をチョキチョキと切っていって、パッと広げるとき
れいな絵ができあがっています。短い時間にそういうことのできる名人が、
この地域には何人もいます。飾り窓は、夜になって電気がつくと、模様が
ふわっと浮かび上がって、とても幻想的できれいです。

　外国人としては素敵なところだなと思うのです。でも、そこに住んでい
る若い人たちからすると「ダサイ」ということになるのですね。結婚式で
も、古くから使われているロバとかラバなどに乗りたくない。スポーツカ
ーとか外車に乗りたいとか、ウェディングドレスを着たいという人が増え
ています。でも、その時は外国人が伝統的な式をやるということで、注目
されました。

　結婚式やその前後で出される食べ物なども、昔はどうだったかというこ
とをおじいちゃん、おばあちゃんに聞いて、それを再現しました。昔の知
恵みたいなものが、若い人たちに伝えられていないし、文字にもなってい
ないのです。この村の伝統をもう一度掘り起こす作業を、皆でやっていき
ました。マントウ（饅頭：餡が中に入っていないパンのようなもの。主食とし
て食べる）は、赤や緑できれいに色づけします。魚の形のマントウがあり
ますが、「魚」の発音は「余」とほぼ同じですから、余りがある生活であ

りますように、豊かでありますように、という願いが込められています。

この地域の社会関係資本に注目したのは、冠婚葬祭などにおいて、地域の人たちが協力し合う伝統が根付いているからです。地域で字を書くのがうまい人はご祝儀やお布施の受け取りと記録を担当する、料理がうまい人は料理をつくる、家に大きな鍋を持っている人はそれを貸し出す。それぞれの役割分担が瞬時に行われ、自然発生的に相互扶助の輪が広がっていく。そういうところは、湖北省の村とは違っていました。

花嫁は花かごに乗るのですが、若い人はそんなものは使わないということで、昔使われた花かごは放ったらかしにされていました。今にも壊れそうになっていたのですが、老人たちの話を聞いて、修復していきました。中国の結婚式は、ほとんどのものが赤色で飾られます。花かごの木の持ち手はしなりますので、乗せてもらった私はだいぶ揺らされ、1時間ぐらい村の中を練り歩いて、新郎の家に到着しました。もちろん、本当の新郎新婦の家ではなく、村の人たちにお借りした新郎新婦の家と仮定したお宅です（図3）。

花嫁を迎えにいく男性たち、女性たちの服装も独特です。男性たちは、昔ながらの羊の皮でつくったベストを着て、タオルでほっかむりをしています。女性たちは赤いほっかむりをして、赤いリボンで飾り付けられたロバやラバに乗って行くのです。結婚式の朝には、もち米で作った揚げ餅が出されました。黒酢と砂糖で食べます。

結婚式の日は、マイナス20℃と非常に寒かったです。ちょうど春節（旧正月）のころだったので、出稼ぎに行っていた人たちも帰ってきていて、知らない人がたくさん結婚式を見にやって来ました。花嫁は出発前に付き添いの女性たち（伴娘）と自分の家で饅頭を8個ずつ分けたりする儀式を行います。

その儀式が終わると、赤い絨毯の上を赤い布をかぶって歩いていきます。服は、赤い絹の綿入れをつくってもらったのですが、今の若い人たちは、こんな「ダサイ服」は着たくないと思うでしょう。農家のお嫁さんが着るような、古いタイプの綿入れです。靴も羊毛の手づくりの靴をつくってもらいました。

この結婚式のイベントは、県政府がバックアップしていました。何かの

図3　結婚式

宣伝になるということもあったのでしょうが、中央電視台とか地元のテレビ局、西安晩報などの新聞社も来ました。メディアが報道すると、自分たちの地域の文化ってこんなに外から注目されているんだと思えますよね。リンゴの有機栽培に関心を持つ若い人たちも出てきました。

　花嫁は新郎の家に到着すると、頭を覆っていた赤い布をとり、家に入ってまた儀式を行います。儀式は、温かいカンの上でも行います。農村に行くと皆さんも気づくと思うのですが、毛沢東とか共産党指導者の写真が家にたくさん飾ってあります。いまは、習近平夫妻の写真を張っている農家も少なくないですね。

(4) 河南、河北のエイズ「血災」

　次にご紹介するのは、エイズに関わる災難に苦しむ人たちについてです。中国では、1990年代にまだ血液を売って稼いだお金を、生活の糧にしていた人たちがいました。そうした売血、あるいは輸血で多くの人がエイズウィルスに感染しました。私は感染者が集中していた河南省、河北省を調査したことがあります。

　血液は誰もが持っているものですよね。日本では無償で献血し、ジュースをもらったり、お菓子をもらったりしますが、お金をもらうことはない

ですよね。ただ、日本でも 70 年代前半ぐらいまで、血を売ることができたのです。血を売るのは、大半が所得の低い人たちでした。感染症の検査が不十分であったため、ウイルスに汚染された輸血用血液が出回り、肝炎などが流行したのです。

　血液を買い取る側と売血者の双方のモラルが低ければ、こうした感染症が蔓延する確率が高まります。血液を商業的にやり取りするというのは、好ましいことではありません。また、薬害エイズ事件が起こり、日本では非加熱の血液製剤を流通させないようにしましたが、中国では 90 年代になっても、まだ非加熱製剤が流通し、売血も禁止していませんでした。中国の売血者の多くは血液を遠心分離機にかけ、一部の成分だけを提供していました。しかし、遠心分離機を消毒しないで、多くの人が共有していたわけです。そうすると、1 人でもエイズのウイルスを持っている人がいたら、同じ遠心分離機を使った人にエイズがあっという間に広がってしまいます。

　私が調査した地域では、輸血でエイズに感染して亡くなった女性が少なくありませんでした。特に、出産の際に感染したというケースが目立ちます。帝王切開で出産した人が、輸血したほうが回復が早いと勧められて、高額にもかかわらず輸血をしていました。世界各地のデータと比較すると、この頃の中国の帝王切開での出産の比率は異常に高かったことがわかります。病院にしてみれば、効率よくベッドを使わせるために、帝王切開の方がよいということもあるのでしょう。帝王切開であっても、輸血など必ずしも必要ありません。それにもかかわらず輸血するのは、病院が儲け主義に走っていた証拠です。売血者が受け取るのは 50 元だけ。しかし、輸血代には 400 元もかかる。350 元はブローカーや地方政府が懐に入れているのです。

　エイズという病気が恐いのは、ウイルスに感染していても、10 年ぐらいわからないということです。病気を発症するまでに時間がかかるのです。その間に家族にもうつしてしまう。90 年代半ばくらいから、訴訟や抗議が始まりました。エイズのことで陳情に来る人も増えました。さまざまな家族に悲しい物語があるのですが、ある女性は、夫が解放軍に勤めている関係から、解放軍の病院での手術の際に輸血を受けてエイズウイルスに感

染し、失明してしまいました。その後、弁護士、大学教授、ジャーナリスト、NGO職員らの支援を受けて、訴訟を起こして勝訴し、病院から賠償金をもらいました。しかし、解放軍の病院を相手に訴えるというのは、夫を窮地に陥れることになってしまいますから、愛情を失ったわけではないのですが、夫と離婚しました。そして、台湾に本部があるNGOの職員として、エイズ孤児を世話する仕事をしています。彼女は目が見えないのに、音でコンピューターの入力をしたり、文書を聞き取ったりして、他のスタッフと同じように働いています。すばらしい人です。

(5) 水力発電所建設のため立ち退きを迫られた貴州省少数民族の村

最後に、貴州省の少数民族・プイ族の村での調査についてお話しします。ここには、ジャーナリストである夫と一緒に行きました。プイ族の人たちは、長い年月をかけて開拓してきた土地に対して十分な補償がなされないまま、水力発電所をつくるために立ち退きを迫られていました（図4）。おそらく、土地の登記が不十分だったのだと思いますが、実態を見た上で、補償をしてほしいというのが彼らの主張でした。

私たちは村まで行くのに、川の中を歩いて行きました。ダムをつくるために水位がどんどん上がっていて、立ち退かなければ水攻めにするぞというような状況でした。香港の団体から補助金をもらって建てた小学校もありましたが、この補助金も全てが学校のために使われたわけではないようです。村の人たちは、そのことでもとても怒っていました。学校だけでなく行政の建物や井戸など、さまざまな施設をつくるために海外からも援助が入っているのに、そのお金はどこに行ったのかと憤っていました。

この村に行くことになったのは、上訪村に来ていた村の若い人たちと私の夫が知り合い、一度現場を見てほしいということになったからです。外国人が村に来るのは初めてだったらしく、とても歓迎してくれたのですが、村で泊まる初めての日の夜、総勢20人ぐらいいたでしょうか、警察や役人が私たちの泊まっている家に踏み込んできました。素朴なプイ族の人たちは、心配そうな顔をして家の周りを取り囲んでいました。

その時、私は一つ大切なことを思い出しました。夫が少し前、当時首相だった温家宝さんが日本を訪問した時に一緒に写真を撮ってもらっていた

図4　立ち退きを迫られた少数民族の村

ことを。当時、夫は北京に駐在していたのですが、同行記者団に入って日本に行き、温家宝さんを取材していました。最後に、温家宝さんが日本の記者たちに記念写真を撮りましょうと言ってくださったそうです。その時の写真が夫のコンピューターに残っていたので、「あれを見せたらいいよ」と警察や役人たちに見せましたら、彼らは潮が引くかのように一斉に退去していきました。

　とても象徴的な出来事でした。陳情もそうなのですが、地方で悪いことをしている役人たちは、中央にそれを知られるのを恐れています。中国は大きな国なので、地方に行くと地方の利権があって、その中でさまざまな人間関係が発展していきます。中央政府は逐一それらをチェックできません。中国語で「山高く皇帝遠し」と言ったりしますが、中央と地方にはかなり距離感があるというのがこの事例からよくわかると思います。

　村から船着場の近くにある市場に行きますと、昼間からギャンブルをしている人たちがいました。露天の賭博場がいくつかあるのです。「これはどうして？」と聞いたら、「警察がやっているんだよ」と、地元の人たちが教えてくれました。警察が手数料をとっているという賭場もありました。

　こういう状況があると、「なんて役人は悪どいんだ」と感じてしまいますが、「役人・警察 vs. 農民」と単純化して二項対立的に描く必要はない

し、問題の背景にある複雑な事情をじっくりと見ることが重要です。

3　エスノグラフィーとは

　ここまで私がやってきたフィールドワークについてお話ししましたが、最後に、フィールドに入る時に重要なポイントをお伝えします。先述の通り、調査者によって、注目する事象や関心を持っているテーマは異なります。

　立ち位置や専攻する研究分野が異なれば、理解し合うことが難しい部分があるとは思いますが、エスノグラフィーでも、分析結果に至った経路をたどることができるよう、研究者の立ち位置を丁寧に記録しておくことが重要です。「私はここに、こんなふうに立っているからこう見えるのですよ」と自らの立ち位置に関わる事象や感情を、詳しく記します。例えば、私が援助団体のメンバーとして行った時には、「お金を持ってくる人」と相手は見るわけです。お金を持ってくる人に対しては、言葉づかいも変わってきますね。そういった研究者と研究対象の関係や、それぞれを取り巻くコンテクストも描きます。コンテクストをはっきりさせることによって、コンテクストが変わった時の分析ができるかもしれません。科学的に変数を見ようとする時に、コンテクストがはっきりしていれば見えるようになっていくのです。

　研究者がアウトサイダーのままであっては、何の情報も分けてもらえないのです。なんとしても、なかに入る努力をしなければいけない。そのためには、何らかの役割を持たなければならないのです。研究対象であるコミュニティや人々にとって、役に立つ存在になることです。「この人がいてくれると助かる」と思われるように、コミュニティの人たちと共に活動します。そうすることで、徐々にさまざまな情報が得られるようになるでしょう。内部者の役割（insider role）を持つ必要があります。

　自分がある程度までインサイダーとして認められるようになったとしても、人間関係の力学を敏感にキャッチすることは重要です。「私はこの人とこういう関係にあるから、この人はこんなことを言うんだな」とか、「自分の今の立ち位置を少し変えたら、どのように相手が変わってくるか」

とか、常に自分の立ち位置を意識し、多方面から確認します。

　私は香港大学で博士号を取ったのですが、英語で書いた博士論文の主語は「I」でした。エスノグラフィーでは、「私」という主語を使います。普通の研究論文では「筆者は」とか三人称を主語にすることが多いのですが、一人称で書くのです。私のコンテクストをはっきりさせるということです。

　エスノグラフィーでは、地元の言葉で人々とコミュニケーションをとりながら、参与観察をします。何度も言うように、コンテクストを押さえることが重要です。自分の位置を確認するためには、「政治性」（さまざまな人との関係性）を分析しなければなりませんし、道徳的な問題も関わってきます。社会的に弱い立場にいる人たちは、声をあげにくい状況にありますから、エスノグラフィーのような手法が有効です。研究対象となる人たちに徐々にアクセスし、彼らの置かれているコンテクストを丁寧に浮き彫りにすることができます。

　今回は紹介しなかったのですが、私は上海でセックスワーカーの調査もやったことがあります。その時は、LGBT の団体と一緒にやりました。同行してくれた人はゲイだったのですが、セックスワーカーのお姉さんたちにとても信頼されていました。そういう人と一緒だと、私のようなつてのなかった人間でも入りやすくなります。

　私たち日本人の見た目は中国人と変わらないので、あまり警戒されません。私はセックスワーカーの調査をしていた時、ちょうど子どもを妊娠していてお腹が大きかったのです。セックスワーカーのお姉さんたちはお腹の大きい私を見てため息をつきました。きちんと避妊しなかったから妊娠したんだと思われていたわけですね。つまり、私はセックスワーカーの仲間として認識され、自然にフィールドに入ることができました。それは、お姉さんたちに信頼されているゲイの方が導いてくれたからだと思います。

　相手を警戒させないということは重要なのですが、もう一つ大切なのは「ラポール」（信頼）を構築することです。研究者の存在は現場の人々を緊張させます。調査される人は知られたくないことまで聞かれたり、書かれたりするのではないかと心配するでしょう。研究者は研究対象の人々の意向を最大限受け入れ、承認を得ていない情報を開示したり、本名を明らかにしたりすることのないよう、配慮しなければなりません。それは、調査

図5 参与観察の分類

完全な参与者 (the complete participant)	観察者としての参与者 (the participant as observer)	参与者としての観察者 (the observer as participant)	完全な観察者 (the complete observer)

←参与の度合い・大　　　　　　　　　　　　　　　　観察の度合い・大→

出典：Gold, Raymond L. (1958) Roles in Sociological Field Observations. Social Forces, 36, 217-223.

する上で基本的なマナーであり、ルールです。

　とはいえ、調査の最初から「私はこういう人間だ」「私はこれについて研究したい」と、ダイレクトに言ってしまうと、警戒して何も言ってくれなくなるかもしれません。徐々に距離を縮め、互いの関係を構築する過程で必要な説明を行います。まとめた論文を発表する際などには、お世話になった人たちの信頼を裏切らないようにしなければなりません。

　参与観察をする際には、自分がフィールドで「参与」する割合と「観察」する割合のバランスを考えなければなりません。ゴールドはフィールドワークにおける参与観察を、参与と観察のバランスに応じて図5のように分類しています。

　「完全な参与者」と「完全な観察者」は両極端に位置します。「完全な参与者」になるためには、参与している間は研究対象の集団のメンバーに成り切り、研究者としての立場を完全に封じ込めなければなりません。研究者が調査をしていることは研究対象には気づかれません。「完全な観察者」の立場では、研究者は研究対象と直接的な接触を持ちません。隠しビデオを設置してそれを別室でモニターする方法などが考えられますが、当然許可なく行うことはできません。

　中間にある「観察者としての参与者」がフィールドワークにおいてもっとも多く採用される手法です。インサイダーとして何らかの役割を得て、現場の人々に対して調査の目的を明らかにした上で調査を行います。短期間の観察が中心の現地調査を行う人は「参与者としての観察者」に当てはまります。

　一般に、「参与」か「観察」に偏るのは理想的ではないと言えます。例えば、「完全な参与者」のスタンスで研究を行う場合、研究対象に対して同情的になりやすく、研究者として独立した観点からものごとを判断する

のが難しくなるからです。ホームレスの研究をするのに「参与」を重視しすぎれば、研究者自身がホームレスになり、研究をあきらめてしまうことさえ考えられます。フィールドワーク中は研究者の身分を隠し通し、終了後は気分を切り替える人もいるかもしれません。しかし、さまざまな人間の複雑な感情が交錯するなかで、そんなふうに器用に対応できる人はそう多くはないでしょう。研究者が本来の身分を明かさないということについても、倫理的な問題が生じます。後から事情を説明したとしても、「騙された」と不信感を持たれるかもしれません。

「完全な観察者」としてフィールドに入る場合、インサイダーの役割をまったく持たず、自分の研究に必要な観察をひたすら続けることになります。地元の人々の信頼を得た上で得られるような情報にはアクセスできないでしょう。

こうした状況を考えれば、適度に研究対象と距離を取りながらも、信頼を得るために内部に入り込む方法を模索するのが賢明だと言えます。先のセックスワーカーの調査においては、この「参与」と「観察」のバランスを取る難しさを痛感しました。最初は日本人であること、社会調査をしていることをお姉さんたちに説明していませんでした。お姉さんたちが打ち解けてくれるようになってから、お腹が大きい自分の状況を話すと、「あなたは幸せなお母さんだったのね」と言ってくれました。家族を経済的に支えるために、中年になってもこの仕事を続けている彼女たちの心情を考えると、複雑な気持ちになりました。

おわりに

以上、私の失敗談を含む経験を紹介しながら、エスノグラフィーの手法について紹介しました。エスノグラフィーは、生身の人間が調査のツールとなるようなものですから、研究者の家庭環境、学習や仕事における経験、その時々の体調、気分に至るまで、さまざまな要素が分析の内容や描写の仕方に複雑に関わってきます。そうしたある種の「不安定要素」をコントロールして押さえ込もうとするのではなく、自覚的に認識した上で、それが研究結果に与える影響をその時々に確認することが重要です。エスノグ

ラフィーは他者（研究対象）と出会い、自己（研究者）を模索する旅のようなものです。それを楽しめる人こそが、生き生きとした研究成果を生み出すことができます。

フィールドワークにはストレスがつきものです。研究者が自分の感情や思考を押し殺さなければならないことも少なくありません。感情を素直に出すことで見えてくるものもあるでしょうが、十分にラポールを築いていない状況では人間関係を壊してしまうリスクが大きいのです。逆に、相手の心情を汲み取ろうとしすぎて、研究者としてやるべきことを見失ってしまうかもしれません。このように、研究対象と過度に同一化してしまうことを「オーバーラポール（over-rapport）」といいますが、ラポールと同様に留意すべき問題です。

Q&A　講義後の質疑応答

Q：習近平政権の時代になって大きな変化はあったのでしょうか。

A：私は中国でフィールドワークを 25 年ぐらい前からやっていますが、習近平時代になって、問題を抱えている地域に深く入るのが難しくなりました。2016 年 9 月、湖南省でじん肺病に苦しむ炭鉱労働者に話を聞いていました。健康管理が不十分な環境で働いたために肺が真っ黒になる職業病ですよね。最初は、地元政府の許可を取ったのですが、途中で「やっぱり外国人を受け入れるのは難しい」と言われて、それなら今回はやめておこうと仲介してくれた中国の先生に伝えたのですが、中国の先生が、せっかく日本から来るのに何も見てもらえないのは申しわけないということで、知り合いのじん肺病患者の家に連れて行ってくださったのです。

ちょうどその日、多くのじん肺病患者の人たちは定期健診のために、近くのクリニックに来ていました。私たちのことを新聞記者だと思ったみたいで、記者に自らの窮状を聞いてもらおうという人たち 10 名ほどが集まってきました。じん肺病はひどくなると呼吸ができなくなり、寝たきりになってしまう。体を斜めに傾けながら、必死で話そうという人もいました。30 分ぐらい話を聞いている間に、誰かが通報し

たのでしょうか。警察 20 人ぐらいに囲まれました。そこから近くに
ある政府の建物に連れていかれて 2 時間、尋問されました。日本の研
究者が 7 人ぐらいいたのですが、私が最初に名前を呼ばれました。呼
ばれた時には「〇〇記者の奥さんですね」と言われたのです。夫は中
国にこれまで 10 年間駐在しているのですが、その時はまだ北京にい
たので、記者の登録があるわけです。それで私に、「あなたはご主人
とちがって記者でないのに、記者みたいな仕事をやってはいけない」
と言うのです。インターネット上にある情報などを見たようで、「あ
なたにはすごく悪い友達がいますね。だけど、いいこともやってい
る」とも言われました。私が人権派弁護士の友人を支援しているとい
う文章を読めば、悪い友達がいる人だと見えるでしょうし、援助で中
国の農村に学校を建てる活動もしていましたし、結婚式のことも話題
になりましたから、いいこともやっているとも思われたのでしょう。
尋問の最中に嫌だと感じたのは「あなたにも子どもがいるでしょう」
と言われた時です。子どもを持ち出して威圧しようとするなんて。中
国の事情もあるのでしょうけれど、人権派弁護士などにしても、本人
に圧力をかけるのはまだしも、子どもや奥さんにまで嫌がらせをして
います。そこはやっぱり許せないですね。習近平時代になって、研究
者、記者、弁護士などが、これまで以上に自由に活動しにくくなって
いるということはあると思います。

Q：立ち退きで、スラムが壊されて新しいマンションが建つという話があ
　　りました。そういう場合に、立ち退きを強いられた人たちは元のとこ
　　ろに戻るのですか。それとも別の町に行くのですか。

A：2017 年 11 月に、北京の出稼ぎ労働者の集まる地区で 19 人が死亡した
　　火事をきっかけに、多くの類似のエリアで強制的な立ち退きが行われ
　　ました。その時に、立ち退きの対象となった出稼ぎ労働者を揶揄する
　　「低ランク（低端）の人たち」という言葉が流行語になりました。北京
　　では規制せずに放っておけば人口は増え続けるので、定期的にガサ入
　　れみたいなことをしていますが、2017 年から 2018 年にかけて、それ
　　が大規模に行われたのです。これも習近平時代の特徴だと思うのです

が、立ち退かされた人たちは一度北京から離れても、一部はまた戻っ
てきます。前に住んでいた場所よりも、少し外側とか、交通の不便な
ところになるかもしれませんが。周辺の省で北京に近いところに移っ
ている人もいるようです。農村の生活環境は都市とは大きく異なりま
す。若い人は農村の生活に耐えられないという人もいます。長く北京
に住んでいる人は、自分の事業や仕事の拠点が北京にあるし、農村に
帰ってもたいした仕事が見つからないという事情もあります。

Q：地方の人々の日本人に対するイメージはどうですか。日中関係が悪化
している時期にはイメージに変化はありますか。

A：農村調査の最中に、「昔は日本兵がここまで来て人を殺したんだ」と
いった話を聞きました。湖北省の農村では、中国の先生や学生さんた
ちと一緒に行ったので、最初は地元の人たちも遠慮して、あまり日本
に対して悪いことを言わないようにしていたのですが、仲よくなって
くると、本音の話を聞くことができました。農村に行くと、毛沢東と
か習近平の写真が貼ってあります。本当にすごい人だと思って貼って
いる人も、あるいは保身のためというか、貼っておけば変なことはさ
れないと考えている人もいるでしょうが、一つ言えるのは、農村では
アクセスできる情報源が限られているということです。だから、人々
は日本に対して強い態度を示す政府系メディアの影響を受けやすいで
すね。

※おすすめの本

阿古智子『貧者を喰らう国』（新潮選書、2014 年）

佐藤郁哉『暴走族のエスノグラフィー──モードの叛乱と文化の呪縛』（新
曜社、1984 年）

ベネディクト・アンダーソン『ヤシガラ椀の外へ』（加藤剛訳、NTT 出版、
2009 年）

編者紹介

　東京大学社会科学研究所現代中国研究拠点

　東京大学の学部・大学院・研究所に所属する現代中国研究者を集めた、横断的なプロジェクトチーム。2007 年度に社会科学研究所に設立され、2017 年度からは丸川知雄・同教授を代表としてプロジェクトの第三期に入っている。近年のプロジェクトの成果として『中国の外交戦略と世界秩序　理念・政策・現地の視線』（川島真・遠藤貢・高原明生・松田康博編、昭和堂、2019 年）、『中国・新興国ネクサス　新たな世界経済循環』（末廣昭・田島俊雄・丸川知雄編、東京大学出版会、2018 年）等がある。この他に本書と近い講義録として『東大塾　社会人のための現代中国講義』（高原明生・丸川知雄・伊藤亜聖編、東京大学出版会、2014 年）を刊行している。

現代中国ゼミナール
──東大駒場連続講義

2020 年 5 月 19 日　初　版
2022 年 12 月 20 日　第 2 刷

［検印廃止］

編　者　東大社研現代中国研究拠点

発行所　一般財団法人　東京大学出版会

　　　　代表者　吉見俊哉

　　　　153-0041　東京都目黒区駒場4-5-29
　　　　http://www.utp.or.jp/
　　　　電話　03-6407-1069　Fax 03-6407-1991
　　　　振替　00160-6-59964

組　版　有限会社プログレス
印刷所　株式会社ヒライ
製本所　牧製本印刷株式会社

© 2020 Asei ITO et, al
ISBN 978-4-13-023076-6　Printed in Japan

ここに表示された価格は本体価格です。御購入の
際には消費税が加算されますので御了承下さい。